MW01222498

Corneille

Le Menteur
La Suite
du Menteur

Édition présentée, établie et annotée
par Jean Serroy
Professeur à l'Université Stendhal de Grenoble

Gallimard

PRÉFACE

« Quoi, même en disant vrai vous mentiez en effet ? »
(v. 1628). Il y a un moment, dans Le Menteur, *où toutes les certitudes vacillent, où la raison semble perdre le nord, et où la seule loi qui régisse le cours des choses et les relations entre les êtres paraît être celle de la confusion des signes, suscitée par un esprit facétieux, créant un monde à son image, si embrouillé que plus personne ne s'y retrouve. À Cliton, qui n'en finit pas de découvrir les plis et les replis de la duplicité de son maître, répondent le constat égaré de Lucrèce avouant la première : « Je ne sais où j'en suis » (v. 1685), puis celui de Clarice, devant bien se résoudre à reconnaître de même : « Je ne sais plus moi-même à mon tour où j'en suis » (v. 1716). Seul à y voir clair — et encore ! — dans cet embrouillamini, Dorante, par la seule puissance de sa parole, organise le monde à sa guise. Inventeur de sa propre existence, il est aussi le démiurge par qui la lumière est. En lui, d'une certaine façon, fantaisiste, le verbe se fait chair. Mais c'est un verbe comique, malin, trompeur, séduisant par sa capacité même à faire gober des mouches à ceux qui l'écoutent bouche bée, parmi lesquels, depuis plus de trois siècles, des spectateurs toujours aussi enthousiastes devant cet art suprême qui con*

siste à leur faire prendre des vessies pour des lanternes, alors même qu'ils savent pertinemment à quoi s'en tenir.

Le Menteur *est, on le dit et le répète, une comédie sans conséquence, faite pour divertir. Et Corneille lui-même ne s'est pas privé de l'affirmer. Ce qui devrait, peut-être, venant de quelqu'un dont la pièce prouve qu'il sait si bien mentir, inciter au moins à la méfiance. Car, en mettant en scène l'invention verbale, dont le dessein est de remplacer un monde, celui de la réalité, par un autre, celui de la feinte, n'est-ce pas l'acte même du théâtre qu'il donne à voir ? Et qui est donc le vrai menteur, sinon celui qui parle par la bouche de son personnage, et que l'on écoute, et que l'on croit ? Et, comme s'il voulait imposer la réponse à la question, voilà que le très digne et sublime auteur d'Horace, de* Cinna, *de* Polyeucte, *et autres tragédies de haute volée, enfonce le clou et réitère, en dotant ce méchant* Menteur *d'une* Suite, *elle-même en chausse-trape. Après quoi, il passe au plus noir et sanglant de ses drames,* Rodogune, *et laisse une bonne fois pour toutes la comédie, comme s'il n'avait rien à ajouter en la matière. Or, précisément, ce que dit* Le Menteur *est sujet à caution. Et, partant, à analyse.*

LA SINCÉRITÉ DU MENTEUR

Lorsqu'il écrit Le Menteur, *en 1643, Corneille n'en est pas à son coup d'essai en matière de comédie. Il a même, on l'oublie trop, commencé par là. Pendant les six ou sept premières années de sa carrière dramatique, celles qui lui ont permis de s'installer sur la scène théâtrale avant d'y triompher en maître, bien que fortement contesté lors d'une querelle retentissante, c'est par la comédie qu'il a tracé sa*

*voie et qu'il s'est fait sa place. C'est dire que la première
tentation du dramaturge des grands sentiments, de l'héroïsme du moi, de la noblesse tragique de l'honneur, est
une tentation comique. Celle-là même qui regarde les êtres
dans leur vérité première et dans leurs sentiments com-
muns : non dans leur destin, mais dans leur simple vie.
Si viendra le temps où il envisagera les hommes tels qu'ils
doivent être, Corneille a commencé par les regarder tels
qu'ils sont. Et il n'est pas sûr qu'il l'ait jamais oublié. Ce
qui, en effet, donne au héros cornélien, même au cœur des
drames les plus violents et de l'exaltation la plus forte, sa
couleur propre, c'est qu'il ne perd jamais totalement sa part
d'humanité. Les monstres eux-mêmes — et la galerie corné-
lienne est des plus riches en la matière — ne sont jamais
des monstres froids. La Cléopâtre de* Rodogune, *poussée
par la passion de dominer, en incarne, dans ses déborde-
ments mêmes, le plus bel exemple.*

*La façon dont le dramaturge débutant a abordé la comé-
die donne sans doute une des clefs de cet univers dont le
tragique sera précisément de ne jamais confondre l'héroïque, ou le diabolique, avec l'inhumain. D'emblée, avec*
Mélite, *avec* **La Galerie du Palais,** *avec* **La Place
Royale,** *Corneille s'est intéressé à un comique d'essence élevée. Coupant totalement avec les procédés et les effets de la
farce, liés au corps, au bas corporel, il refuse de même l'apport des Italiens, tant les facéties et les pantomimes de la*
commedia dell'arte *que les types ressorts de la* commedia erudita. *Comme si c'était non le corps, mais l'esprit,
qui l'intéressait. Ses personnages, pour autant, ne sont pas
désincarnés : mais leur corps, plus que pourvoyeur de ces
postures, gestes, contorsions, qui donnent matière première
à un comique visuel (ou sonore : éructations, pétarades...),
se charge d'un signe social, lié à un habit, à une condi-*

*tion, à un code. « À la fin j'ai quitté la robe pour l'épée »
(v. 1), commence Dorante : en changeant d'habit, il
change de peau sociale. Et c'est en « faisant un faux pas,
et comme se laissant choir » (I,2) que Clarice entre en
scène, son trébuchement ne relevant pas de la chute grotesque mais bien du jeu galant : il y a de l'esprit dans ce
faux pas.*

    *De fait, dans les comédies de Corneille, on bouge moins,
on saute moins, on s'écrase moins le nez contre les portes,
on se fait moins mettre en sac, on prend moins de coups
de bâton, qu'on ne parle. Ou même qu'on ne cause. Les
jeunes gens de bonne société et de bonne compagnie qui
composent l'univers, très parisien et très à la mode, des comédies cornéliennes sont des beaux parleurs, souvent ba-
vards. Ils coupent volontiers en quatre leurs sentiments, ils
en font des phrases, des lettres, des confidences : ils se
jouent à eux-mêmes un jeu de l'amour et du hasard dont
se souviendra Marivaux, et que ne renieraient pas les modernes héros des contes, comédies et proverbes de Rohmer.*

    *Sur ce plan, ils ont des modèles, dans cette veine qui se
développe depuis le début du siècle, tant dans la poésie,
dans le roman que dans le théâtre : la pastorale. Corneille,
grand lecteur de l'*Astrée *(1607-1627), n'ignore rien de
ces complications amoureuses qui font le fond des idylles
galantes dans l'univers des bergeries, et il y trouve ce subtil
nuancier qui, à travers confidences, épanchements, analy-
ses introspectives, décline toute la gamme des tonalités du
sentiment. Les jardins, parcs, belles demeures, où il place
l'action de ses propres comédies, tout en étant précisément
inscrits dans la topographie parisienne des quartiers à la
mode, relèvent aussi de cette cartographie figurée où les zones d'ombre du cœur trouvent à s'épanouir sous les fron-
daisons obscures des décors pastoraux. Clarice et Lucrèce*

apparaîtraient-elles en robe de bergère au détour d'une allée du Jardin des Tuileries qu'elles ne dépareraient pas le tableau et ne surprendraient qu'à peine un public habitué aux nymphes et aux bergères.

Toutefois, avec Le Menteur *et sa* Suite, *Corneille ajoute à ce qui donnait à la tonalité galante de ses pièces un air de parenté avec l'univers pastoral une autre composante, fort différente, et qui vient contraster de couleurs plus vives, ou parfois plus sombres, les pastels de l'idylle : il se tourne vers la* comedia, *c'est-à-dire vers l'Espagne. Choix révélateur, en ce qu'il est précisément celui qui, de la comédie de ses débuts, l'a fait passer à la tragi-comédie où son génie dramatique s'est véritablement révélé :* Le Cid. *Son premier grand contact théâtral avec l'Espagne lui a apporté ce qui est, dans le code aristocratique de la noblesse castillane, la valeur suprême : l'honneur. Mais, dans le même temps, le côté volontiers grandiloquent avec lequel celui-ci est affirmé et défendu et la façon chatouilleuse dont le moindre affront engendre aussitôt la volonté de vengeance lui sont apparus comme empreints d'une outrance non exempte de ridicule. La cuirasse de l'héroïsme a un défaut : elle sonne un peu trop fort. D'où le sentiment qu'elle pourrait à la limite sonner creux. Il est révélateur qu'au moment même où il fait du héros l'axe de son univers tragique, Corneille en dessine à l'avance comme son ombre portée. Ombre vaine et vide, qui offre les contours mais non la consistance de l'héroïsme et qui projette, sur l'écran de l'imaginaire que tend au public intrigué un magicien sorti tout droit de la pastorale, le dessin en creux du héros véritable, dressant à l'avance pour celui-ci, devant les tentations de l'excès, l'efficace garde-fou du risible. Avant même que Rodrigue devienne le Cid, Alcandre fait surgir par un tour de passe-passe, des profondeurs de l'illu-*

sion comique, la figure grotesque de Matamore, dont le nom renvoie très précisément à l'action qui va valoir au jeune justicier jusqu'ici confiné dans une affaire d'honneur privée d'obtenir, par l'acte grâce auquel il sauve l'État, et qui consiste précisément à éliminer les Maures — mata/more —, son brevet officiel d'héroïsme.

Pour devenir un héros authentique, Rodrigue a dû réaliser ce qui, chez le capitan, son double grotesque, restait du domaine des mots et des phrases : des mensonges. Comme si l'héroïsme offrait une double face : celle des actes, avec leur caractère irrémédiable, qui l'introduit dans l'univers tragique, et celle des mots, avec leur côté vain, qui le réduit à l'univers comique. La vérité de l'intention héroïque, c'est l'acte, et non le mot.

Dans cette perspective, Dorante offre, du Menteur *à sa* Suite, *comme un cas d'école. La différence si souvent relevée entre les deux pièces a trop facilement conduit à conclure qu'elles n'offraient aucun lien, et que* La Suite *portait bien mal son nom. C'est sans doute faire trop peu de cas de ce rapport à l'héroïsme que le personnage entretient dans les deux pièces et que traduit d'emblée, dans l'une et l'autre scène d'exposition, l'usage de cet instrument qui en est la projection à la fois métonymique et métaphorique : l'épée. Lorsqu'il arrive de Poitiers, où il vient d'étudier son droit, Dorante, aux premiers vers de la première comédie, manifeste ostensiblement qu'il veut changer de monde : « À la fin j'ai quitté la robe pour l'épée. » L'incipit est riche de sens, qui d'abord fait commencer la comédie par la fin, signe qu'avec Dorante tout est pris à l'envers, mais surtout qui manifeste qu'à la tentation d'une vie bourgeoise — la robe —, le jeune homme préfère celle d'une vie plus exaltante, riche d'aventures et de noblesse : l'épée. C'est dire que du cadre bourgeois, qui est le registre même de la comé-*

die, il a décidé de passer à un cadre plus noble, registre,
lui, de la tragédie. En d'autres termes, Corneille, brouillant
les pistes, ouvre sa comédie sur la propension de son per-
sonnage à vouloir évoluer dans un autre registre qu'elle.
Mais ce désir de Dorante est donné aussitôt comme ur
fourvoiement : « épée » rime, de façon explicite, avec
« trompée » ! C'est que Dorante, dans cet enthousiasme
juvénile qui le pousse à vouloir devenir ce qu'il rêve d'être,
voit dans l'épée moins une arme qu'une parure de mode,
moins l'instrument de l'héroïsme que l'accessoire indispen-
sable de la galanterie, comme il le suggère en faisant le
paon devant Cliton :

Mais puisque nous voici dedans les Tuileries,
Le pays du beau monde, et des galanteries,
Dis-moi, me trouves-tu bien fait en Cavalier ?
                                        (v. 5-8.)

Or, ce pays nouveau qu'il aborde sans en connaître tou-
tes les règles, il sait simplement qu'il faut, pour y réussir,
s'y « faire un visage à la mode ». La contrefaçon — pren-
dre un autre visage que le sien — lui tiendra lieu de brevet
d'honnêteté et de passeport pour y pénétrer. La vérité nou-
velle de Dorante passe par l'artifice ; il va mentir, mais
pour devenir ce qu'il est, ou du moins ce qu'il veut et qu'il
croit être : un jeune Parisien de son temps, expert au jeu
mondain de la galanterie et aux belles manières.
Tous les mensonges de Dorante vont donc consister pour
lui à se constituer le personnage qu'il a décidé d'être en
choisissant cette épée qui désormais lui donne l'air de ce
cavalier « bien fait » dont il a pris l'habit. Et c'est par les
mots qu'il va donner à son épée matière à exercice : exposé
de ses exploits militaires dans les guerres d'Allemagne, an-

nonce de sa victoire en duel contre un rival laissé pour
mort, récit de sa défense farouche contre un frère sourcilleux de l'honneur de sa sœur... Tout y passe, selon les meilleures traditions de la comedia espagnole, où les affaires
d'honneur se règlent le fer à la main. En s'inventant ces
exploits, Dorante ne fait que se conformer à l'apparence du
héros galant. Il ment, mais il ment vrai. En racontant des
histoires, en se forgeant des aventures militaires, en donnant une éblouissante fête sur l'eau, en racontant une
idylle échevelée : bref, en se donnant toutes les apparences
du héros galant, il réussit si bien à se forger l'image de ce
qu'il veut être que ceux qui l'écoutent le croient facilement.
C'est que lui-même ment en toute sincérité et qu'il est le
premier à adhérer à ce qu'il raconte, puisque son être mondain ne se constitue que dans le paraître, et que celui qu'il
se donne est en parfaite conformité avec le modèle reconnu
du jeune cavalier à la mode.

Là où Matamore, avec sa moustache, ses bottes, sa
façon de rouler les r et les yeux, apparaissait, par son déca-
lage outrancier avec la réalité, comme une caricature de
brave, Dorante, avec la justesse de ses habits élégants et de
sa rhétorique mondaine, passe bel et bien pour le galant
qu'il veut paraître. Et les résultats ne se font pas attendre :

D'aujourd'hui seulement je produis mon visage,
Et j'ai déjà querelle, amour, et mariage ?
Pour un commencement, ce n'est point mal trouvé.
                                        (v. 721-723.)

Seuls ceux qui ne participent pas au jeu galant peuvent
ne pas être convaincus de ces belles manières et de ces
beaux exploits. Clarice comme Alcippe y croient, puisqu'ils
sont eux-mêmes, dans leurs rôles respectifs de femme courti-

sée et de rival malheureux, acteurs du même jeu. Isabelle,
à qui sa condition de suivante ménage la distance du juge-
ment, n'en est, elle, pas dupe, qui en remontre à sa maî-
tresse sur le plan de la clairvoyance :

Dorante est-il le seul qui de jeune écolier
Pour être mieux reçu s'érige en Cavalier ? (...)
Il aura cru sans doute, ou je suis fort trompée,
Que les filles de cœur aiment les gens d'épée, (...)
Ainsi donc, pour vous plaire, il a voulu paraître,
Non pas pour ce qu'il est, mais pour ce qu'il veut
[être.
(v. 859-874.)

    Le mensonge, chez Dorante, est d'abord lié à une straté-
gie du paraître. Mais c'est le monde galant où il évolue
qui réclame quasiment ce souci qu'il a de feindre pour être
conforme aux apparences. D'où la discrète ironie, et la
pointe de satire, qui court à travers toute la pièce, non tant
contre Dorante seul que contre ce milieu où il se fait si vite
et si bien sa place : cette Clarice qui se laisse abuser si
facilement, cet Alcippe qui prend la mouche, ils ne sont tels
que parce qu'ils se fient seulement aux apparences. Do-
rante leur a servi les mots et les gestes qu'ils attendaient,
conscient que cet art du verbe et de la mine répond à la loi
de la galanterie :

Tout le secret ne gît qu'en un peu de grimace,
À mentir à propos, jurer de bonne grâce.
(v. 333-334.)

    Le mensonge n'est, chez le Dorante qui fait sa cour, que
l'artifice qui est le propre même de la rhétorique galante.

Lui-même le sait bien qui, en abandonnant la robe pour l'épée, abandonne sciemment un langage — celui du droit, des lois et des rubriques — pour un autre — celui des hauts faits militaires, des conquêtes et des exploits, métaphore même des conquêtes et des exploits galants dont il rêve :

Et tel à la faveur d'un semblable débit
Passe pour homme illustre, et se met en crédit. (...)
Voilà traiter l'amour, Cliton, et comme il faut.
(*v. 343-344 et 351.*)

Toutefois, cette épée qui traduit sa nouvelle identité, il ne se contente pas d'en faire des phrases : il en fait aussi, au moins en une circonstance, usage, répondant avec une bravoure d'autant plus méritoire à l'assignation en duel que lui lance Alcippe qu'il n'en connaît pas la cause. Que l'affrontement se conclue par une séparation à l'amiable — ce qui sent plus le plat dénouement d'un règlement judiciaire que la glorieuse incertitude du sort des armes — suffit à ce qu'il veuille, par les mots, lui donner une autre issue. Le mensonge, par lequel il invente entre Alcippe et lui une vieille querelle et raconte un combat au déroulement tout différent, le rétablit dans sa figure de brave :

Nous vidons sur le pré l'affaire sans témoins,
Et le perçant à jour de deux coups d'estocade,
Je le mets hors d'état d'être jamais malade,
Il tombe dans son sang.
(*v. 1140-1143.*)

Qu'Alcippe, sur ces entrefaites, survienne, bien vivant et appelant Dorante son « cher ami », n'est pas pour désar-

çonner ce dernier. *Et lorsque Cliton s'amuse à ses dépens de cette résurrection soudaine, il s'étonne que celui-ci puisse ne pas le croire :*

Quoi, mon combat te semble un conte imaginaire ?
(*v. 1173.*)

C'est que Dorante, fidèle à l'image qu'il se donne, conserve à celle-ci sa cohérence par la seule voie possible : la surenchère dans le mensonge. Son épée n'est du coup que de mots. Elle ne brille que par la façon qu'il a de manier la langue. À Cliton ébahi, il développe d'ailleurs toute une argumentation selon laquelle il sait l'hébreu et a même « dix langues à [s]on commandement » (v. 1200).

Ce héros beau parleur n'est donc au bout du compte qu'un héros de façade, prêt toutefois s'il le faut à en découdre pour prouver, par l'épée, qu'il est bien ce pour quoi il se donne. Qu'une occasion vraie se présente, et les mots pourraient alors céder la place à l'acte. Comme il avait répondu au cartel d'Alcippe, on le retrouve, dans la seconde comédie, cheminant sur une route ouverte à toutes les aventures. La première scène de La Suite *met bien en scène le même Dorante, mais elle change de décor. Abandonnant le cadre mondain des quartiers parisiens à la mode, voici que « la scène est à Lyon », grande ville, certes, mais qui, en ce XVIIe siècle où le centre du monde s'est désormais fixé à Paris, dénote irrémédiablement sa province. Et d'un jardin qui fleure bon la pastorale galante, on se retrouve dans une prison, ce qui sent pour le moins, sinon encore le drame tragique, tout au moins le décor de tragicomédie, cher à la* comedia *espagnole.*

Deux ans se sont écoulés depuis le dénouement de l'aventure précédente et le mariage annoncé de Dorante

*avec Lucrèce. En retrouvant son maître en si fâcheuse
situation, Cliton l'amène à raconter ce qui s'est passé entre-
temps et qui l'a amené jusqu'à cette prison où on l'a en-
fermé. Le récit de Dorante apporte donc toute explication
sur le chaînon qui manque entre la première comédie et la
seconde. Chaînon apparemment assez lâche pour qu'on le
regarde souvent comme une facilité que Corneille se donne
pour enchaîner en fait deux pièces assez disparates. Or, on
l'a vu, un lien existe entre les deux comédies, et les deux
Dorante : cette épée, qui donnait dès la première rime le* la
*de la première comédie — épée galante, parure, artifice, et
dont il se servait essentiellement comme telle — et qui, dès
la scène qui sert d'introduction aux nouvelles aventures
du personnage, se révèle arme véritable, relevant donc d'un
autre registre.*

*Comme il l'explique à Cliton, Dorante, au moment de
dire oui à Lucrèce — c'est-à-dire de se conformer au devenir convenu d'un héros de comédie d'intrigue —, a décidé
de reprendre son indépendance. Refusant ce qu'il considère
comme un lien fâcheux, il s'en est affranchi doublement :*

Je quitte la Maîtresse, et j'emporte l'argent.
                                        (*v. 50.*)

*Façon de rompre avec le mariage projeté, mais aussi, en
prenant l'argent — valeur bourgeoise — pour le dépenser
— valeur noble de la dilapidation — de quitter le monde
de la comédie bourgeoise à quoi le destinaient son père, son
milieu et son mariage, pour courir l'aventure et devenir
effectivement ce héros dont il s'était contenté jusqu'ici de
cultiver l'apparence. Et tandis que ceux qu'il laisse derrière
lui continuent à évoluer de leur côté dans cette comédie
dont il ne veut pas — sa fiancée épouse son père et, à la*

*mort vite survenue du vieillard, en profite pour le plumer
et jouer à la veuve joyeuse —, lui peut librement exprimer
la part de noblesse qu'il porte en lui. La direction qu'il
prend de l'Italie lui ouvre les horizons à la fois prestigieux
et agités du monde romanesque : une querelle à Florence
avec un jaloux, sa vie menacée, la nécessité de fuir, puis,
en route, la rencontre de deux cavaliers en train d'en découdre :*

> Donc à deux Cavaliers je vois tirer l'épée,
> Et pour en empêcher l'événement fatal,
> J'y cours la mienne au poing.
> (v. 108-110.)

*Cette fois-ci, on se bat pour de bon, et le mouvement qui
pousse Dorante à s'interposer relève de la bravoure authentique. On n'est plus dans une comédie mondaine, où les
soi-disant morts se relèvent, mais dans le registre tragique
où l'un des deux duellistes transperce l'autre, où le sang
coule, où, dans la précipitation, Dorante se porte au secours de la victime, l'étreint, tente d'arrêter son sang et,
tandis que le vrai coupable s'enfuit, se retrouve, lorsque les
sergents arrivent, pris pour l'auteur du coup funeste, ce
que semblent attester l'épée qu'il a à la main et le sang de
la victime. Certes, ce récit pourrait être encore pure invention, et Cliton qui, lui, est toujours le valet de comédie
qu'il n'a jamais cessé d'être, le prend pour tel et plaisante
son maître sur ce nouveau mensonge qui vient, pense-t-il,
s'ajouter aux anciens. Mais Dorante n'a guère besoin d'in-
sister pour le convaincre qu'il dit vrai. C'est que la preuve
est là, qui saute aux yeux : il est emprisonné !*

*Des explications qu'il donne alors sur son attitude et sur
sa nouvelle situation, deux se détachent, qui méritent*

d'être regardées de près. La première, qui fait état de son évolution morale, juge ses mensonges passés comme une indignité par rapport à la conduite qui est maintenant la sienne : « Et maintenant, Cliton, je vis en honnête homme. » (v. 139.) Transformation qui peut paraître bien curieuse, mais qui pourtant ne laisse pas d'être justifiée : le galant qu'il était, et qui jouait son rôle de menteur mondain pour paraître le cavalier qu'il n'était pas, a coupé avec cette vie artificielle. La bravoure qui était la sienne, et qui l'avait poussé à répondre au duel auquel l'avait provoqué Alcippe, trouve désormais à s'exercer dans un monde non soumis à la seule loi du paraître. C'est seul à présent que Dorante voyage, et c'est sans témoins qu'il se précipite pour séparer les deux hommes qui se battent. Sa conduite, propre à susciter l'admiration, est ici authentiquement héroïque. Or le piquant de la situation tient précisément dans le fait que les premiers témoins, qui arrivent en retard, se méprennent sur ce qu'ils découvrent et jugent comme un acte criminel ce qui était en réalité une action juste et courageuse. L'erreur, du coup, ne tient plus au discours tenu — le mensonge —, mais à l'apparence trompeuse qu'offre la réalité. La seconde explication qu'apporte Dorante à sa situation confirme ce renversement : « On me prend pour un autre. » (v. 88.)

Qui est donc désormais Dorante ? Il n'est plus ce hâbleur qui s'inventait des exploits pour éblouir les femmes : celui-là est devenu, sur la scène comique, un personnage de théâtre, comme le lui raconte Cliton, évoquant la pièce du Menteur *qui triomphe à Paris :*

On y voit un Dorante avec votre visage,
On le prendrait pour vous, il a votre air, votre âge,
Vos yeux, votre action, votre maigre embonpoint,

Et paraît comme vous adroit au dernier point.
(v. 275-278.)

*Mais il n'est pas davantage l'assassin, cet « autre »
pour lequel on le prend. Entre la comédie du mensonge et
la tragédie du crime, la vérité de Dorante relève à présent
d'un autre registre, familier à la* comedia, *celui de la
tragi-comédie romanesque. Par son acte de courage, et par
le mensonge par omission qui lui fait garder le silence pour
ne pas dénoncer Cléandre, le vrai coupable, lorsqu'il le reconnaît, Dorante s'affirme comme un vrai gentilhomme.*

*Certes, il ne s'agit pas ici d'affaire d'État, et le drame
ici noué ne relève pas de ces intérêts supérieurs qui transfi-
gurent le destin de ses héros. Mais sur la route qui mène
de Matamore à Rodrigue, et des comédies du début de la
carrière de Corneille aux tragi-comédies et tragédies qui suivent, Dorante fait en quelque sorte le lien, selon une pro-
gression à deux étapes : en mentant d'abord, comme Matamore, mais en mentant vrai, c'est-à-dire en se construisant
sciemment une image correspondant à un code mondain et
social — et c'est* Le Menteur *; en agissant ensuite, con-
formément à un code moral, et en ne mentant plus que
pour être conforme aux valeurs qui guident ses actes — et
c'est* La Suite du Menteur. *On reste bien dans le domaine de la comédie : la place qu'occupe Cliton dans la
seconde pièce, ses rapports avec le personnage vif et déluré
de Lyse, la femme de chambre, ainsi que les effets de surprise et de fantaisie que créent les méprises, les déguisements, les tours joués, le disent suffisamment ; mais cette
comédie laisse voir des sentiments passionnés, des conduites
généreuses, des sacrifices et des renoncements, des fidélités
de dévouement et d'amitié, qui font qu'on pourrait facilement s'y laisser prendre et, pour peu que l'éclairage y fût*

un peu plus sombre, se croire, comme dans le dernier acte
de L'Illusion comique, *aux portes de la tragédie.*

   *La frontière entre les deux univers — comique et tragi-
que — n'est en effet pas si tranchée que pourrait le laisser
penser une définition abrupte et étroite. Dans un temps où
le théâtre, pratiquant toutes les formules dans une exubé-
rance foisonnante, réfléchit à sa propre définition et s'impose progressivement des règles, mais où l'on n'en est pas
encore à la belle ordonnance de la hiérarchie classique des
genres, Corneille ne cesse d'en explorer les confins. Son
théâtre semble comme expérimenter l'ensemble des possibilités, qui s'essaie successivement aux comédies, aux tragi-comédies, aux tragédies à fin heureuse, aux tragédies, ou encore, avec* Don Sanche d'Aragon, *cette pièce qui, cinq
ans après* La Suite du Menteur, *va explorer les possibilités du drame romanesque — on y retrouvera d'ailleurs billet et portrait, ces accessoires qui jalonnent l'idylle entre Dorante et Mélisse, tout comme une identité présumée, lingère
ici, pêcheur là, qui en cache une autre, plus presti-
gieuse —, à cette espèce nouvelle, dont il avouera qu'il se
sent « fort embarrassé à lui choisir un nom » et pour
laquelle il inventera une dénomination qui, déjà, aurait
pu ne pas si mal convenir à* La Suite du Menteur : *celle
de comédie héroïque.*

LA VIRTUOSITÉ DE L'AFFABULATEUR

   Car, dans cet ultime retour à la comédie que constituent
Le Menteur *et sa* Suite, *c'est sans doute une fois encore
le théâtre même qui est en jeu. La preuve en est d'ailleurs
donnée dans l'Épître que Corneille place en tête de* La
Suite *dans les premières éditions de la pièce, et qu'il ne*

supprime à partir de 1660 que parce que les sujets qu'il y traite, concernant largement la théorie et la pratique dramatiques, figurent désormais dans le développement plus large et explicite qu'il leur consacre dans les trois discours sur le poème dramatique, sur la tragédie, et sur les trois unités, qu'il place en tête de chacun des trois volumes de la grande édition de son Théâtre qu'il publie alors.

Ce qui lui semble faire la supériorité du Menteur sur sa Suite, c'est, dit-il dans cette Épître, qu'il a su mieux plaire et divertir dans la première pièce que dans la seconde : « Pour moi qui tiens avec Aristote et Horace que notre art n'a pour but que le divertissement, j'avoue qu'il [Dorante] est ici bien moins à estimer qu'en la première comédie, puisque avec ses mauvaises habitudes il a perdu presque toutes ses grâces, et qu'il semble avoir quitté la meilleure part de ses agréments, lorsqu'il a voulu se corriger de ses défauts. »

Cette observation découle certes d'un critère qui, pour l'auteur dramatique qu'il est, ne manque pas de poids : le jugement du public, qui a assuré au Menteur un large succès, alors qu'il a boudé la Suite. Mais elle ne constitue pas pour autant une critique des qualités propres de la seconde pièce, dont il prend soin de souligner qu'elle est « remplie de beaux sentiments et de beaux vers ». S'il insiste ainsi sur les « grâces » et les « agréments » du premier Dorante, c'est que, mesuré à l'aune du seul plaisir, le mensonge, avec toutes les possibilités qu'il offre, se révèle en la matière incomparablement plus riche de ressources que la vérité, réduite à la seule authenticité des faits. À partir du moment où Dorante ne s'invente plus un personnage, il en est réduit à subir la pression des circonstances. Ce n'est pas pour rien que cette liberté qu'il s'est donnée en fuyant le mariage l'a comme paradoxalement conduit en prison.

Tout, pratiquement, dans l'idylle qui le rapproche de Mé-
*lisse, se passe en dehors de lui, et ce n'est qu'*in fine, *par*
un nouvel acte qui traduit sa magnanimité — sa décision
de s'effacer pour ne pas trahir Philiste — qu'il obtient Mé-
lisse, par le sacrifice en retour de son ami. À nouveau, il
est alors le maître du jeu, celui qui pèse sur son propre
destin par la libre détermination de ses actes. Il recouvre
sa vraie liberté, ce que traduit le développement désormais
de pure rhétorique galante sur la prison, laquelle n'est plus
que celle de l'amour à laquelle le condamne métaphorique-
ment Philiste :

On nomme une prison le nœud de l'Hyménée,
L'Amour même a des fers dont l'âme est enchaînée,
Vous les rompiez pour moi, je n'y puis consentir,
Rentrez dans la prison dont vous vouliez sortir.

                        (v. 1889-1892.)

    Le style, avec son côté précieux, renvoie ici à toute une
casuistique du cœur, à un héroïsme galant, à des jeux
d'oppositions et de résonances de mots et de sentiments, qui
caractérisent l'ensemble du cinquième acte, particulièrement
alambiqué, de la pièce, et qui, là encore, peuvent faire pen-
ser au futur Don Sanche d'Aragon. *Et l'on est ici dans*
un schéma plus proche de la tragi-comédie — un dénoue-
ment qui aurait tout pour être malheureux et qui, in extre-
mis, par le retrait héroïque de Dorante qui suscite la même
attitude chez Philiste, débouche sur une fin heureuse —
que dans la comédie, où le mariage final fait partie de la
loi même du genre.
    Corneille l'avait bien, dès le départ, senti comme tel. La
scène finale de La Suite *comportait en effet, à l'origine, un*
développement qu'il fera disparaître à partir de l'édition de

1660 (on peut le lire, dans le Dossier, à la n. 3 de la
p. 285). Cette scène, coupée au moment où il donne, par
ses trois discours, un apport essentiel aux théories désor-
mais codifiées de la scène classique, offrait en 1645 l'image
d'une pratique moins régulière qui, en mettant le théâtre
en scène sur le théâtre, renouait avec la scène finale de
L'Illusion comique, *mais surtout établissait, du* Menteur *à sa* Suite, *une continuité dramatique particulière.*
Philiste y apportait à son ami Dorante le texte imprimé de
cette comédie du Menteur *dont Cliton s'était fait l'écho au*
début de la pièce, en racontant comment elle triomphait à
Paris. Évoquant alors l'idée que ses nouvelles aventures
pourraient donner idée à l'auteur de composer une Suite
à sa première comédie, Dorante y prenait avec les règles
quelque distance ironique. Il jugeait lui-même que la tona-
lité de ses nouvelles amours ne ressortissait pas tout à fait
à une comédie, et il avait même, pour en accepter et en
justifier la mise en forme dramatique, une comparaison ex-
plicite quant à ses rapports avec l'univers de la tragédie :

La majesté des Rois que leur Cour idolâtre
Sans perdre son éclat monte sur le Théâtre,
C'est gloire et non pas honte, et pour moi j'y con-
                                        [sens.
          (v. 1921-1923 supprimés.)

Après quoi suivait une discussion avec Cliton sur les
règles de temps et d'action, Dorante s'en moquant allègre-
ment (« Qu'importe ? »... v. 1930 supprimé), alors que le
serviteur, se gorgeant de termes techniques (« Catastase,
Épisode, unité, dénouement » v. 1935 supprimé), n'en
donnait pas une image très flatteuse. Et au reproche préci-
sément d'irrégularité que faisait Cliton, remarquant que

cette Suite du Menteur *risquait de ne se solder que par un seul mariage, Dorante, retrouvant tout son esprit d'invention, imaginait alors un autre dénouement, qui accompagnerait son mariage avec Mélisse des deux ou trois autres que réclament les conventions du genre :*

L'Auteur y peut mettre ordre avec fort peu de
[peine,
Cléandre en même temps épousera Climène,
Et pour Philiste, il n'a qu'à me faire une sœur
Dont il recevra l'offre avec joie et douceur,
Il te pourra toi-même assortir avec Lyse.
(v. 1941-1945 supprimés.)

Au-delà des conceptions théoriques, encore toutes pleines de liberté irrévérencieuse, que cette scène traduit, le rôle qu'y joue Dorante apparaît très clairement comme étant celui du double de l'auteur lui-même. C'est lui qui, en prenant la distance de l'imagination avec la réalité des faits, par exemple en s'inventant une sœur, règle la comédie, établissant comme une connivence entre le métier de l'auteur et le rôle dévolu à son principal personnage, y compris dans la représentation comique qui en est donnée :

Allons voir comme ici l'Auteur m'a figuré,
Et rire à mes dépens après avoir pleuré.
(v. 1959-1960 supprimés.)

Dans ce curieux dédoublement, où le Dorante de la suite et fin rejoint le Dorante des débuts, on retrouve la mise en abyme du théâtre lui-même, telle que l'avait déjà traduite L'Illusion comique. *Mais ce n'est plus ici un magicien extérieur qui fait surgir, de sa boîte à malice, des ombres*

*pour les mettre en scène, c'est le personnage situé au cœur
même de l'action qui invente celle-ci et, la vivant, lui
donne sa matérialité dramatique.*

*Dès l'abord, Dorante est un imaginatif. Le monde dans
lequel il arrive, coupant avec la triste réalité d'une vie
d'étudiant provincial dont tout l'horizon se borne à rabâ-
cher le droit, les lois et les rubriques, lui paraît, au sens
propre, merveilleux :*

Paris semble à mes yeux un pays de Romans,
J'y croyais ce matin voir une Île enchantée ;
Je la laissai déserte, et la trouve habitée.
Quelque Amphion nouveau, sans l'aide des maçons,
En superbes Palais a changé ses buissons.

(Le Menteur, v. 552-556.)

*Là où son père Géronte, plus terre à terre, explique les
transformations de la ville par la politique d'urbanisme
éclairée de Richelieu, Dorante investit les lieux où il se
trouve d'un imaginaire qui fait d'emblée de ceux-ci un
territoire romanesque. Il rejoint en cela ces esprits singu-
liers, à mi-chemin du rêve et de la folie, qui se prennent à
la fièvre nouvelle des romans, et vont jusqu'à confondre la
réalité qu'ils vivent avec la fiction dont ils sont les zélés
partisans. Le Lysis du* Berger extravagant *de Sorel avait
montré la voie, en croyant vivre par lui-même les aventures
de* L'Astrée, *son roman favori, bientôt suivi par d'autres,
comme ce Don Clarazel, le chevalier hypocondriaque de Du
Verdier, s'imaginant quant à lui revivre les aventures des*
Amadis. *Si Dorante ne pousse pas jusqu'à un tel dérange-
ment mental son admiration pour les romans, nul doute
pourtant qu'il en est si fort amateur qu'il passe immédiatement la réalité parisienne qu'il découvre au moule de leur*

univers de fiction. Cette île enchantée, ces superbes palais,
ils figurent d'emblée pour lui dans une séduisante Carte
du Royaume de Galanterie, et ils ont tout des lieux en-
chanteurs que l'on retrouve dans les romans à la mode,
ceux de La Calprenède, par exemple, dont le Cassandre
est précisément publié entre 1642 et 1645, et où la magni-
ficence de la fiction et l'héroïsme des actions se conjuguent
à l'élégance des comportements et du langage.

 La mode étant à ces romans, qui traduisent une richesse
d'invention et de style tels qu'ils apparaissent plus repré-
sentatifs de ce qu'on pourrait définir comme un esprit baro-
que que d'un goût classique, Dorante, qui se pique précisé-
ment d'être à la mode, envisage sa vie comme un roman.
Le mensonge est d'abord, chez lui, imagination romanes-
que. Cliton, qui vient de l'écouter raconter ses exploits dans
les guerres d'Allemagne puis la superbe soirée qu'il a pré-
tendument donnée, le remarque aussitôt :

> Vous seriez un grand maître à faire des Romans,
> Ayant si bien en main le festin et la guerre, (...)
> Ces hautes fictions vous sont bien naturelles.
>   *(v. 356-357 et 361.)*

 Et Dorante, acceptant la remarque comme un compli-
ment, y trouve occasion pour développer ce qui le pousse à
mentir, et le plaisir très particulier qu'il y prend :

> J'aime à braver ainsi les conteurs de Nouvelles,
> Et sitôt que j'en vois quelqu'un s'imaginer
> Que ce qu'il veut m'apprendre a de quoi m'é-
>   [tonner,
> Je le sers aussitôt d'un conte imaginaire
> Qui l'étonne lui-même, et le force à se taire.

Si tu pouvais savoir quel plaisir on a lors
De leur faire rentrer leurs Nouvelles au corps...
(v. 362-368.)

Un double mécanisme apparaît ici : celui du mensonge comme fiction, produit par une imagination romanesque fertile ; et celui de la surenchère dans cette fiction, qui non seulement entend rivaliser avec les romanciers, mais entend bien les dépasser dans leurs plus surprenantes inventions. Ce qui explique que non seulement Dorante est un menteur par affabulation, mais que celle-ci prend chez lui un côté flamboyant et extrême, qui lui donne son caractère échevelé. Il y a des menteurs laconiques, qui mentent en en disant le moins possible et qui utilisent même le silence de l'omission comme moyen de tromper. Dorante, lui, ment avec une outrance et, serait-on presque tenté de dire, avec une générosité qui donnent à ceux qui l'écoutent matière immédiate à l'admirer. Quels plus beaux exploits peut-on trouver que ceux qu'il a accomplis en Allemagne et qui rehaussent d'autant la façon qu'il a de se mettre au service des beaux yeux de Clarice ? Et quel plus étincelant spectacle baroque peut-on imaginer que celui qui lui fait rassembler cinq bateaux, quatre chœurs de musique, festin à douze plats et à six services, quatre concerts, mille et mille fusées, déluge de flamme, dans une fête où tous les sens sont sollicités, où les éléments eux-mêmes participent à la mise en scène, et où la fusion des arts tend à cette forme de spectacle à la fois total et éphémère que les grandes fêtes à venir, de Vaux à Versailles, animant leurs « superbes palais » par les grandioses plaisirs d'une « Île enchantée », chercheront précisément à créer ? Et, en matière d'aventure sentimentale, quel roman, même à épisodes, pourrait imaginer idylle si semée d'obstacles que celle qui le lie, comme il le raconte, à

*la jeune Orphise : cour secrète, rendez-vous nocturne, père
qui survient, événements qui se précipitent — une montre
qui sonne, un pistolet dont la détente s'emmêle au cordon,
le coup qui part, la belle qui s'évanouit, le père qui crie à
l'assassin, le frère qui accourt avec ses gens, le combat qui
s'ensuit, les derniers retranchements où l'on est réduit, les
obstacles — « bancs, tables, coffres, lits, et jusqu'aux escabelles » (v. 658) — qu'en vain on amoncelle comme une
barricade et une surenchère verbale, la muraille de la
chambre qui finit par céder, entraînant la nécessité de se
rendre enfin et d'accepter le mariage pour sauver à la fois
sa vie et son honneur ? La concentration, en un même
mensonge (et en une tirade de soixante-dix vers), de toutes
les péripéties qui se puissent imaginer, donne à la scène
valeur d'exemplarité dans l'extraordinaire, et confirme la
virtuosité de Dorante à créer de toutes pièces un monde, à
faire presque, comme Balzac, concurrence à l'état civil,
quitte à s'embrouiller quelque peu dans son registre des
noms, à rebaptiser Pyrandre le beau-père qu'il nommait Armédon, et à trouver aussitôt l'explication en prétendant
que, des deux noms, l'un est le nom propre et l'autre le
nom de guerre...*

Si Dorante est donc bien un menteur, jamais en mal
d'imagination, il l'est comme le sont tous ceux qui racontent des histoires et les font prendre pour vraies par ceux à
qui ils les racontent. Il met donc en pratique ce qui est l'art
premier du romancier : le pouvoir illusionniste de l'invention. Toutefois l'illusion ainsi créée n'est pas exactement de
même nature que celle d'un écrivain développant sa fiction
dans les pages de son livre. L'imagination de Dorante doit
agir ici en direct, sous les yeux de ceux à qui il s'adresse.
Et pour convaincre ceux-ci, l'affabulateur qu'il est se doit
de donner vie et consistance à ses inventions, sous peine

de ne pas être cru. *L'art de l'affabulateur se double donc de l'art oral du conte et même, puisqu'il occupe l'espace, de l'art proprement physique de la scène. L'essence du mensonge, chez Dorante, est ainsi théâtrale. Acteur des histoires qu'il raconte, il est aussi le comédien chargé de les représenter et de les faire admirer par son public. La façon de se présenter aux jeunes filles, l'art d'utiliser le décor — jardin, balcon —, la manière de régler son attitude et de diriger son interprétation sur l'entrée et la sortie des personnages, l'improvisation même lorsque, la méprise sur l'identité réelle de Clarice et Lucrèce venant à se lever, il faut trouver aux incertitudes de son jeu une explication propre à les éclairer : tout cela dénote l'homme de théâtre. Et même, au-delà du comédien, le metteur en scène, comme cela apparaît à la façon qu'il a de mettre en place ses mensonges : les interrogations par lesquelles il amène Alcippe à préciser le cadre et les circonstances de la fameuse soirée sur l'eau, faisant son miel des précisions que celui-ci lui apporte comme autant d'éléments qui vont être susceptibles de nourrir la représentation qu'il va ensuite en donner, cela sent quasiment sa répétition, avec toutes les indications nécessaires pour régler la scène. Et lorsque Dorante commence à raconter la fête elle-même, celle-ci met en jeu tout un décor et toute une scénographie si parfaitement sollicités que le récit se transforme en spectacle et se retrouve effectivement mis en scène. Cette musique et ces chants qui viennent se mettre de la partie, ces décors qui offrent comme par magie « les eaux, les rochers, et les airs », on voit bien qu'ils appellent la représentation. Que le sieur Torelli, machiniste magicien, arrive d'Italie, trois ou quatre ans après, avec toutes les machines nécessaires, et Corneille, mettant en scène le type de spectacle imaginé par Dorante, pourra en faire son* Andromède.

La virtuosité de Dorante, ce talent qu'il a de mettre tout le monde dans sa poche — et qui se vérifie à chaque représentation par la jubilation qu'éprouve le public à le voir mentir — sont l'art et la virtuosité mêmes de celui dont il est la figure dédoublée : le dramaturge lui-même. Lorsque le personnage, à la fin de ses premières aventures, s'accommode de bon cœur de cette Lucrèce dont il croyait qu'elle était Clarice, et lorsque même, au dénouement de la seconde pièce, il donne à l'auteur des conseils pour imaginer une fin qui soit conforme aux règles du genre, c'est bel et bien lui qui met, comme il l'entend, le mot fin à la comédie. Le plaisir qu'il suscite est celui du théâtre.

Est-ce plaisir moral ? À la sagesse commune, qui dit qu'il n'est pas bon de mentir, Corneille substitue la morale du théâtre, qui, à ses yeux, se moque de la morale. En s'interrogeant sur le jugement qu'il convient de porter sur Dorante, le dramaturge, sachant bien que celui-ci est, comme lui, un créateur de situations, un inventeur d'intrigues, un metteur en scène de ses propres imaginations, ne fait rien d'autre finalement que de se juger lui-même et de juger son art. L'Épître de La Suite du Menteur prend bien soin de distinguer l'agrément à quoi vise le théâtre et l'utilité morale qu'on lui prête. Tirant ses arguments des théoriciens antiques, Aristote et Horace, Corneille voit les preuves concrètes de cette distinction dans le théâtre des Anciens : « Et dans les comédies de Plaute et de Térence, que voyons-nous autre chose que des jeunes fous qui, après avoir par quelque tromperie tiré de l'argent de leurs pères pour dépenser à la suite de leurs amours déréglées, sont enfin richement mariés ; et des esclaves qui, après avoir conduit tout l'intrique, et servi de ministres à leurs débauches, obtiennent leur liberté pour récompense ? Ce sont des *exemples qui ne seraient non plus propres à imiter que les mauvaises finesses de notre Menteur.* » Le plaisir que procure Dorante le dédouane en quelque sorte du mauvais exemple qu'il serait censé donner : « *Quand le crime est bien peint de ses couleurs, quand les imperfections sont bien figurées, il n'est pas besoin d'en faire voir un mauvais succès à la fin pour avertir qu'il ne les faut pas imiter. Et je m'assure que toutes les fois que* Le Menteur *a été représenté, bien qu'on l'ait vu sortir du théâtre pour aller épouser l'objet de ses derniers désirs, il n'y a eu personne qui se soit proposé son exemple pour acquérir une maîtresse.* » D'autant, comme La Suite s'empresse de le montrer, que ledit prétendant s'éclipse avant le mariage pour aller courir à nouveau l'aventure et remplacer sa Lucrèce, qu'il avait prise pour une autre, par l'inconnue Mélisse qui se fait elle-même passer pour qui elle n'est pas.

Si Dorante, d'une pièce à l'autre, finit par s'acheter une conduite, il continue bien à évoluer dans ce monde de la feinte qu'est le théâtre. Mais, en devenant honnête homme, en donnant une sorte de justification morale à ses mensonges, il quitte l'univers de la pure fantaisie qui était celui de la comédie pour introduire à un autre univers : « *Je vous dirais, conclut Corneille, qu'il y a encore une autre utilité propre à la tragédie, qui est la purgation des passions ; mais ce n'est pas ici le lieu d'en parler, puisque ce n'est qu'une comédie que je vous présente.* » Le Menteur et La Suite du Menteur *représentent précisément ce moment où la tonalité bascule, et où le théâtre de Corneille choisit définitivement sa voie. C'est l'univers tragique qui va l'emporter. Mais ce chant du cygne comique que sont les éblouissants mensonges de Dorante traduit bien que la palette du dramaturge est large, et que le chantre de l'héroïsme et des grands sentiments n'est pas dupe de la part*

*profonde de mensonge que comporte toute création dramati-
que. L'illusion théâtrale est à ce prix, qui donne le faux
pour le vrai, et vice versa : « Quoi, même en disant vrai,
vous mentiez en effet ? » Cliton ne croit pas si bien dire...*

                                                    JEAN SERROY

Le Menteur

COMÉDIE

LE MENTEUR

COMÉDIE

Imprimé à Rouen, et se vend à Paris
Chez Antoine de Sommaville, en la galerie des
Merciers, à l'Écu de France
Et Augustin Courbé, en la même galerie, à la Palme,
Au Palais.

M. DC. XLIV
AVEC PRIVILÈGE DU ROI

ÉPÎTRE [1]

Monsieur,

Je vous présente une pièce de théâtre d'un style si éloigné de ma dernière, qu'on aura de la peine à croire qu'elles soient parties toutes deux de la même main, dans le même hiver. Aussi les raisons qui m'ont obligé à y travailler ont été bien différentes. J'ai fait *Pompée* pour satisfaire à ceux qui ne trouvaient pas les vers de *Polyeucte* si puissants que ceux de *Cinna*, et leur montrer que j'en saurais bien retrouver la pompe, quand le sujet le pourrait souffrir ; j'ai fait *Le Menteur* pour contenter les souhaits de beaucoup d'autres, qui suivant l'humeur des Français aiment le changement et, après tant de poèmes graves dont nos meilleures plumes ont enrichi la scène, m'ont demandé quelque chose de plus enjoué qui ne servît qu'à les divertir. Dans le premier j'ai voulu faire un essai de ce que pouvait la majesté du raisonnement et la force des vers dénués de l'agrément du sujet ; dans celui-ci j'ai voulu tenter ce que pourrait l'agrément du sujet dénué de la force des vers. Et d'ailleurs étant obligé au genre comique de ma première réputation, je ne pouvais l'abandonner tout à fait sans quelque espèce d'ingratitude. Il est vrai que, comme alors que je me hasardai à le quitter, je n'osai me fier à mes seules forces, et que pour m'élever à la dignité du tragique, je pris l'appui du grand Sénèque, à qui j'empruntai tout ce qu'il avait donné de rare à sa *Médée*[1] : ainsi quand je me suis résolu de repasser du héroïque au naïf[2], je n'ai osé descendre de si haut sans m'assurer d'un guide[3], et me suis laissé conduire au fameux Lope de Vega[4], de peur de m'égarer dans les détours de tant d'intriques[5] que fait notre Menteur. En un mot, ce n'est ici qu'une copie d'un excellent original qu'il a mis au jour sous le titre de *La Verdad sospechosa*, et me fiant sur notre Horace qui donne liberté de tout oser aux poètes ainsi qu'aux peintres[6], j'ai cru que nonobstant la guerre des deux couronnes[7], il m'était permis de trafiquer en Espagne. Si cette sorte de commerce était un crime, il y a longtemps que je serais coupable, je ne dis pas seulement pour *Le Cid*, où je me suis aidé de dom Guilhem de Castro, mais aussi pour *Médée* dont je viens de parler, et pour *Pompée* même, où pensant me fortifier du secours de deux Latins, j'ai pris celui de deux Espagnols, Sénèque et Lucain, étant tous deux de Cordoue. Ceux qui ne voudront pas me pardonner cette intelligence avec nos ennemis, approuveront du moins que je pille chez eux, et soit qu'on fasse passer ceci pour un larcin, ou pour un emprunt, je m'en suis trouvé si bien, que je n'ai pas envie que ce soit le dernier que je ferai chez eux. Je crois que vous en serez d'avis et ne m'en estimerez pas moins.

    Je suis,

        Monsieur,

                Votre très humble serviteur,

                     CORNEILLE.

Bien que cette comédie et celle qui la suit soient toutes deux de l'invention de Lope de Vega, je ne vous les donne point dans le même ordre que je vous ai donné *Le Cid* et *Pompée*, dont en l'un vous avez vu les vers espagnols, et en l'autre les latins, que j'ai traduits ou imités de Guilhem de Castro et de Lucain. Ce n'est pas que je n'aie ici emprunté beaucoup de choses de cet admirable original, mais comme j'ai entièrement dépaysé les sujets pour les habiller à la française, vous trouveriez si peu de rapport entre l'Espagnol et le Français, qu'au lieu de satisfaction vous n'en recevriez que de l'importunité.

Par exemple, tout ce que je fais conter à notre Menteur des guerres d'Allemagne où il se vante d'avoir été, l'Espagnol le lui fait dire du Pérou et des Indes, dont il fait le nouveau revenu ; et ainsi de la plupart des autres incidents, qui bien qu'ils soient imités de l'original, n'ont presque point de ressemblance avec lui pour les pensées, ni pour les termes qui les expriment. Je me contenterai donc de vous avouer que les sujets sont entièrement de lui,

comme vous les trouverez dans la vingt et deuxième
partie de ses comédies[1]. Pour le reste, j'en ai pris
tout ce qui s'est pu accommoder à notre usage et
s'il m'est permis de dire mon sentiment touchant
une chose où j'ai si peu de part, je vous avouerai en
même temps que l'invention de celle-ci me charme
tellement, que je ne trouve rien à mon gré qui lui
soit comparable en ce genre, ni parmi les Anciens,
ni parmi les Modernes. Elle est toute spirituelle depuis le commencement jusqu'à la fin, et les incidents si justes et si gracieux, qu'il faut être à mon
avis de bien mauvaise humeur pour n'en approuver
pas la conduite, et n'en aimer pas la représentation.

Je me défierais peut-être de l'estime extraordinaire que j'ai pour ce poème, si je n'y étais confirmé
par celle qu'en a faite un des premiers hommes de
ce siècle, et qui non seulement est le protecteur des
savantes Muses dans la Hollande, mais fait voir encore par son propre exemple, que les grâces de la
poésie ne sont pas incompatibles avec les plus hauts
emplois de la politique, et les plus nobles fonctions
d'un homme d'État. Je parle de M. de Zuylichem[2],
secrétaire des commandements de Monseigneur le
prince d'Orange. C'est lui que MM. Heinsius et Balzac ont pris comme pour arbitre de leur fameuse
querelle[3], puisqu'ils lui ont adressé l'un et l'autre
leurs doctes dissertations, et qui n'a pas dédaigné de
montrer au public l'état qu'il fait de cette comédie
par deux épigrammes[4], l'un français et l'autre latin,
qu'il a mis au-devant de l'impression qu'en ont faite
les Elzeviers[5], à Leyden. Je vous les donne ici d'autant plus volontiers, que n'ayant pas l'honneur
d'être connu de lui, son témoignage ne peut être

suspect, et qu'on n'aura pas lieu de m'accuser de beaucoup de vanité pour en avoir fait parade, puisque toute la gloire qu'il m'y donne doit être attribué au grand Lope de Vega, que peut-être il ne connaissait pas pour le premier auteur de cette merveille de théâtre.

IN PRAESTANTISSIMI POETAE GALLICI CORNELII,
COMOEDIAM, QUAE INSCRIBITUR[1]

MENDAX

Gravi cothurno torvus, orchestra truci
Dudum cruentus, Galliae justus stupor,
Audivit et vatum decus Cornelius.
Laudem poetae num mereret Comici
Pari nitore et elegantia, fuit
Qui disputaret, et negarunt inscii ;
Et mos gerendus insciis semel fuit.
Et, ecce, gessit, mentiendi gratia
Facetiisque, quas Terentius, pater
Amoenitatum, quas Menander, quas merum
Nectar Deorum Plautus et mortalium,
Si saeculo reddantur, agnoscant suas,
Et quas negare non graventur non suas.
Tandem Poeta est : fraude, fuco, fabula,
Mendace scena vindicavit se sibi.
Cui Stagirae venit in mentem, putas,
Quis qua praeivit supputator Algebra,
Quis cogitavit illud Euclides prior,
Probare rem verissimam mendacio ?

CONSTANTER, 1645.

À M. CORNEILLE
sur sa comédie *Le Menteur*

Eh bien ! ce beau *Menteur*, cette pièce fameuse,
Qui étonne le Rhin, et fait rougir la Meuse,

Et le Tage et le Pô, et le Tibre romain,
De n'avoir rien produit d'égal à cette main,
À ce Plaute rené, à ce nouveau Térence,
La trouve-t-on si loin ou de l'indifférence
Ou du juste mépris des savants d'aujourd'hui ?
Je tiens, tout au rebours, qu'elle a besoin d'appui,
De grâce, de pitié, de faveur affétée,
D'extrême charité, de louange empruntée.
Elle est plate, elle est fade, elle manque de sel,
De pointe et de vigueur ; et n'y a carrousel
Où la rage et le vin n'enfantent des Corneilles
Capables de fournir de plus fortes merveilles.
    Qu'ai-je dit ? Ah ! Corneille, aime mon repentir,
Ton excellent *Menteur* m'a porté à mentir.
Il m'a rendu le faux si doux et si aimable,
Que, sans m'en aviser, j'ai vu le véritable
Ruiné de crédit, et ai cru constamment
N'y avoir plus d'honneur qu'à mentir vaillamment.
    Après tout, le moyen de s'en pouvoir dédire ?
À moins que d'en mentir je n'en pouvais rien dire.
La plus haute pensée au bas de sa valeur
Devenait injustice et injure à l'auteur.
Qu'importe donc qu'on mente, ou que d'un faible éloge
À toi et ton *Menteur* faussement on déroge ?
Qu'importe que les Dieux se trouvent irrités
De mensonges, ou bien de fausses vérités ?

CONSTANTER.

EXAMEN [1]

Cette pièce est en partie traduite, en partie imitée
de l'espagnol. Le sujet m'en semble si spirituel et si
bien tourné, que j'ai dit souvent que je voudrais
avoir donné les deux plus belles que j'aie faites, et
qu'il fût de mon invention. On l'a attribué au
fameux Lope de Vega, mais il m'est tombé depuis
peu entre les mains un volume de don Juan d'Alarcón [2], où il prétend que cette comédie est à lui, et
se plaint des imprimeurs qui l'ont fait courir sous le
nom d'un autre. Si c'est son bien, je n'empêche pas
qu'il ne s'en ressaisisse. De quelque main que parte
cette comédie, il est constant [3] qu'elle est très ingénieuse, et je n'ai rien vu dans cette langue qui m'ait
satisfait davantage. J'ai tâché de la réduire à notre
usage, et dans nos règles ; mais il m'a fallu forcer
mon aversion pour les *a parte* [4], dont je n'aurais pu
la purger sans lui faire perdre une bonne partie de
ses beautés. Je les ai faits les plus courts que j'ai pu,
et je me les suis permis rarement, sans laisser deux
acteurs ensemble, qui s'entretiennent tout bas, cependant que d'autres disent ce que ceux-là ne doivent pas écouter. Cette duplicité d'action particu-

lière ne rompt point l'unité de la principale, mais elle gêne un peu l'attention de l'auditeur, qui ne sait à laquelle s'attacher, et qui se trouve obligé de séparer aux deux ce qu'il est accoutumé de donner à une. L'unité de lieu s'y trouve en ce que tout s'y passe dans Paris, mais le premier acte est dans les Tuileries, et le reste à la Place Royale. Celle de jour n'y est pas forcée pourvu qu'on lui laisse les vingt et quatre heures entières. Quant à celle d'action, je ne sais s'il n'y a point quelque chose à dire en ce que Dorante aime Clarice dans toute la pièce, et épouse Lucrèce à la fin, qui par là ne répond pas à la Protase[1]. L'Auteur espagnol lui donne ainsi le change pour punition de ses menteries, et le réduit à épouser par force cette Lucrèce qu'il n'aime point. Comme il se méprend toujours au nom, et croit que Clarice porte celui-là, il lui présente la main quand on lui a accordé l'autre, et dit hautement, quand on l'avertit de son erreur, que s'il s'est trompé au nom, il ne se trompe point à la personne. Sur quoi le père de Lucrèce le menace de le tuer, s'il n'épouse sa fille après l'avoir demandée et obtenue, et le sien propre lui fait la même menace. Pour moi, j'ai trouvé cette manière de finir un peu dure, et cru qu'un mariage moins violenté serait plus au goût de notre auditoire. C'est ce qui m'a obligé à lui donner une pente vers la personne de Lucrèce au cinquième acte, afin qu'après qu'il a reconnu sa méprise aux noms, il fasse de nécessité vertu de meilleure grâce, et que la comédie se termine avec pleine tranquillité de tous côtés[2].

ACTEURS

GÉRONTE, Père de Dorante [1].
DORANTE, Fils de Géronte.
ALCIPPE, Ami de Dorante et Amant de Clarice.
PHILISTE, Ami de Dorante et d'Alcippe.
CLARICE, Maîtresse d'Alcippe.
LUCRÈCE, Amie de Clarice.
ISABELLE, Suivante de Clarice.
SABINE, Femme de chambre de Lucrèce.
CLITON, Valet de Dorante.
LYCAS, Valet d'Alcippe.

La scène est à Paris.

fonction: confidantes

~~~ = Champ lexical
      de tromperie/déguisement etc.

Tromperie
  ↳ Ruse
  ↳ Artifice
  ↳ Imposture
  ↳ Fourberie
  ↳ mensonge

  ↳ dupe

ACTE PREMIER

SCÈNE PREMIÈRE

DORANTE, CLITON

DORANTE

À la fin j'ai quitté la robe pour l'épée,
L'attente où j'ai vécu n'a point été trompée,
Mon père a consenti que je suive mon choix,
Et j'ai fait banqueroute à[1] ce fatras de Lois.
5 Mais puisque nous voici dedans les Tuileries,
Le pays du beau monde, et des galanteries,
Dis-moi, me trouves-tu bien fait en Cavalier[2] ?
Ne vois-tu rien en moi qui sente l'écolier ?
Comme il est malaisé qu'aux Royaumes du Code
10 On apprenne à se faire un visage à la mode,
J'ai lieu d'appréhender...

CLITON

　　　　　　　Ne craignez rien pour vous,
Vous ferez en une heure ici mille jaloux,
Ce visage et ce port n'ont point l'air de l'École,
Et jamais comme vous on ne peignit Bartole[3].
15 Je prévois du malheur pour beaucoup de maris :

Clinton = confidant

Mais que vous semble encor maintenant de Paris ?

DORANTE

J'en trouve l'air bien doux, et cette loi bien rude
Qui m'en avait banni sous prétexte d'étude.
Toi qui sais les moyens de s'y bien divertir,   *auprès des femmes*
20 Ayant eu le bonheur de n'en jamais sortir,
Dis-moi comme[1] en ce lieu l'on gouverne les Dames.

CLITON   *contrôler, exercer le pouvoir sur*

C'est là le plus beau soin qui vienne aux belles âmes
(Disent les beaux esprits), mais sans faire le fin,
Vous avez l'appétit ouvert de bon matin.
25 D'hier au soir seulement vous êtes dans la ville,
Et vous vous ennuyez déjà d'être inutile !
Votre humeur sans emploi ne peut passer un jour,
Et déjà vous cherchez à pratiquer l'amour !   → *impressionner une femme*
Je suis auprès de vous en fort bonne posture
30 De passer pour un homme à donner tablature[2],
J'ai la taille d'un maître en ce noble métier,
Et je suis tout au moins l'Intendant du quartier.

DORANTE

Ne t'effarouche point, je ne cherche, à vrai dire,
Que quelque connaissance où l'on se plaise à rire,
35 Qu'on puisse visiter par divertissement,
Où l'on puisse en douceur couler quelque moment.
Pour me connaître mal, tu prends mon sens à gauche[3].

CLITON

J'entends, vous n'êtes pas un homme de débauche,
Et tenez celles-là trop indignes de vous

40 Que le son d'un écu rend traitables[1] à tous.
Aussi que vous cherchiez de ces sages coquettes
Où peuvent tous venants débiter leurs fleurettes,
Mais qui ne font l'amour que de babil, et d'yeux[2].
Vous êtes d'encolure à vouloir un peu mieux.
45 Loin de passer son temps, chacun le perd chez elles,
Et le jeu, comme on dit, n'en vaut pas les chandelles.
Mais ce serait pour vous un bonheur sans égal
Que ces femmes de bien qui se gouvernent mal,
Et de qui la vertu, quand on leur fait service,
50 N'est pas incompatible avec un peu de vice.
Vous en verrez ici de toutes les façons.
Ne me demandez point cependant des leçons,
Ou je me connais mal à voir votre visage,
Ou vous n'en êtes pas à votre apprentissage ;
55 Vos Lois ne réglaient pas si bien tous vos desseins
Que vous eussiez toujours un portefeuille aux mains.

DORANTE

À ne rien déguiser, Cliton, je te confesse
Qu'à Poitiers j'ai vécu comme vit la jeunesse,
J'étais en ces lieux-là de beaucoup de métiers :
60 Mais Paris après tout est bien loin de Poitiers.
Le climat différent veut une autre méthode,
Ce qu'on admire ailleurs est ici hors de mode[3],
La diverse façon de parler et d'agir
Donne aux nouveaux venus souvent de quoi rougir.
65 Chez les Provinciaux on prend ce qu'on rencontre,
Et là, faute de mieux, un sot passe à la montre[4] ;
Mais il faut à Paris bien d'autres qualités,
On ne s'éblouit point de ces fausses clartés,
Et tant d'honnêtes gens que l'on y voit ensemble
70 Font qu'on est mal reçu si l'on ne leur ressemble.

fausseté, en rapports entre êtres-humains

CLITON

Connaissez mieux Paris, puisque vous en parlez.
Paris est un grand lieu plein de marchands mêlés[1],
L'effet n'y répond pas toujours à l'apparence,
On s'y laisse duper, autant qu'en lieu de France,
75 Et parmi tant d'esprits plus polis, et meilleurs,
Il y croît des badauds, autant, et plus qu'ailleurs.
Dans la confusion que ce grand monde apporte,
Il y vient de tous lieux des gens de toute sorte,
Et dans toute la France il est fort peu d'endroits
80 Dont il n'ait le rebut aussi bien que le choix.
Comme on s'y connaît mal, chacun s'y fait de mise[2],
Et vaut communément autant comme[3] il se prise,
De bien pires que vous s'y font assez valoir ;
Mais pour venir au point que vous voulez savoir,
85 Êtes-vous libéral ? → *synonime de généreux*

DORANTE

Je ne suis point avare.

ruse

CLITON

C'est un secret d'amour et bien grand et bien rare,
Mais il faut de l'adresse à le bien débiter,
Autrement on s'y perd au lieu d'en profiter.
Tel donne à pleines mains qui n'oblige personne,
90 La façon de donner vaut mieux que ce qu'on donne :
L'un perd exprès au jeu son présent déguisé,
L'autre oublie un bijou qu'on aurait refusé ;
Un lourdaud libéral auprès d'une Maîtresse
Semble donner l'aumône alors qu'il fait largesse,
95 Et d'un tel contretemps[4] il fait tout ce qu'il fait,
Que quand il tâche à plaire, il offense en effet.

générosité

plaire à qqn
&
offenser qqn } *antithèse*

DORANTE

Laissons là ces lourdauds contre qui tu déclames,
Et me dis seulement si tu connais ces Dames.

CLITON

Non, cette marchandise est de trop bon aloi,
100 Ce n'est point là gibier à des gens comme moi.
Il est aisé pourtant d'en savoir des Nouvelles,
Et bientôt leur Cocher m'en dira des plus belles.

DORANTE

Penses-tu qu'il t'en die[1] ?

CLITON

Assez pour en mourir[2],
Puisque c'est un Cocher, il aime à discourir.

SCÈNE II

DORANTE, CLARICE LUCRÈCE, ISABELLE

CLARICE, *faisant un faux pas, et comme se laissant choir.*

105 Ay.

DORANTE, *lui donnant la main.*

Ce malheur me rend un favorable office,
Puisqu'il me donne lieu de ce petit service,
Et c'est pour moi, Madame, un bonheur souverain
Que cette occasion de vous donner la main.

Clarice: élégante/
éloquentes
intelligente

CLARICE

L'occasion ici fort peu vous favorise,
110 Et ce faible bonheur ne vaut pas qu'on le prise.

DORANTE

Il est vrai, je le dois tout entier au hasard,
Mes soins, ni vos désirs n'y prennent point de part,
Et sa douceur mêlée avec cette amertume
Ne me rend pas le Sort plus doux que de coutume,
115 Puisqu'enfin ce bonheur que j'ai si fort prisé
À mon peu de mérite eût été refusé.

CLARICE

S'il a perdu si tôt ce qui pouvait vous plaire,
Je veux être à mon tour d'un sentiment contraire,
Et crois qu'on doit trouver plus de félicité
120 À posséder un bien, sans l'avoir mérité.
J'estime plus un don qu'une reconnaissance,
Qui nous donne fait plus que qui nous récompense,
Et le plus grand bonheur au mérite rendu
Ne fait que nous payer de ce qui nous est dû.
125 La faveur qu'on mérite est toujours achetée,
L'heur[1] en croît d'autant plus, moins elle est méritée,
Et le bien où sans peine elle fait parvenir,
Par le mérite à peine aurait pu s'obtenir.

DORANTE

Aussi ne croyez pas que jamais je prétende
130 Obtenir par mérite une faveur si grande,
J'en sais mieux le haut prix, et mon cœur amoureux
Moins il s'en connaît digne, et plus s'en tient heureux.
On me l'a pu toujours dénier sans injure[2],

Et si la recevant ce cœur même en murmure,
135 Il se plaint du malheur de ses félicités,
Que le hasard lui donne, et non vos volontés.
Un Amant a fort peu de quoi se satisfaire
Des faveurs qu'on lui fait sans dessein de les faire ;
Comme l'intention seule en forme le prix,
140 Assez souvent sans elle on les joint au mépris.
Jugez par là quel bien peut recevoir ma flamme
D'une main qu'on me donne, en me refusant l'âme,
Je la tiens, je la touche, et je la touche en vain,
Si je ne puis toucher le cœur avec la main.

CLARICE

145 Cette flamme, Monsieur, est pour moi fort nouvelle,
Puisque j'en viens de voir la première étincelle.
Si votre cœur ainsi s'embrase en un moment,
Le mien ne sut jamais brûler si promptement,
Mais peut-être, à présent que j'en suis avertie,
150 Le temps donnera place à plus de sympathie.
Confessez cependant qu'à tort vous murmurez
Du mépris de vos feux, que j'avais ignorés.

SCÈNE III

DORANTE, CLARICE, LUCRÈCE, ISABELLE, CLITON

DORANTE

C'est l'effet du malheur qui partout m'accompagne :
Depuis que j'ai quitté les guerres d'Allemagne[1],
155 C'est-à-dire, du moins depuis un an entier,
Je suis et jour et nuit dedans votre quartier,

Je vous cherche en tous lieux, au bal, aux promenades,
Vous n'avez que de moi reçu des sérénades,
Et je n'ai pu trouver que cette occasion
160 À vous entretenir de mon affection.

CLARICE

Quoi, vous avez donc vu l'Allemagne, et la guerre ?

DORANTE

Je m'y suis fait quatre ans craindre comme un tonnerre.

CLITON

Que lui va-t-il conter ?

DORANTE

                Et durant ces quatre ans
Il ne s'est fait combats, ni sièges importants,
165 Nos armes n'ont jamais remporté de victoire,
Où cette main n'ait eu bonne part à la gloire,
Et même la Gazette[1] a souvent divulgué...

CLITON, *le tirant par la basque.*

Savez-vous bien, Monsieur, que vous extravaguez ?

DORANTE

Tais-toi.

CLITON

     Vous rêvez, dis-je, ou...

DORANTE

              Tais-toi, misérable.

CLITON

170 Vous venez de Poitiers, ou je me donne au Diable,
Vous en revîntes hier. *dit qu'il a menti*

DORANTE, *à Cliton.*

Te tairas-tu, maraud ?

À Clarice.

(Comparaison)

Mon nom dans nos succès s'était mis assez haut
Pour faire quelque bruit, sans beaucoup d'injustice,
Et je suivrais encore un si noble exercice,
175 N'était que l'autre hiver[1] faisant ici ma Cour
Je vous vis, et je fus retenu par l'amour.
Attaqué par vos yeux, je leur rendis les armes,
Je me fis prisonnier de tant d'aimables charmes,
Je leur livrai mon âme, et ce cœur généreux
180 Dès ce premier moment oublia tout pour eux.
Vaincre dans les combats, commander dans l'Armée,
De mille exploits fameux enfler ma renommée,
Et tous ces nobles soins qui m'avaient su ravir,
Cédèrent aussitôt à ceux de vous servir.

regards des femmes = flèches qui touchent le cœur d'un homme

ISABELLE, *à Clarice, tout bas.*

185 Madame, Alcippe vient, il aura de l'ombrage.

CLARICE

↳mécontant

(Alcippe essaie de faire l'amour à Clarice)

Nous en saurons, Monsieur, quelque jour davantage,
Adieu.

pas Au-revoir.

DORANTE

Quoi, me priver si tôt de tout mon bien !

CLARICE

Nous n'avons pas loisir d'un plus long entretien,
Et, malgré la douceur de me voir cajolée,
190 Il faut que nous fassions seules deux tours d'allée[1].

DORANTE

Cependant accordez à mes vœux innocents
La licence d'aimer des charmes si puissants.

CLARICE

Un cœur qui veut aimer, et qui sait comme on aime,
N'en demande jamais licence qu'à soi-même.

SCÈNE IV

DORANTE, CLITON

DORANTE

195 Suis-les, Cliton.

CLITON

              J'en sais ce qu'on en peut savoir.
La langue du Cocher a fait tout son devoir.
« La plus belle des deux, dit-il, est ma Maîtresse,
Elle loge à la Place[2], et son nom est Lucrèce. »

DORANTE

Quelle Place ?

CLITON

Royale, et l'autre y loge aussi,
200 Il n'en sait pas le nom, mais j'en prendrai souci.

DORANTE

Ne te mets point, Cliton, en peine de l'apprendre,
Celle qui m'a parlé, celle qui m'a su prendre,
C'est Lucrèce, ce l'est sans aucun contredit,
Sa beauté m'en assure, et mon cœur me le dit.

CLITON

205 Quoique mon sentiment doive respect au vôtre,
La plus belle des deux, je crois que ce soit l'autre.

DORANTE

Quoi, celle qui s'est tue, et qui dans nos propos
N'a jamais eu l'esprit de mêler quatre mots ?

CLITON

Monsieur, quand une femme a le don de se taire[1],
210 Elle a des qualités au-dessus du vulgaire.
C'est un effort du Ciel qu'on a peine à trouver,
Sans un petit miracle il ne peut l'achever,
Et la Nature souffre extrême violence,
Lorsqu'il en fait d'humeur à garder le silence.
215 Pour moi, jamais l'amour n'inquiète mes nuits,
Et quand le cœur m'en dit, j'en prends par où je puis,
Mais naturellement femme qui se peut taire
A sur moi tel pouvoir, et tel droit de me plaire,
Qu'eût-elle en vrai magot[2] tout le corps fagoté,
220 Je lui voudrais donner le prix de la beauté.
C'est elle assurément qui s'appelle Lucrèce,

Cherchez un autre nom pour l'objet qui vous blesse,
Ce n'est point là le sien, celle qui n'a dit mot,
Monsieur, c'est la plus belle, ou je ne suis qu'un sot. — *stupid*

DORANTE

225 Je t'en crois sans jurer avec tes incartades[1] ;
Mais voici les plus chers de mes vieux camarades.
Ils semblent étonnés à voir leur action[2].

SCÈNE V

DORANTE, ALCIPPE, PHILISTE, CLITON

PHILISTE, *à Alcippe.*

Quoi, sur l'eau la Musique, et la collation[3] ? — *repas offert à une dame pour la impressionner*

ALCIPPE, *à Philiste.*

Oui, la collation, avecque la Musique.

PHILISTE, *à Alcippe.*

230 Hier au soir ?

ALCIPPE, *à Philiste.*

Hier au soir.

PHILISTE, *à Alcippe.*

Et belle ?

ALCIPPE, *à Philiste.*

Magnifique.

PHILISTE, *à Alcippe.*

Et par qui ?

ALCIPPE, *à Philiste.*
C'est de quoi je suis mal éclairci.

DORANTE, *les saluant.*
Que mon bonheur est grand de vous revoir ici !

ALCIPPE
Le mien est sans pareil, puisque je vous embrasse.

DORANTE
J'ai rompu vos discours d'assez mauvaise grâce,
235 Vous le pardonnerez à l'aise de vous voir.

PHILISTE
Avec nous de tout temps vous avez tout pouvoir.

DORANTE
Mais de quoi parliez-vous ?

ALCIPPE
D'une galanterie.

DORANTE
D'amour ?

ALCIPPE
Je le présume.

DORANTE

Achevez, je vous prie,
Et souffrez qu'à ce mot ma curiosité
240 Vous demande sa part de cette nouveauté.

ALCIPPE

On dit qu'on a donné Musique à quelque Dame.

DORANTE

Sur l'eau ?

ALCIPPE

Sur l'eau.

DORANTE

Souvent l'onde irrite la flamme.

PHILISTE

Quelquefois.

DORANTE

Et ce fut hier au soir ?

ALCIPPE

Hier au soir.

DORANTE

Dans l'ombre de la nuit le feu se fait mieux voir,
245 Le temps était bien pris. Cette Dame, elle est belle ?

ALCIPPE

Aux yeux de bien du monde elle passe pour telle.

DORANTE

Et la Musique ?

ALCIPPE

Assez, pour n'en rien dédaigner.

DORANTE

Quelque collation a pu l'accompagner ?

ALCIPPE

On le dit.

DORANTE

Fort superbe ?

ALCIPPE

Et fort bien ordonnée.

DORANTE

250 Et vous ne savez point celui qui l'a donnée ?

ALCIPPE

Vous en riez !

DORANTE

Je ris de vous voir étonné
D'un divertissement que je me suis donné.

ALCIPPE

Vous ?

DORANTE

Moi-même.

ALCIPPE

Et déjà vous avez fait Maîtresse ?

DORANTE

Si je n'en avais fait, j'aurais bien peu d'adresse,
255 Moi qui depuis un mois suis ici de retour.
Il est vrai que je sors fort peu souvent de jour.
De nuit *incognito*[1] je rends quelques visites,
Ainsi...

CLITON, *à Dorante, à l'oreille.*

Vous ne savez, Monsieur, ce que vous dites.

DORANTE

Tais-toi, si jamais plus tu me viens avertir...

CLITON

260 J'enrage de me taire, et d'entendre mentir.

PHILISTE, *à Alcippe, tout bas.*

Voyez qu'heureusement dedans cette rencontre[2]
Votre rival lui-même à vous-même se montre.

DORANTE, *revenant à eux.*

Comme à mes chers amis je vous veux tout conter.
J'avais pris cinq bateaux pour mieux tout ajuster.
265 Les quatre contenaient quatre chœurs de Musique
Capables de charmer le plus mélancolique :
Au premier violons, en l'autre luths et voix,

Des flûtes au troisième, au dernier des hautbois,
Qui tour à tour dans l'Air poussaient des harmonies
270 Dont on pouvait nommer les douceurs infinies.
Le cinquième était grand, tapissé tout exprès
De rameaux enlacés pour conserver le frais,
Dont chaque extrémité portait un doux mélange
De bouquets de Jasmin, de Grenade et d'Orange.
275 Je fis de ce bateau la Salle du festin ;
Là je menai l'objet qui fait seul mon destin,
De cinq autres beautés la sienne fut suivie,
Et la collation fut aussitôt servie.
Je ne vous dirai point les différents apprêts,
280 Le nom de chaque plat, le rang de chaque mets ;
Vous saurez seulement qu'en ce lieu de délices
On servit douze plats, et qu'on fit six services,
Cependant que les eaux, les rochers, et les airs,
Répondaient aux accents de nos quatre concerts.
285 Après qu'on eut mangé, mille et mille fusées
S'élançant vers les Cieux, ou droites, ou croisées,
Firent un nouveau jour, d'où tant de serpenteaux
D'un déluge de flamme attaquèrent les eaux,
Qu'on crut que pour leur faire une plus rude guerre
290 Tout l'élément du feu tombait du Ciel en Terre.
Après ce passe-temps on dansa jusqu'au jour
Dont le Soleil jaloux avança le retour ;
S'il eût pris notre avis, sa lumière importune
N'eût pas troublé si tôt ma petite fortune[1],
295 Mais n'étant pas d'humeur à suivre nos désirs,
Il sépara la troupe, et finit nos plaisirs.

ALCIPPE

Certes, vous avez grâce à conter ces merveilles,
Paris, tout grand qu'il est, en voit peu de pareilles.

DORANTE

J'avais été surpris, et l'objet de mes vœux
300 Ne m'avait, tout au plus, donné qu'une heure ou deux.

PHILISTE

Cependant l'ordre est rare, et la dépense belle.

DORANTE

Il s'est fallu passer à[1] cette bagatelle,
Alors que le temps presse, on n'a pas à choisir.

ALCIPPE

Adieu, nous vous verrons avec plus de loisir.

DORANTE

305 Faites état de moi.

ALCIPPE, *à Philiste, en s'en allant.*

Je meurs de jalousie.

PHILISTE, *à Alcippe.*

Sans raison toutefois votre âme en est saisie,
Les signes du festin ne s'accordent pas bien.

ALCIPPE, *à Philiste.*

Le lieu s'accorde, et l'heure, et le reste n'est rien.

SCÈNE VI

DORANTE, CLITON

CLITON

Monsieur, puis-je à présent parler sans vous déplaire ?

DORANTE

310 Je remets à ton choix de parler ou te taire,
Mais quand tu vois quelqu'un, ne fais plus l'insolent.

CLITON

Votre ordinaire est-il de rêver en parlant ?

DORANTE

Où me vois-tu rêver ?

CLITON

J'appelle rêveries,   *mensonges*
Ce qu'en d'autres qu'un maître on nomme menteries,
315 Je parle avec respect.

DORANTE

Pauvre esprit !

CLITON

ouïr
↑
                          Je le perds
Quand je vous ois parler de guerre, et de concerts.
Vous voyez sans péril nos batailles dernières,
Et faites des festins qui ne vous coûtent guère.

*↳ festin qu'il a longuement
décrit n'a pas existé.*

Pourquoi depuis un an vous feindre de retour ?

DORANTE

320 J'en montre plus de flamme, et j'en fais mieux ma Cour.

CLITON

Qu'a de propre la guerre à montrer votre flamme ?

DORANTE

Ô le beau compliment à charmer une Dame,
De lui dire d'abord : « J'apporte à vos beautés
Un cœur nouveau venu des Universités,
325 Si vous avez besoin de Lois et de Rubriques,
Je sais le Code entier avec les *Authentiques*,
Le *Digeste* nouveau, le Vieux, l'*Infortiat*,
Ce qu'en a dit Jason, Balde, Accurse, Alciat[1]. »
Qu'un si riche discours nous rend considérables !
330 Qu'on amollit par là de cœurs inexorables !
Qu'un homme à Paragraphe[2] est un joli galant !
On s'introduit bien mieux à titre de vaillant,
Tout le secret ne gît qu'en un peu de grimace,
À mentir à propos, jurer de bonne grâce,
335 Étaler force mots qu'elles n'entendent pas,
Faire sonner Lamboy, Jean de Vert, et Galas[3],
Nommer quelques châteaux, de qui les noms barbares,
Plus ils blessent l'oreille, et plus leur semblent rares,
Avoir toujours en bouche angles, lignes, fossés,
340 Vedette, contrescarpe, et travaux avancés.
Sans ordre et sans raison, n'importe, on les étonne,
On leur fait admirer les bayes qu'on leur donne[4],
Et tel à la faveur d'un semblable débit
Passe pour homme illustre, et se met en crédit.

(annotations manuscrites en marge :)
→ il a fait quelques études de droit, puis il est quitté, et il ne travaille pas.
→ à propos = en discours ; mentir quand ça se peut justifier
↳ termes techniques de la fortification

CLITON

345 À qui vous veut ouïr vous en faites bien croire ;
Mais celle-ci bientôt peut savoir votre histoire.

DORANTE

J'aurai déjà gagné chez elle quelque accès,
Et loin d'en redouter un malheureux succès[1],
Si jamais un fâcheux nous nuit par sa présence,
350 Nous pourrons sous ces mots être d'intelligence.
Voilà traiter l'amour, Cliton, et comme il faut.

CLITON

À vous dire le vrai, je tombe de bien haut.
Mais parlons du festin. Urgande et Mélusine[2]
N'ont jamais sur-le-champ mieux fourni leur cuisine,
355 Vous allez au-delà de leurs enchantements ;
Vous seriez un grand maître à faire des Romans,
Ayant si bien en main le festin et la guerre,
Vos gens en moins de rien courraient toute la Terre,
Et ce serait pour vous des travaux fort légers
360 Que d'y mêler partout la pompe et les dangers.
Ces hautes fictions vous sont bien naturelles.

DORANTE

J'aime à braver ainsi les conteurs de Nouvelles,
Et sitôt que j'en vois quelqu'un s'imaginer
Que ce qu'il veut m'apprendre a de quoi m'étonner,
365 Je le sers aussitôt d'un conte imaginaire
Qui l'étonne lui-même, et le force à se taire.
Si tu pouvais savoir quel plaisir on a lors
De leur faire rentrer leurs Nouvelles au corps...

CLITON

Je le juge assez grand, mais enfin ces pratiques
370 Vous peuvent engager en de fâcheux intriques [1].

DORANTE

Nous nous en tirerons, mais tous ces vains discours
M'empêchent de chercher l'objet de mes amours,
Tâchons de le rejoindre, et sache qu'à me suivre
Je t'apprendrai bientôt d'autres façons de vivre.

FIN DU PREMIER ACTE

ACTE II

SCÈNE PREMIÈRE

GÉRONTE, CLARICE, ISABELLE

CLARICE

375 Je sais qu'il vaut beaucoup étant sorti de vous,
Mais, Monsieur, sans le voir accepter un époux,
Par quelque haut récit qu'on en soit conviée,
C'est grande avidité de se voir mariée.
D'ailleurs, en recevoir visite et compliment,
380 Et lui permettre accès en qualité d'Amant,
À moins qu'à vos projets un plein effet réponde,
Ce serait trop donner à discourir au Monde[1].
Trouvez donc un moyen de me le faire voir
Sans m'exposer au blâme, et manquer au devoir.

réputation
(avec une amie ou qqc)

GÉRONTE

385 Oui, vous avez raison, belle et sage Clarice,
Ce que vous m'ordonnez est la même justice[2],
Et comme c'est à nous à subir votre loi,
Je reviens tout à l'heure, et Dorante avec moi.
Je le tiendrai longtemps dessous votre fenêtre,
390 Afin qu'avec loisir vous puissiez le connaître,

Examiner sa taille, et sa mine, et son air,
Et voir quel est l'époux que je vous veux donner.
Il vint hier de Poitiers, mais il sent peu l'École,
Et si l'on pouvait croire un père à sa parole,
395 Quelque écolier[1] qu'il soit, je dirais qu'aujourd'hui
Peu de nos gens de Cour sont mieux taillés que lui.
Mais vous en jugerez après la voix publique,
Je cherche à l'arrêter[2], parce qu'il m'est unique,
Et je brûle surtout de le voir sous vos lois.

CLARICE

400 Vous m'honorez beaucoup d'un si glorieux choix,
Je l'attendrai, Monsieur, avec impatience,
Et je l'aime déjà sur cette confiance.

SCÈNE II

ISABELLE, CLARICE

ISABELLE

Ainsi vous le verrez, et sans vous engager.

CLARICE

Mais pour le voir ainsi qu'en pourrai-je juger ?
405 J'en verrai le dehors, la mine, l'apparence,
Mais du reste, Isabelle, où prendre l'assurance ?
Le dedans paraît mal en ces miroirs flatteurs,
Les visages souvent sont de doux imposteurs,
Que de défauts d'esprit se couvrent de leurs grâces !
410 Et que de beaux semblants cachent des âmes basses !

Les yeux en ce grand choix ont la première part,
Mais leur déférer tout, c'est tout mettre au hasard.
Qui veut vivre en repos ne doit pas leur déplaire,
Mais sans leur obéir, il doit les satisfaire,
415 En croire leur refus, et non pas leur aveu,
Et sur d'autres conseils laisser naître son feu.
Cette chaîne qui dure autant que notre vie,
Et qui devrait donner plus de peur que d'envie,
Si l'on n'y prend bien garde, attache assez souvent
420 Le contraire au contraire, et le mort au vivant[1] ;
Et pour moi, puisqu'il faut qu'elle me donne un maître,
Avant de l'accepter, je voudrais le connaître,
Mais connaître dans l'âme.

ISABELLE

Eh bien, qu'il parle à vous.

CLARICE

Alcippe le sachant en deviendrait jaloux.

ISABELLE

425 Qu'importe qu'il le soit, si vous avez Dorante ?

CLARICE

Sa perte ne m'est pas encore indifférente,
Et l'accord de l'Hymen entre nous concerté,
Si son père venait, serait exécuté.
Depuis plus de deux ans il promet et diffère,
430 Tantôt c'est maladie, et tantôt quelque affaire,
Le chemin est mal sûr ou les jours sont trop courts,
Et le bonhomme enfin ne peut sortir de Tours.
Je prends tous ces délais pour une résistance,
Et ne suis pas d'humeur à mourir de constance.

435 Chaque moment d'attente ôte de notre prix,
    Et fille qui vieillit tombe dans le mépris,
    C'est un nom glorieux qui se garde avec honte,
    Sa défaite[1] est fâcheuse à moins que d'être prompte,
    Le temps n'est pas un Dieu qu'elle puisse braver,
440 Et son honneur se perd à le trop conserver.

ISABELLE

Ainsi vous quitteriez Alcippe pour un autre,
De qui l'humeur aurait de quoi plaire à la vôtre ?

CLARICE

Oui, je le quitterais, mais pour ce changement
445 Il me faudrait en main avoir un autre Amant,
    Savoir qu'il me fût propre[2], et que son Hyménée
    Dût bientôt à la sienne unir ma Destinée.
    Mon humeur sans cela ne s'y résout pas bien,
    Car Alcippe après tout vaut toujours mieux que rien ;
    Son père peut venir, quelque longtemps qu'il tarde.

ISABELLE

450 Pour en venir à bout sans que rien s'y hasarde,
    Lucrèce est votre amie, et peut beaucoup pour vous.
    Elle n'a point d'Amants qui deviennent jaloux ;
    Qu'elle écrive à Dorante, et lui fasse paraître
    Qu'elle veut cette nuit le voir par sa fenêtre.
455 Comme il est jeune encore, on l'y verra voler,
    Et là sous ce faux nom vous pourrez lui parler,
    Sans qu'Alcippe jamais en découvre l'adresse,
    Ni que lui-même pense à d'autres, qu'à Lucrèce.

CLARICE

L'invention est belle, et Lucrèce aisément
460 Se résoudra pour moi d'écrire un compliment.
J'admire ton adresse à trouver cette ruse[1].

ISABELLE

Puis-je vous dire encor que si je ne m'abuse
Tantôt cet <u>inconnu</u> ne vous déplaisait pas ?

Dorante

CLARICE

Ah ! bon Dieu ! si Dorante avait autant <u>d'appas,</u>
465 Que d'Alcippe aisément il obtiendrait la place !

charme, femmes

ISABELLE

Ne parlez point d'Alcippe, il vient.

pas contente (fâcheux)

CLARICE

                    Qu'il m'embarrasse !
Va pour moi chez Lucrèce, et lui dis mon projet,
Et tout ce qu'on peut dire en un pareil sujet.

SCÈNE III

CLARICE, ALCIPPE

il croit qu'elle a sorti avec Dorant

ALCIPPE

Ah, Clarice ! ah, Clarice ! <u>inconstante</u>, <u>volage</u> !

oiseau : vole d'un à l'autre

CLARICE

470 Aurait-il deviné déjà ce mariage ?
Alcippe, qu'avez-vous ? qui vous fait <u>soupirer</u> ?

amant malheureux (sigh)

ALCIPPE

Ce que j'ai, déloyale ? et peux-tu l'ignorer ?
Parle à ta conscience, elle devrait t'apprendre...

CLARICE

Parlez un peu plus bas, mon père va descendre.

ALCIPPE

475 Ton père va descendre, âme double et sans foi !
Confesse que tu n'as un père que pour moi.
La nuit, sur la rivière...

CLARICE

                    Eh bien, sur la rivière ?
La nuit ! quoi ? qu'est-ce enfin ?

ALCIPPE

                         Oui, la nuit tout entière.

CLARICE

Après ?

ALCIPPE

    Quoi, sans rougir ?

CLARICE

                    Rougir ! à quel propos ?

ALCIPPE

480 Tu ne meurs pas de honte, entendant ces deux mots !

CLARICE

Mourir pour les entendre ! et qu'ont-ils de funeste ?

ALCIPPE

Tu peux donc les ouïr, et demander le reste ?
Ne saurais-tu rougir, si je ne te dis tout ?

CLARICE

Quoi, tout ?

ALCIPPE

Tes passe-temps de l'un à l'autre bout.

CLARICE

485 Je meure, en vos discours si je puis rien comprendre.

ALCIPPE

Quand je te veux parler, ton père va descendre,
Il t'en souvient alors, le tour est excellent :
Mais pour passer la nuit auprès de ton galant...

CLARICE

Alcippe, êtes-vous fol ?

ALCIPPE

Je n'ai plus lieu de l'être,
490 À présent que le Ciel me fait te mieux connaître.
Oui, pour passer la nuit en danses et festin,
Être avec ton galant du soir jusqu'au matin,
(Je ne parle que d'hier) tu n'as point lors de père.

accuse Clarice d'avoir passé la nuit avec Dorante

CLARICE

Rêvez-vous ? raillez-vous ? et quel est ce mystère ?

ALCIPPE

495 Ce mystère est nouveau, mais non pas fort secret.
Choisis une autre fois un Amant plus discret,
Lui-même il m'a tout dit.

CLARICE

Qui, lui-même ?

ALCIPPE

Dorante.

CLARICE

Dorante !

ALCIPPE

Continue, et fais bien l'ignorante.

CLARICE

Si je le vis jamais, et si je le connoi...

ALCIPPE

500 Ne viens-je pas de voir son père avecque toi ?
Tu passes, infidèle, âme ingrate et légère,
La nuit avec le fils, le jour avec le père !

CLARICE

Son père de vieux temps est grand ami du mien.

les 2 pères se connaissent bien

ALCIPPE

Cette vieille amitié faisait votre entretien ?
505 Tu te sens convaincue, et tu m'oses répondre !
Te faut-il quelque chose encor pour te confondre ?

CLARICE

Alcippe, si je sais quel visage a le fils...

ALCIPPE

La nuit était fort noire, alors que tu le vis.
Il ne t'a pas donné quatre chœurs de Musique,
510 Une collation superbe, et magnifique,
Six services de rang, douze plats à chacun,
Son entretien alors t'était fort importun ?
Quand ses feux d'artifice éclairaient le rivage,
Tu n'eus pas le loisir de le voir au visage,
515 Tu n'as pas avec lui dansé jusques au jour,
Et tu ne l'as pas vu pour le moins au retour ?
T'en ai-je dit assez ? Rougis et meurs de honte.

CLARICE

Je ne rougirai point pour le récit d'un conte.

ALCIPPE

Quoi, je suis donc un fourbe, un bizarre[1], un jaloux ?

CLARICE

520 Quelqu'un a pris plaisir à se jouer de vous,
Alcippe, croyez-moi.

ALCIPPE

Ne cherche point d'excuses,

Je connais tes détours, et devine tes ruses.
Adieu, suis ton Dorante, et l'aime désormais,
Laisse en repos Alcippe, et n'y pense jamais.

CLARICE

525 Écoutez quatre mots.

ALCIPPE

Ton père va descendre.

CLARICE

Non, il ne descend point, et ne peut nous entendre,
Et j'aurai tout loisir de vous désabuser.

ALCIPPE

Je ne t'écoute point à moins que m'épouser,
À moins[1] qu'en attendant le jour du mariage
530 M'en donner ta parole, et deux baisers en gage.

CLARICE

Pour me justifier vous demandez de moi,
Alcippe ?

ALCIPPE

Deux baisers, et ta main, et ta foi.

CLARICE

Que cela !

ALCIPPE

Résous-toi, sans plus me faire attendre.

CLARICE

Je n'ai pas le loisir, mon père va descendre.

colère

SCÈNE IV

s'adresse à Clarice

ALCIPPE

535 Va, ris de ma douleur alors que je te perds,
Par ces indignités romps toi-même mes fers,
Aide mes feux trompés à se tourner en glace,
Aide un juste courroux à se mettre en leur place ;

antithèse

Je cours à la vengeance, et porte à ton Amant
540 Le vif et prompt effet de mon ressentiment.

Duel entre Alcippe & Dorante

S'il est homme de cœur, ce jour même nos armes
Régleront par leur sort tes plaisirs ou tes larmes,
Et plutôt que le voir possesseur de mon bien,
Puissé-je dans son sang voir couler tout le mien.
545 Le voici ce rival que son père t'amène,
Ma vieille amitié cède à ma nouvelle haine,
Sa vue accroît l'ardeur dont je me sens brûler,
Mais ce n'est pas ici qu'il faut le quereller.

SCÈNE V

GÉRONTE, DORANTE, CLITON

GÉRONTE

Dorante, arrêtons-nous, le trop de promenade
550 Me mettrait hors d'haleine, et me ferait malade.
Que l'ordre est rare et beau de ces grands bâtiments !

Histoire d'amour dans la République Romaine / la Grèce Ancienne

DORANTE

Paris semble à mes yeux un pays de Romans,
J'y croyais ce matin voir une Île enchantée[1] ;
Je la laissai déserte, et la trouve habitée.
555 Quelque Amphion[2] nouveau, sans l'aide des maçons,
En superbes Palais a changé ses buissons.

GÉRONTE

grand thème Baroque

Paris voit tous les jours de ces Métamorphoses.
Dans tout le Pré-aux-Clercs[3] tu verras mêmes choses,
Et l'Univers entier ne peut rien voir d'égal
560 Aux superbes dehors du Palais Cardinal[4].
Toute une ville entière avec pompe bâtie
Semble d'un vieux fossé par miracle sortie,
Et nous fait présumer, à ses superbes toits,
Que tous ses habitants sont des Dieux, ou des Rois.
565 Mais changeons de discours. Tu sais combien je t'aime ?

DORANTE

Je chéris cet honneur bien plus que le jour même.

GÉRONTE

→ *il est un enfant unique*

Comme de mon Hymen il n'est sorti que toi,
Et que je te vois prendre un périlleux emploi,
Où l'ardeur pour la gloire à tout oser convie,
570 Et force à tout moment de négliger la vie[5],
Avant qu'aucun malheur te puisse être avenu,
Pour te faire marcher un peu plus retenu,
Je veux te marier.

DORANTE, *à part.*

Ô ma chère Lucrèce !

GÉRONTE

Je t'ai voulu choisir moi-même une Maîtresse,
575 Honnête, belle, riche.

DORANTE

Ah, pour la bien choisir,
Mon père, donnez-vous un peu plus de loisir.

GÉRONTE

Je la connais assez. Clarice est belle et sage,
Autant que dans Paris il en soit de son âge,
Son père de tout temps est mon plus grand ami,
580 Et l'affaire est conclue.

DORANTE

Ah, Monsieur, j'en frémis.
D'un fardeau si pesant accabler ma jeunesse !

GÉRONTE

Fais ce que je t'ordonne.

DORANTE

Il faut jouer d'adresse.
Quoi, Monsieur, à présent qu'il faut dans les combats
Acquérir quelque nom, et signaler mon bras...

GÉRONTE

585 Avant qu'être au hasard qu'un autre bras t'immole,
Je veux dans ma maison avoir qui m'en console ;
Je veux qu'un petit-fils puisse y tenir ton rang,
Soutenir ma vieillesse, et réparer mon sang.
En un mot, je le veux.

DORANTE

Vous êtes inflexible !

GÉRONTE

590 Fais ce que je te dis.

DORANTE

Mais il est impossible [1] ?

GÉRONTE

Impossible ! et comment ?

DORANTE

Souffrez qu'aux yeux de tous
Pour obtenir pardon, j'embrasse vos genoux.
Je suis...

GÉRONTE

Quoi ?

DORANTE

Dans Poitiers...

GÉRONTE

Parle donc, et te lève.

DORANTE

Je suis donc marié, puisqu'il faut que j'achève.

GÉRONTE

595 Sans mon consentement !

[marginalia: Paternalisme (père dominant)]

DORANTE

On m'a violenté,
Vous ferez tout casser par votre autorité,
Mais nous fûmes tous deux forcés à l'Hyménée
Par la fatalité la plus inopinée...
Ah, si vous le saviez.

GÉRONTE

Dis, ne me cache rien.

DORANTE

600 Elle est de fort bon lieu[1], mon père, et pour son bien,
S'il n'est du tout si grand que votre humeur souhaite...

GÉRONTE

Sachons, à cela près, puisque c'est chose faite.
Elle se nomme ?

DORANTE

Orphise, et son père, Armédon.

GÉRONTE

Je n'ai jamais ouï ni l'un ni l'autre nom.
605 Mais poursuis.

DORANTE

Je la vis presque à mon arrivée.
Une âme de rocher ne s'en fût pas sauvée,
Tant elle avait d'appas, et tant son œil vainqueur
Par une douce force assujettit mon cœur.
Je cherchai donc chez elle à faire connaissance,
610 Et les soins obligeants de ma persévérance

[marginalia: idée que les yeux d'une femme ont des flèches qui percent le cœur d'un homme]

femme = objet

Surent plaire de sorte à cet objet charmant,
Que j'en fus en six mois autant aimé qu'Amant.
J'en reçus des faveurs secrètes, mais honnêtes ;
Et j'étendis si loin mes petites conquêtes,
615 Qu'en son quartier souvent je me coulais sans bruit,
Pour causer avec elle une part de la nuit.
Un soir que je venais de monter dans sa chambre,
(Ce fut, s'il m'en souvient, le second de Septembre,
Oui, ce fut ce jour-là que je fus attrapé)
620 Ce soir même son père en ville avait soupé,
Il monte à son retour, il frappe à la porte, elle
Transit, pâlit, rougit, me cache en sa ruelle,
Ouvre enfin, et d'abord (qu'elle eut d'esprit et d'art !)
Elle se jette au cou de ce pauvre vieillard,
625 Dérobe en l'embrassant son désordre à sa vue ;
Il se sied, il lui dit qu'il veut la voir pourvue,
Lui propose un parti qu'on lui venait d'offrir :
Jugez combien mon cœur avait lors à souffrir.
Par sa réponse adroite elle sut si bien faire
630 Que sans m'inquiéter elle plut à son père.
Ce discours ennuyeux enfin se termina,
Le bonhomme partait, quand ma Montre sonna[1],
Et lui se retournant vers sa fille étonnée :
« Depuis quand cette Montre ? et qui vous l'a donnée ?
635 — Acaste mon cousin me la vient d'envoyer
Dit-elle, et veut ici la faire nettoyer,
N'ayant point d'horlogiers[2] au lieu de sa demeure,
Elle a déjà sonné deux fois en un quart d'heure.
— Donnez-la-moi, dit-il, j'en prendrai mieux le soin. »
640 Alors pour me la prendre elle vient en mon coin,
Je la lui donne en main, mais voyez ma disgrâce :
Avec mon pistolet le cordon s'embarrasse,
Fait marcher le déclin[3], le feu prend, le coup part ;

[handwritten right margin: a date donne l'impossibilité que c'est la vérité]

[handwritten left margin: espace entre le lit et le mur]

Jugez de notre trouble à ce triste hasard.
645 Elle tombe par terre, et moi je la crus morte,
Le père épouvanté gagne aussitôt la porte,
Il appelle au secours, il crie à l'assassin,
Son fils, et deux valets me coupent le chemin :
Furieux de ma perte, et combattant de rage
650 Au milieu de tous trois je me faisais passage,
Quand un autre malheur de nouveau me perdit,
Mon épée en ma main en trois morceaux rompit.
Désarmé je recule, et rentre, alors Orphise
De sa frayeur première aucunement[1] remise
655 Sait prendre un temps si juste en son reste d'effroi
Qu'elle pousse la porte, et s'enferme avec moi.
Soudain nous entassons pour défenses nouvelles
Bancs, tables, coffres, lits, et jusqu'aux escabelles[2],
Nous nous barricadons, et dans ce premier feu
660 Nous croyons gagner tout à différer un peu.
Mais comme à ce rempart l'un et l'autre travaille,
D'une chambre voisine on perce la muraille :
Alors me voyant pris il fallut composer.

> *Ici Clarice les voit de sa fenêtre, et Lucrèce*
> *avec Isabelle les voit aussi de la sienne.*

GÉRONTE

C'est-à-dire en Français qu'il fallut l'épouser ?

DORANTE

665 Les siens m'avaient trouvé de nuit, seul, avec elle,
Ils étaient les plus forts, elle me semblait belle,
Le scandale était grand, son honneur se perdait,
À ne le faire pas ma tête en répondait,
Ses grands efforts pour moi, son péril, et ses larmes,

670 À mon cœur amoureux étaient de nouveaux charmes.
Donc pour sauver ma vie ainsi que son honneur,
Et me mettre avec elle au comble du bonheur,
Je changeai d'un seul mot la tempête en bonace[1],
Et fis ce que tout autre aurait fait en ma place.
675 Choisissez maintenant de me voir, ou mourir,
Ou posséder un bien qu'on ne peut trop chérir.

GÉRONTE

Non, non, je ne suis pas si mauvais que tu penses,
Et trouve en ton malheur de telles circonstances
Que mon amour t'excuse, et mon esprit touché
680 Te blâme seulement de l'avoir trop caché.

DORANTE

Le peu de bien qu'elle a me faisait vous le taire.

GÉRONTE

Je prends peu garde au bien, afin d'être bon père.
Elle est belle, elle est sage, elle sort de bon lieu,
Tu l'aimes, elle t'aime, il me suffit. Adieu.
685 Je vais me dégager du père de Clarice.

SCÈNE VI

DORANTE, CLITON

DORANTE

Que dis-tu de l'histoire, et de mon artifice ?
Le bonhomme en tient-il[2] ? m'en suis-je bien tiré ?
Quelque sot en ma place y serait demeuré,

Il eût perdu le temps à gémir, et se plaindre,
690 Et malgré son amour, se fût laissé contraindre.
Ô l'utile secret que <u>mentir à propos</u> !

CLITON

Quoi, ce que vous disiez n'est pas vrai ?

DORANTE

Pas deux mots,
Et tu ne viens d'ouïr qu'un trait de gentillesse
Pour conserver mon âme et mon cœur à Lucrèce.

CLITON

695 Quoi, la Montre, l'épée, avec le pistolet ?

DORANTE

Industrie [1].

CLITON

Obligez, Monsieur, votre valet.
Quand vous voudrez jouer de ces grands coups de
[maître,
Donnez-lui quelque signe à les pouvoir connaître :
Quoique bien averti, j'étais dans le panneau.

DORANTE

700 Va, n'appréhende pas d'y tomber de nouveau,
Tu seras de mon cœur l'unique Secrétaire,
Et de tous mes secrets le grand dépositaire.

CLITON

Avec ces qualités j'ose bien espérer
Qu'assez malaisément je pourrai m'en parer [2].

705 Mais parlons de vos feux. Certes cette Maîtresse...

SCÈNE VII

DORANTE, CLITON, SABINE

SABINE

Elle lui donne un billet.

Lisez ceci, Monsieur.

DORANTE

D'où vient-il ?

SABINE

De Lucrèce.

DORANTE, *après l'avoir lu.*

Dis-lui que j'y viendrai.

Sabine rentre et Dorante continue.

Doute encore, Cliton,
À laquelle des deux appartient ce beau nom,
Lucrèce sent sa part des feux qu'elle fait naître,
710 Et me veut cette nuit parler par sa fenêtre.
Dis encor que c'est l'autre, ou que tu n'es qu'un sot.
Qu'aurait l'autre à m'écrire, à qui je n'ai dit mot ?

CLITON

Monsieur, pour ce sujet n'ayons point de querelle,
Cette nuit à la voix vous saurez si c'est elle.

DORANTE

715 Coule-toi là dedans, et de quelqu'un des siens
Sache subtilement sa famille et ses biens.

SCÈNE VIII

DORANTE, LYCAS

LYCAS, *lui présentant un billet.*

Monsieur.

DORANTE

Autre billet.

Il continue après avoir lu tout bas le billet.

J'ignore quelle offense
Peut d'Alcippe avec moi rompre l'intelligence,
Mais n'importe, dis-lui que j'irai volontiers,
720 Je te suis[1].

Lycas rentre et Dorante continue seul.

Je revins hier au soir de Poitiers,
D'aujourd'hui seulement je produis mon visage,
Et j'ai déjà querelle, amour, et mariage ?
Pour un commencement, ce n'est point mal trouvé.
Vienne encore un procès, et je suis achevé.
725 Se charge qui voudra d'affaires plus pressantes,
Plus en nombre à la fois, et plus embarrassantes,
Je pardonne à qui mieux s'en pourra démêler.
Mais allons voir celui qui m'ose quereller.

FIN DU SECOND ACTE

ACTE III

SCÈNE PREMIÈRE

DORANTE, ALCIPPE, PHILISTE

PHILISTE

Oui, vous faisiez[1] tous deux en hommes de courage,
730 Et n'aviez l'un, ni l'autre aucun désavantage,
Je rends grâces au Ciel de ce qu'il a permis
Que je sois survenu pour vous refaire amis,
Et que la chose égale, ainsi je vous sépare.
Mon heur[2] en est extrême, et l'aventure rare.

DORANTE

735 L'aventure est encor bien plus rare pour moi,
Qui lui faisais raison sans avoir su de quoi.
Mais Alcippe, à présent tirez-moi hors de peine ;
Quel sujet aviez-vous de colère, ou de haine ?
Quelque mauvais rapport m'aurait-il pu noircir ?
740 Dites, que devant lui je vous puisse éclaircir.

ALCIPPE

Vous le savez assez.

DORANTE

Plus je me considère,
Moins je découvre en moi ce qui vous peut déplaire.

ALCIPPE

Eh bien, puisqu'il vous faut parler plus clairement,
Depuis plus de deux ans j'aime secrètement, *→ le père*
745 Mon affaire est d'accord, et la chose vaut faite[1], *trouve qu'il*
Mais pour quelque raison nous la tenons secrète. *est un*
nce Cependant à l'objet qui me tient sous sa loi, *mauvais*
Et qui sans me trahir ne peut être qu'à moi, *choix pour sa*
Vous avez donné bal, collation, Musique ; *fille*
750 Et vous n'ignorez pas combien cela me pique,
Puisque pour me jouer un si sensible tour
Vous m'avez à dessein caché votre retour, *fâché de*
Et n'avez aujourd'hui quitté votre embuscade *choses*
Qu'afin de m'en conter l'histoire par bravade. *fictives*
755 Ce procédé m'étonne, et j'ai lieu de penser
Que vous n'avez rien fait, qu'afin de m'offenser.

DORANTE

Si vous pouviez encor douter de mon courage,
Je ne vous guérirais ni d'erreur ni d'ombrage,
Et nous nous reverrions, si nous étions rivaux.
760 Mais comme vous savez tous deux ce que je vaux,
Écoutez en deux mots l'histoire démêlée.
Celle que cette nuit sur l'eau j'ai régalée
N'a pu vous donner lieu de devenir jaloux,
Car elle est mariée, et ne peut être à vous ;
765 Depuis peu pour affaire elle est ici venue,
Et je ne pense pas qu'elle vous soit connue.

ALCIPPE

Je suis ravi, Dorante, en cette occasion
De voir finir si tôt notre division.

DORANTE

Alcippe, une autre fois, donnez moins de croyance
770 Aux premiers mouvements de votre défiance,
Jusqu'à mieux savoir tout, sachez vous retenir,
Et ne commencez plus par où l'on doit finir.
Adieu, je suis à vous.

SCÈNE II

ALCIPPE, PHILISTE

PHILISTE

Ce cœur encor soupire !

ALCIPPE

Hélas ! je sors d'un mal pour tomber dans un pire.
775 Cette collation, qui l'aura pu donner ?
À qui puis-je m'en prendre, et que m'imaginer ?

PHILISTE

Que l'ardeur de Clarice est égale à vos flammes.
Cette galanterie était pour d'autres Dames.
L'erreur de votre Page a causé votre ennui[1],
780 S'étant trompé lui-même, il vous trompe après lui.
J'ai tout su de lui-même, et des gens de Lucrèce.
Il avait vu chez elle entrer votre Maîtresse,
Mais il n'avait pas vu qu'Hippolyte et Daphné

Ce jour-là par hasard chez elle avaient dîné.
785 Il les en voit sortir mais à coiffe[1] abattue,
Et sans les approcher il suit de rue en rue ;
Aux couleurs[2], au carrosse, il ne doute de rien,
Tout était à Lucrèce, et le dupe si bien,
Que prenant ces beautés pour Lucrèce et Clarice[3]
790 Il rend à votre amour un très mauvais service.
Il les voit donc aller jusques au bord de l'eau,
Descendre de carrosse, entrer dans un bateau,
Il voit porter des plats, entend quelque Musique,
(À ce que l'on m'a dit, assez mélancolique)
795 Mais cessez d'en avoir l'esprit inquiété,
Car enfin le carrosse avait été prêté,
L'avis se trouve faux, et ces deux autres belles
Avaient en plein repos passé la nuit chez elles.

ALCIPPE

Quel malheur est le mien ! Ainsi donc sans sujet
800 J'ai fait ce grand vacarme à ce charmant objet ?

PHILISTE

Je ferai votre paix, mais sachez autre chose.
Celui qui de ce trouble est la seconde cause,
Dorante, qui tantôt nous en a tant conté
De son festin superbe et sur l'heure apprêté,
805 Lui qui depuis un mois nous cachant sa venue
La nuit *incognito* visite une inconnue,
Il vint hier de Poitiers, et sans faire aucun bruit
Chez lui paisiblement a dormi toute nuit.

ALCIPPE

Quoi, sa collation...

PHILISTE

N'est rien qu'un pur mensonge,
810 Ou quand il l'a donnée, il l'a donnée en songe.

ALCIPPE

Dorante en ce combat si peu prémédité
M'a fait voir trop de cœur pour tant de lâcheté.
La valeur n'apprend point la fourbe en son école,
Tout homme de courage est homme de parole,
815 À des vices si bas il ne peut consentir,
Et fuit plus que la mort la honte de mentir...
Cela n'est point.

PHILISTE

Dorante, à ce que je présume,
Est vaillant par Nature, et menteur par coutume.
Ayez sur ce sujet moins d'incrédulité,
820 Et vous-même admirez[1] notre simplicité.
À nous laisser duper nous sommes bien novices.
Une collation servie à six services,
Quatre concerts entiers, tant de plats, tant de feux,
Tout cela cependant prêt en une heure ou deux,
825 Comme si l'appareil d'une telle cuisine
Fût descendu du Ciel dedans quelque machine[2] ;
Quiconque le peut croire ainsi que vous et moi,
S'il a manque de sens, n'a pas manque de foi[3].
Pour moi, je voyais bien que tout ce badinage
830 Répondait assez mal aux remarques du Page
Mais vous ?

ALCIPPE

La jalousie aveugle un cœur atteint,
Et sans examiner croit tout ce qu'elle craint.
Mais laissons là Dorante avecque son audace,
Allons trouver Clarice, et lui demander grâce,
835 Elle pouvait tantôt m'entendre sans rougir.

PHILISTE

Attendez à demain, et me laissez agir,
Je veux par ce récit vous préparer la voie,
Dissiper sa colère, et lui rendre sa joie ;
Ne vous exposez point, pour gagner un moment,
840 Aux premières chaleurs de son ressentiment.

ALCIPPE

Si du jour qui s'enfuit la lumière est fidèle,
Je pense l'entrevoir avec son Isabelle.
Je suivrai tes conseils, et fuirai son courroux
Jusqu'à ce qu'elle ait ri de m'avoir vu jaloux.

SCÈNE III

CLARICE, ISABELLE

CLARICE

845 Isabelle, il est temps, allons trouver Lucrèce.

ISABELLE

Il n'est pas encor tard, et rien ne vous en presse.
Vous avez un pouvoir bien grand sur son esprit,
À peine ai-je parlé, qu'elle a sur l'heure écrit.

CLARICE

Clarice à la servir ne serait pas moins prompte.
850 Mais dis, par sa fenêtre as-tu bien vu Géronte ?
Et sais-tu que ce fils qu'il m'avait tant vanté
Est ce même inconnu qui m'en a tant conté ?

ISABELLE

À Lucrèce avec moi je l'ai fait reconnaître,
Et sitôt que Géronte a voulu disparaître,
855 Le voyant resté seul avec un vieux valet,
Sabine à nos yeux même a rendu le billet.
Vous parlerez à lui.

CLARICE

Qu'il est fourbe, Isabelle !

ISABELLE

Eh bien, cette pratique est-elle si nouvelle ?
Dorante est-il le seul qui de jeune écolier
860 Pour être mieux reçu s'érige en Cavalier ?
Que j'en sais comme lui qui parlent d'Allemagne,
Et, si l'on veut les croire, ont vu chaque Campagne,
Sur chaque occasion tranchent des entendus [1],
Content quelque défaite, et des chevaux perdus,
865 Qui, dans une Gazette apprenant ce langage,
S'ils sortent de Paris, ne vont qu'à leur village,
Et se donnent ici pour témoins approuvés
De tous ces grands combats qu'ils ont lus, ou rêvés !
Il aura cru sans doute, ou je suis fort trompée,
870 Que les filles de cœur aiment les gens d'épée,
Et vous prenant pour telle, il a jugé soudain

Qu'une plume au chapeau vous plaît mieux qu'à la
[main.

Ainsi donc, pour vous plaire, il a voulu paraître,
Non pas pour ce qu'il est, mais pour ce qu'il veut être,
875 Et s'est osé promettre un traitement plus doux,
Dans la condition qu'il veut prendre pour vous.

CLARICE

En matière de fourbe[1] il est maître, il y pipe[2],
Après m'avoir dupée, il dupe encore Alcippe.
Ce malheureux jaloux s'est blessé le cerveau
880 D'un festin qu'hier au soir il m'a donné sur l'eau.
(Juge un peu si la pièce[3] a la moindre apparence).
Alcippe cependant m'accuse d'inconstance,
Me fait une querelle, où je ne comprends rien.
J'ai, dit-il, toute nuit souffert son entretien,
885 Il me parle de bal, de danse, de Musique,
D'une collation superbe, et magnifique,
Service à tant de plats, tant de fois redoublés,
Que j'en ai la cervelle et les esprits troublés.

ISABELLE

Reconnaissez par là que Dorante vous aime,
890 Et que dans son amour son adresse est extrême.
Il aura su qu'Alcippe était bien avec vous,
Et pour l'en éloigner, il l'a rendu jaloux.
Soudain à cet effort il en a joint un autre,
Il a fait que son père est venu voir le vôtre.
895 Un Amant peut-il mieux agir en un moment,
Que de gagner un père et brouiller[4] l'autre Amant ?
Votre père l'agrée, et le sien vous souhaite,
Il vous aime, il vous plaît, c'est une affaire faite.

CLARICE

Elle est faite, de vrai[1], ce qu'elle se fera.

ISABELLE

900 Quoi, votre cœur se change, et désobéira ?

CLARICE

Tu vas sortir de garde, et perdre tes mesures[2].
Explique, si tu peux, encor ses impostures.
Il était marié, sans que l'on en sût rien,
Et son père a repris sa parole du mien,
905 Fort triste de visage, et fort confus dans l'âme.

ISABELLE

Ah, je dis à mon tour : « Qu'il est fourbe, Madame ! »
C'est bien aimer la fourbe, et l'avoir bien en main,
Que de prendre plaisir à fourber sans dessein.
Car pour moi, plus j'y songe, et moins je puis

[comprendre

910 Quel fruit auprès de vous il en ose prétendre.
Mais qu'allez-vous donc faire et pourquoi lui parler ?
Est-ce à dessein d'en rire, ou de le quereller ?

CLARICE → *passe à l'offensive*
contre
Dorante

Je prendrai du plaisir du moins à le confondre.

ISABELLE

J'en prendrais davantage à le laisser morfondre.

CLARICE

915 Je veux l'entretenir par curiosité.
Mais j'entrevois quelqu'un dans cette obscurité,

Et si c'était lui-même, il pourrait me connaître[1].
Entrons donc chez Lucrèce, allons à sa fenêtre,
Puisque c'est sous son nom que je lui dois parler.
920 Mon jaloux après tout sera mon pis-aller,
Si sa mauvaise humeur déjà n'est apaisée,
Sachant ce que je sais, la chose est fort aisée.

SCÈNE IV

DORANTE, CLITON

DORANTE

Voici l'heure, et le lieu que marque le billet.

CLITON

J'ai su tout ce détail d'un ancien valet.
925 Son père est de la Robe[2], et n'a qu'elle de fille,
Je vous ai dit son bien, son âge, et sa famille.
Mais, Monsieur, ce serait pour me bien divertir,
Si comme vous Lucrèce excellait à mentir.
Le divertissement serait rare, ou je meure,
930 Et je voudrais qu'elle eût ce talent pour une heure,
Qu'elle pût un moment vous piper[3] en votre art,
Rendre conte pour conte, et martre pour renard[4].
D'un et d'autre côté j'en entendrais de bonnes.

DORANTE

Le Ciel fait cette grâce à fort peu de personnes.
935 Il y faut promptitude, esprit, mémoire, soins,
Ne se brouiller jamais, et rougir encor moins.

Mais la fenêtre s'ouvre, approchons.

SCÈNE V

CLARICE, LUCRÈCE, ISABELLE, *à la fenêtre* ;
DORANTE, CLITON, *en bas.*

CLARICE, *à Isabelle.*

Isabelle,
Durant notre entretien demeure en sentinelle.

ISABELLE

Lorsque votre vieillard sera prêt à sortir,
940 Je ne manquerai pas de vous en avertir.

Isabelle descend de la fenêtre et ne se montre plus.

LUCRÈCE, *à Clarice.*

Il conte assez au long ton histoire à mon père,
Mais parle sous mon nom, c'est à moi de me taire.

CLARICE

Êtes-vous là, Dorante ?

DORANTE

Oui, Madame, c'est moi,
Qui veux vivre et mourir sous votre seule loi.

LUCRÈCE, *à Clarice.*

945 Sa fleurette pour toi prend encor même style.

CLARICE, *à Lucrèce.*

Il devrait s'épargner cette gêne inutile.
Mais m'aurait-il déjà[1] reconnue à la voix ?

CLITON, *à Dorante.*

C'est elle, et je me rends, Monsieur, à cette fois.

DORANTE, *à Clarice.*

Oui, c'est moi qui voudrais effacer de ma vie
950 Les jours que j'ai vécu[2] sans vous avoir servie.
Que vivre sans vous voir est un sort rigoureux !
C'est ou ne vivre point ou vivre malheureux,
C'est une longue mort, et pour moi je confesse
Que pour vivre, il faut être esclave de Lucrèce.

CLARICE, *à Lucrèce.*

955 Chère amie, il en conte à chacune à son tour.

LUCRÈCE, *à Clarice.*

Il aime à promener sa fourbe, et son amour.

DORANTE

À vos commandements j'apporte donc ma vie,
Trop heureux si pour vous elle m'était ravie,
Disposez-en, Madame, et me dites en quoi
960 Vous avez résolu de vous servir de moi.

CLARICE

Je vous voulais tantôt proposer quelque chose,

Mais il n'est plus besoin que je vous la propose,
Car elle est impossible.

DORANTE

                    Impossible ! Ah pour vous
Je pourrai tout, Madame, en tous lieux, contre tous.

CLARICE

965 Jusqu'à vous marier, quand je sais que vous l'êtes ?

DORANTE

Moi marié ! Ce sont pièces[1] qu'on vous a faites.
Quiconque vous l'a dit s'est voulu divertir.

CLARICE, *à Lucrèce.*

Est-il un plus grand fourbe ?

LUCRÈCE, *à Clarice.*

                    Il ne sait que mentir.

*Dorante est
là pour mentir
continuellement*

DORANTE

Je ne le fus jamais, et si par cette voie
970 On pense...

*Clarice a
assez de Dorante,
elle veut le confondre*

CLARICE

                    Et vous pensez encor que je vous croie ?

DORANTE

Que le foudre[2] à vos yeux m'écrase si je mens.

CLARICE

Un menteur est toujours <u>prodigue</u> de serments.

*prodigal
son*

DORANTE

Non, si vous avez eu pour moi quelque pensée
Qui sur ce faux rapport puisse être balancée,
975 Cessez d'être en balance, et de vous défier
De ce qu'il m'est aisé de vous justifier.

CLARICE, *à Lucrèce.*

On dirait qu'il dit vrai, tant son effronterie
Avec naïveté[1] pousse une menterie.

DORANTE

Pour vous ôter de doute, agréez que demain
980 En qualité d'époux je vous donne la main.

CLARICE

Eh, vous la donneriez en un jour à deux mille.

DORANTE

Certes vous m'allez mettre en crédit par la ville,
Mais en crédit si grand, que j'en crains les jaloux.

CLARICE

C'est tout ce que mérite un homme tel que vous,
985 Un homme qui se dit un grand foudre de guerre,
Et n'en a vu qu'à coups d'écritoire, ou de verre[2] ;
Qui vint hier de Poitiers, et conte à son retour
Que depuis une année il fait ici sa Cour ;
Qui donne toute nuit festin, Musique, et danse,
990 Bien qu'il l'ait dans son lit passée en tout silence ;
Qui se dit marié, puis soudain s'en dédit ;
Sa méthode est jolie à se mettre en crédit.
Vous-même apprenez-moi comme il faut qu'on le
[nomme.

CLITON, *à Dorante.*

Si vous vous en tirez, je vous tiens habile homme.

DORANTE, *à Cliton.*

995 Ne t'épouvante point, tout vient en sa saison[1].

À Clarice.

De ces inventions chacune a sa raison.
Sur toutes quelque jour je vous rendrai contente,
Mais à présent je passe à la plus importante.
J'ai donc feint cet Hymen (pourquoi désavouer
1000 Ce qui vous forcera vous-même à me louer ?)
Je l'ai feint, et ma feinte à vos mépris m'expose.
Mais si de ces détours vous seule étiez la cause ?

CLARICE

Moi ?

DORANTE

Vous. Écoutez-moi. Ne pouvant consentir...

CLITON, *à Dorante.*

De grâce, dites-moi si vous allez mentir.

DORANTE, *à Cliton.*

1005 Ah ! je t'arracherai cette langue importune.

À Clarice.

Donc, comme à vous servir j'attache ma fortune,
L'amour que j'ai pour vous ne pouvant consentir
Qu'un père à d'autres lois voulût m'assujettir...

CLARICE, *à Lucrèce.*

Il fait pièce[1] nouvelle, écoutons.

DORANTE

Cette adresse *ruse*

1010 A conservé mon âme à la belle Lucrèce,
Et par ce mariage au besoin[2] inventé-
J'ai su rompre celui qu'on m'avait apprêté.
Blâmez-moi de tomber en des fautes si lourdes,
Appelez-moi grand fourbe, et grand donneur de
[bourdes,
1015 Mais louez-moi du moins d'aimer si puissamment,
Et joignez à ces noms celui de votre Amant.
Je fais par cet Hymen banqueroute à[3] tous autres.
J'évite tous leurs fers pour mourir dans les vôtres,
Et libre pour entrer en des liens si doux,
1020 Je me fais marié pour toute autre que vous.

fers d'autres femmes : au sens de chaînes

↓ *va dire aux autres femmes qu'il est marié*

CLARICE

Votre flamme en naissant a trop de violence,
Et me laisse toujours en juste défiance.
Le moyen que mes yeux eussent de tels appas
Pour qui m'a si peu vue, et ne me connaît pas ?

DORANTE

1025 Je ne vous connais pas ! Vous n'avez plus de mère,
Périandre est le nom de Monsieur votre père.
Il est homme de robe, adroit et retenu,
Dix mille écus de rente en font le revenu,
Vous perdîtes un frère aux guerres d'Italie,
1030 Vous aviez une sœur qui s'appelait Julie.
Vous connais-je à présent ? dites encor que non.

CLARICE, *à Lucrèce.*

Cousine, il te connaît, et t'en veut tout de bon.

LUCRÈCE, *en elle-même.*

Plût à Dieu !

CLARICE, *à Lucrèce.*

Découvrons le fond de l'artifice.

À Dorante.

J'avais voulu tantôt vous parler de Clarice,
1035 Quelqu'un de vos amis m'en est venu prier.
Dites-moi, seriez-vous pour elle à marier ?

DORANTE

Par cette question n'éprouvez plus ma flamme,
Je vous ai trop fait voir jusqu'au fond de mon âme,
Et vous ne pouvez plus désormais ignorer
1040 Que j'ai feint cet Hymen, afin de m'en parer[1].
Je n'ai ni feux, ni vœux que pour votre service,
Et ne puis plus avoir que mépris pour Clarice.

CLARICE

Vous êtes, à vrai dire, un peu bien dégoûté,
Clarice est de maison[2], et n'est pas sans beauté,
1045 Si Lucrèce à vos yeux paraît un peu plus belle,
De bien mieux faits que vous se contenteraient d'elle.

DORANTE

Oui, mais un grand défaut ternit tous ses appas.

CLARICE

Quel est-il ce défaut ?

DORANTE

Elle ne me plaît pas,
Et plutôt que l'Hymen avec elle me lie,
1050 Je serai marié, si l'on veut, en Turquie.

CLARICE

Aujourd'hui cependant on m'a dit qu'en plein jour
Vous lui serriez la main, et lui parliez d'amour.

DORANTE

Quelqu'un auprès de vous m'a fait cette imposture.

CLARICE, *à Lucrèce.*

Écoutez l'imposteur, c'est hasard s'il n'en jure[1].

DORANTE

1055 Que du Ciel...

CLARICE, *à Lucrèce.*

L'ai-je dit ?

DORANTE

J'éprouve le courroux,
Si j'ai parlé, Lucrèce, à personne qu'à vous.

CLARICE

Je ne puis plus souffrir une telle impudence.
Après ce que j'ai vu moi-même en ma présence,
Vous couchez d'imposture[2], et vous osez jurer,

1060 Comme si je pouvais vous croire, ou l'endurer !
   Adieu, retirez-vous, et croyez, je vous prie,
   Que souvent je m'égaye ainsi par raillerie,
   Et que pour me donner des passe-temps si doux,
   J'ai donné cette baye[1] à bien d'autres qu'à vous.

SCÈNE VI

DORANTE, CLITON

CLITON

1065 Eh bien, vous le voyez, l'histoire est découverte.

DORANTE

Ah Cliton, je me trouve à deux doigts de ma perte.

CLITON

Vous en avez sans doute un plus heureux succès,
Et vous avez gagné chez elle un grand accès :
Mais je suis ce fâcheux qui nuis par ma présence,
1070 Et vous fais sous ces mots être d'intelligence[2].

DORANTE

Peut-être. Qu'en crois-tu ?

CLITON

                    Le peut-être est gaillard.

DORANTE

Penses-tu qu'après tout j'en quitte encor ma part,
Et tienne tout perdu, pour un peu de traverse[3] ?

CLITON

Si jamais cette part tombait dans le commerce,
1075 Et qu'il vous vînt marchand[1] pour ce trésor caché,
Je vous conseillerais d'en faire bon marché.

DORANTE

Mais pourquoi si peu croire un feu si véritable ?

CLITON

À chaque bout de champ vous mentez comme un
[Diable.

DORANTE

Je disais vérité.

CLITON

Quand un menteur la dit,
1080 En passant par sa bouche elle perd son crédit.

DORANTE

Il faut donc essayer si par quelque autre bouche
Elle pourra trouver un accueil moins farouche.
Allons sur le chevet[2] rêver quelque moyen
D'avoir de l'incrédule un plus doux entretien.
1085 Souvent leur belle humeur suit le cours de la Lune,
Telle rend des mépris qui veut qu'on l'importune,
Et de quelques effets que les siens soient suivis,
Il sera demain jour, et la nuit porte avis.

FIN DU TROISIÈME ACTE

ACTE IV

SCÈNE PREMIÈRE

DORANTE, CLITON

CLITON

Mais, Monsieur, pensez-vous qu'il soit jour[1] chez
[Lucrèce ?
1090 Pour sortir si matin elle a trop de paresse.

DORANTE

On trouve bien souvent plus qu'on ne croit trouver,
Et ce lieu pour ma flamme est plus propre à rêver,
J'en puis voir sa fenêtre, et de sa chère idée
Mon âme à cet aspect sera mieux possédée.

CLITON

1095 À propos de rêver, n'avez-vous rien trouvé
Pour servir de remède au désordre arrivé ? (hier)

DORANTE

Je me suis souvenu d'un secret que toi-même
Me donnais hier pour grand, pour rare, pour suprême.
Un Amant obtient tout, quand il est libéral.
généreux

CLITON

100 Le secret est fort beau, mais vous l'appliquez mal.
Il ne fait réussir qu'auprès d'une <u>coquette</u>.

Clarice ≠ coquette

DORANTE

Je sais ce qu'est Lucrèce, elle est sage et discrète,
À lui faire présent mes efforts seraient vains,
Elle a le cœur trop bon, mais ses gens ont des mains,
105 Et bien que sur ce point elle les désavoue,
Avec un tel secret leur langue se dénoue,
Ils parlent, et souvent on les daigne écouter.
À tel prix que ce soit il m'en faut acheter.
Si celle-ci venait qui m'a rendu sa lettre,
110 Après ce qu'elle a fait j'ose tout m'en promettre,
Et ce sera hasard si sans beaucoup d'effort
Je ne trouve moyen de lui payer le port.

CLITON

Certes, vous dites vrai, j'en juge par moi-même,
Ce n'est point mon humeur de refuser qui m'aime,
1115 Et comme c'est m'aimer que me faire présent,
Je suis toujours alors d'un esprit complaisant.

DORANTE

Il est beaucoup d'humeurs pareilles à la tienne.

CLITON

Mais, Monsieur, attendant que Sabine survienne,
Et que sur son esprit vos dons fassent vertu[1],
1120 Il court quelque bruit sourd qu'Alcippe s'est battu.

DORANTE

Contre qui ?

CLITON

L'on ne sait, mais ce confus murmure
D'un air pareil au vôtre à peu près le figure,
Et si de tout le jour je vous avais quitté,
Je vous soupçonnerais de cette nouveauté.

DORANTE

1125 Tu ne me quittas point, pour entrer chez Lucrèce ?

CLITON

Ah, Monsieur, m'auriez-vous joué ce tour d'adresse ?

DORANTE

Nous nous battîmes hier, et j'avais fait serment
De ne parler jamais de cet événement,
Mais à toi, de mon cœur l'unique secrétaire,
1130 À toi, de mes secrets le grand dépositaire,
Je ne cèlerai rien puisque je l'ai promis.
Depuis cinq ou six mois nous étions ennemis,
Il passa par Poitiers où nous prîmes querelle,
Et comme on nous fit lors une paix telle quelle[1],
1135 Nous sûmes l'un à l'autre en secret protester
Qu'à la première vue il en faudrait tâter.
Hier nous nous rencontrons, cette ardeur se réveille,
Fait de notre embrassade un appel[2] à l'oreille,
Je me défais de toi, j'y cours, je le rejoins,
1140 Nous vidons sur le pré l'affaire sans témoins,
Et le perçant à jour de deux coups d'estocade,
Je le mets hors d'état d'être jamais malade,

Il tombe dans son sang.

CLITON

À ce compte il est mort ?

DORANTE

Je le laissai pour tel.

CLITON

Certes, je plains son sort,
1145 Il était honnête homme, et le Ciel ne déploie...

SCÈNE II

DORANTE, ALCIPPE, CLITON

ALCIPPE

Je te veux, cher ami, faire part de ma joie,
Je suis heureux, mon père...

DORANTE

Eh bien ?

ALCIPPE

Vient d'arriver.

CLITON, *à Dorante.*

Cette place pour vous est commode à rêver.

DORANTE

Ta joie est peu commune, et pour revoir un père

1150 Un tel homme que nous ne se réjouit guère.

ALCIPPE

Un esprit que la joie entièrement saisit
Présume qu'on l'entend au moindre mot qu'il dit.
Sache donc que je touche à l'heureuse journée
Qui doit avec Clarice unir ma Destinée,
1155 On attendait mon père, afin de tout signer.

DORANTE

C'est ce que mon esprit ne pouvait deviner,
Mais je m'en réjouis. Tu vas entrer chez elle ?

ALCIPPE

Oui, je lui vais porter cette heureuse Nouvelle,
Et je t'en ai voulu faire part en passant.

DORANTE

1160 Tu t'acquiers d'autant plus un cœur reconnaissant.
Enfin donc ton amour ne craint plus de disgrâce ?

ALCIPPE

Cependant qu'au logis mon père se délasse,
J'ai voulu par devoir prendre l'heure [1] du sien,

CLITON, *à Dorante.*

Les gens que vous tuez se portent assez bien.

ALCIPPE

1165 Je n'ai de part ni d'autre aucune défiance.
Excuse d'un Amant la juste impatience.
Adieu.

DORANTE

Le Ciel te donne un Hymen sans souci.

SCÈNE III

DORANTE, CLITON

CLITON

Il est mort ! Quoi, Monsieur, vous m'en donnez[1] aussi !
À moi de votre cœur l'unique secrétaire !
170 À moi de vos secrets le grand dépositaire !
Avec ces qualités j'avais lieu d'espérer
Qu'assez malaisément je pourrais m'en parer.

ironique

DORANTE

Quoi, mon combat te semble un conte imaginaire ?

CLITON

Je croirai tout, Monsieur, pour ne vous pas déplaire,
1175 Mais vous en contez tant, à toute heure, en tous lieux,
Qu'il faut bien de l'esprit avec vous, et bons yeux[2].
More, Juif, ou Chrétien, vous n'épargnez personne.

DORANTE

Alcippe te surprend, sa guérison t'étonne,
L'état où je le mis était fort périlleux,
1180 Mais il est à présent des secrets merveilleux.
Ne t'a-t-on point parlé d'une source de vie
Que nomment nos guerriers poudre de Sympathie[3] ?

On en voit tous les jours des effets étonnants.

CLITON

Encor ne sont-ils pas du tout si surprenants,
1185 Et je n'ai point appris qu'elle eût tant d'efficace [1],
Qu'un homme que pour mort on laisse sur la place,
Qu'on a de deux grands coups percé de part en part,
Soit dès le lendemain si frais et si gaillard.

DORANTE

La poudre que tu dis n'est que de la commune,
1190 On n'en fait plus de cas ; mais, Cliton, j'en sais une
Qui rappelle si tôt des portes du trépas,
Qu'en moins d'un tournemain [2] on ne s'en souvient pas.
Quiconque la sait faire a de grands avantages.

CLITON   *sans salaire*

Donnez-m'en le secret, et je vous sers <u>sans gages</u>.

DORANTE

1195 Je te le donnerais, et tu serais heureux,
Mais le secret consiste en quelques mots Hébreux,
Qui tous à prononcer sont si fort difficiles,
Que ce seraient pour toi des trésors inutiles.

CLITON

Vous savez donc l'Hébreu !

DORANTE

         L'Hébreu ? parfaitement.
1200 J'ai dix langues, Cliton, à mon commandement.

CLITON

Vous auriez bien besoin de dix des mieux nourries
Pour fournir tour à tour à tant de menteries.
— Vous les hachez menu comme chair à pâtés[1].
Vous avez tout le corps bien plein de vérités,
1205 Il n'en sort jamais une.   *vs cachez les vérités*

DORANTE

Ah, cervelle ignorante !
Mais mon père survient.   *↳ tête d'animaux*

SCÈNE IV

GÉRONTE, DORANTE, CLITON

GÉRONTE

Je vous cherchais, Dorante.

DORANTE

Je ne vous cherchais pas, moi. Que mal à propos
Son abord importun vient troubler mon repos,
Et qu'un père incommode un homme de mon âge !

GÉRONTE

1210 Vu l'étroite union que fait le mariage,
J'estime qu'en effet c'est n'y consentir point,
Que laisser désunis ceux que le Ciel a joint[2] : *→en faite c'était souvent le père*
La raison le défend, et je sens dans mon âme
Un violent désir de voir ici ta femme.
1215 J'écris donc à son père, écris-lui comme moi.
Je lui mande qu'après ce que j'ai su de toi

Je me tiens trop heureux qu'une si belle fille,
Si sage et si bien née, entre dans ma famille.
J'ajoute à ce discours que je brûle de voir
1220 Celle qui de mes ans devient l'unique espoir,
Que pour me l'amener tu t'en vas en personne.
Car enfin il le faut, et le devoir l'ordonne,
N'envoyer qu'un valet sentirait son mépris.

DORANTE

De vos civilités il sera bien surpris,
1225 Et pour moi, je suis prêt ; mais je perdrai ma peine,
Il ne souffrira pas encor qu'on vous l'amène,
Elle est grosse.

GÉRONTE

Elle est grosse !

DORANTE

Et de plus de six mois.

GÉRONTE

Que de ravissements je sens à cette fois !

DORANTE

Vous ne voudriez pas hasarder[1] sa grossesse ?

GÉRONTE

1230 Non, j'aurai patience autant que d'allégresse,
Pour hasarder ce gage, il m'est trop précieux.
À ce coup ma prière a pénétré les Cieux,
Je pense en le voyant que je mourrai de joie.
Adieu, je vais changer la lettre que j'envoie,
1235 En écrire à son père un nouveau compliment,

Le prier d'avoir soin de son accouchement,
Comme du seul espoir où mon bonheur se fonde.

DORANTE, *à Cliton.*

Le bonhomme s'en va le plus content du Monde.

GÉRONTE, *se retournant.*

Écris-lui comme moi.

DORANTE

Je n'y manquerai pas.

À Cliton.

1240 Qu'il est bon !

CLITON

Taisez-vous, il revient sur ses pas.

GÉRONTE

Il ne me souvient plus du nom de ton beau-père.
Comment s'appelle-t-il ?

DORANTE

Il n'est pas nécessaire,
Sans que vous vous donniez ces soucis superflus,
En fermant le paquet, j'écrirai le dessus[1].

GÉRONTE

1245 Étant tout d'une main, il sera plus honnête.

DORANTE

Ne lui pourrai-je ôter ce souci de la tête ?
Votre main, ou la mienne, il n'importe des deux.

GÉRONTE

Ces nobles de Province y sont un peu fâcheux.

DORANTE

Son père sait la Cour.

GÉRONTE

Ne me fais plus attendre,
1250 Dis-moi...

DORANTE

Que lui dirai-je ?

GÉRONTE

Il s'appelle ?

DORANTE

Pyrandre.

GÉRONTE

Pyrandre ! tu m'as dit tantôt un autre nom,
C'était, je m'en souviens, oui, c'était Armédon.

DORANTE

Oui, c'est là son nom propre, et l'autre d'une terre,
Il portait ce dernier quand il fut à la guerre,
1255 Et se sert si souvent de l'un et l'autre nom,
Que tantôt c'est Pyrandre, et tantôt Armédon.

GÉRONTE

C'est un abus commun qu'autorise l'usage,
Et j'en usais ainsi du temps de mon jeune âge.

Adieu, je vais écrire.

SCÈNE V

DORANTE, CLITON

DORANTE

Enfin j'en suis sorti.

CLITON

1260 Il faut bonne mémoire après qu'on a menti.

DORANTE

L'esprit a secouru le défaut de mémoire.

CLITON

Mais on éclaircira bientôt toute l'histoire.
Après ce mauvais pas où vous avez bronché,
Le reste encor longtemps ne peut être caché.
1265 On le sait chez Lucrèce, et chez cette Clarice,
Qui d'un mépris si grand piquée avec justice,
Dans son ressentiment prendra l'occasion
De vous couvrir de honte et de confusion.

DORANTE

Ta crainte est bien fondée, et puisque le temps presse,
1270 Il faut tâcher en hâte à m'engager Lucrèce.
Voici tout à propos ce que j'ai souhaité.

SCÈNE VI

DORANTE, CLITON, SABINE

DORANTE

Chère amie, hier au soir j'étais si transporté,
Qu'en ce ravissement je ne pus me permettre
De bien penser à toi, quand j'eus lu cette lettre :
1275 Mais tu n'y perdras rien et voici pour le port.

SABINE

Ne croyez pas Monsieur...

DORANTE

Tiens.

SABINE

Vous me faites tort.
Je ne suis pas de...

DORANTE

Prends.

SABINE

Hé, Monsieur.

DORANTE

Prends, te dis-je,
Je ne suis point ingrat alors que l'on m'oblige.
Dépêche, tends la main.

CLITON

Qu'elle y fait de façons !
280 Je lui veux par pitié donner quelques leçons.
Chère amie, entre nous, toutes tes révérences
En ces occasions ne sont qu'impertinences,
Si ce n'est assez d'une, ouvre toutes les deux,
Le métier que tu fais ne veut point de honteux.
285 Sans te piquer d'honneur, crois qu'il n'est que de
[prendre,
Et que tenir vaut mieux mille fois que d'attendre.
Cette pluie[1] est fort douce, et quand j'en vois pleuvoir,
J'ouvrirais jusqu'au cœur pour la mieux recevoir.
On prend à toutes mains dans le siècle où nous sommes,
290 Et refuser n'est plus le vice des grands hommes.
Retiens bien ma doctrine, et pour faire amitié,
Si tu veux, avec toi je serai de moitié.

SABINE

Cet article est de trop.

DORANTE

Vois-tu, je me propose
De faire avec le temps pour toi toute autre chose.
295 Mais comme j'ai reçu cette lettre de toi,
En voudrais-tu donner la réponse pour moi ?

SABINE

Je la donnerai bien, mais je n'ose vous dire
Que ma Maîtresse daigne, ou la prendre, ou la lire ;
J'y ferai mon effort.

CLITON

Voyez, elle se rend [1]
1300 Plus douce qu'une épouse, et plus souple qu'un gant.

DORANTE

Le secret a joué [2]. Présente-la, n'importe,
Elle n'a pas pour moi d'aversion si forte,
Je reviens dans une heure en apprendre l'effet.

SABINE

Je vous conterai lors tout ce que j'aurai fait.

SCÈNE VII

CLITON, SABINE

CLITON

1305 Tu vois que les effets préviennent les paroles,
C'est un homme qui fait litière de [3] pistoles,
Mais comme auprès de lui je puis beaucoup pour toi...

SABINE

Fais tomber de la pluie, et laisse faire à moi.

CLITON

Tu viens d'entrer en goût.

SABINE

                              Avec mes révérences,
1310 Je ne suis pas encor si dupe que tu penses,
Je sais bien mon métier, et ma simplicité

Joue aussi bien son <u>jeu</u>, que ton avidité.

CLITON

Si tu sais ton métier, dis-moi quelle espérance
Doit obstiner mon maître à la persévérance.
1315 Sera-t-elle insensible ? en viendrons-nous à bout ?

SABINE

Puisqu'il est si brave homme, il faut te dire tout.
Pour te désabuser, sache donc que Lucrèce
N'est rien moins qu'insensible à l'<u>ardeur</u> qui le presse,
Durant toute la nuit elle n'a point dormi,
1320 Et si je ne me trompe elle l'aime à demi.

CLITON

Mais sur quel privilège est-ce qu'elle se fonde,
Quand elle aime à demi, de maltraiter le monde ?
Il n'en a cette nuit reçu que des mépris.
Chère amie, après tout, mon maître vaut son prix,
1325 Ces amours à demi sont d'une étrange espèce,
Et s'il voulait me croire, il quitterait Lucrèce.

SABINE

Qu'il ne se hâte point, on l'aime, assurément.

CLITON

Mais on le lui témoigne un peu bien rudement,
Et je ne vis jamais de méthodes pareilles.

SABINE

1330 Elle tient, comme on dit, le loup par les oreilles[1].
Elle l'aime, et son cœur n'y saurait consentir,
Parce que d'ordinaire il ne fait que mentir.

Hier même elle le vit dedans les Tuileries,
Où tout ce qu'il conta n'était que menteries,
1335 Il en a fait autant depuis à deux ou trois.

CLITON

Les menteurs les plus grands disent vrai quelquefois.

SABINE

Elle a lieu de douter et d'être en défiance.

CLITON

Qu'elle donne à ses feux un peu plus de croyance,
Il n'a fait toute nuit que soupirer d'ennui[1].

SABINE

1340 Peut-être que tu mens, aussi bien comme lui ?

CLITON

Je suis homme d'honneur, tu me fais injustice.

SABINE

Mais, dis-moi, sais-tu bien qu'il n'aime plus Clarice ?

CLITON

Il ne l'aima jamais.

SABINE

Pour certain ?

CLITON

Pour certain.

SABINE

Qu'il ne craigne donc plus de soupirer en vain.
345 Aussitôt que Lucrèce a pu le reconnaître,
Elle a voulu qu'exprès je me sois fait paraître,
Pour voir si par hasard il ne me dirait rien,
Et s'il l'aime en effet, tout le reste ira bien.
Va-t'en, et sans te mettre en peine de m'instruire,
350 Crois que je lui dirai tout ce qu'il lui faut dire.

CLITON

Adieu, de ton côté si tu fais ton devoir,
Tu dois croire du mien que je ferai pleuvoir.

SCÈNE VIII

LUCRÈCE, SABINE

SABINE

Que je vais bientôt voir une fille contente !
Mais la voici déjà. Qu'elle est impatiente !
355 Comme elle a les yeux fins, elle a vu le poulet[1].

LUCRÈCE

Eh bien, que t'ont conté le maître et le valet ?

SABINE

Le maître et le valet m'ont dit la même chose,
Le maître est tout à vous, et voici de sa prose.

LUCRÈCE, *après avoir lu.*

Dorante avec chaleur fait le passionné,
1360 Mais le fourbe qu'il est nous en a trop donné[1],
Et je ne suis pas fille à croire ses paroles.

SABINE

Je ne les crois non plus, mais j'en crois ses pistoles.

LUCRÈCE

Il t'a donc fait présent ?

SABINE

Voyez.

LUCRÈCE

Et tu l'as pris ?

SABINE

Pour vous ôter du trouble où flottent vos esprits,
1365 Et vous mieux témoigner ses flammes véritables,
J'en ai pris les témoins les plus indubitables,
Et je remets, Madame, au jugement de tous
Si qui donne à vos gens est sans amour pour vous,
Et si ce traitement marque une âme commune.

LUCRÈCE

1370 Je ne m'oppose pas à ta bonne fortune,
Mais comme en l'acceptant tu sors de ton devoir,
Du moins une autre fois ne m'en fais rien savoir.

SABINE

Mais à ce libéral que pourrai-je promettre ?

LUCRÈCE

Dis-lui que sans la voir j'ai déchiré sa lettre.

SABINE

1375 Ô ma bonne fortune, où vous enfuyez-vous ?

LUCRÈCE

Mêles-y de ta part deux ou trois mots plus doux,
Conte-lui dextrement le naturel des femmes,
Dis-lui qu'avec le temps on amollit leurs âmes,
Et l'avertis surtout des heures, et des lieux
1380 Où par rencontre[1] il peut se montrer à mes yeux.
Parce qu'il est grand fourbe, il faut que je m'assure[2].

SABINE

Ah, si vous connaissiez les peines qu'il endure,
Vous ne douteriez plus si son cœur est atteint,
Toute nuit il soupire, il gémit, il se plaint.

LUCRÈCE

1385 Pour apaiser les maux que cause cette plainte,
Donne-lui de l'espoir avec beaucoup de crainte,
Et sache entre les deux toujours le modérer,
Sans m'engager à lui, ni le désespérer.

SCÈNE IX

CLARICE, LUCRÈCE, SABINE

CLARICE

Il t'en veut tout de bon, et m'en voilà défaite,

1390 Mais je souffre aisément la perte que j'ai faite.
Alcippe la répare, et son père est ici.

LUCRÈCE

Te voilà donc bientôt quitte d'un grand souci ?

CLARICE

M'en voilà bientôt quitte, et toi, te voilà prête
À t'enrichir bientôt d'une étrange conquête.
1395 Tu sais ce qu'il m'a dit.

SABINE

            S'il vous mentait alors,
À présent, il dit vrai, j'en réponds corps pour corps.

CLARICE

Peut-être qu'il le dit, mais c'est un grand peut-être.

LUCRÈCE

Dorante est un grand fourbe et nous l'a fait connaître,
Mais s'il continuait encore à m'en conter,
1400 Peut-être avec le temps il me ferait douter.

CLARICE

Si tu l'aimes, du moins étant bien avertie,
Prends bien garde à ton fait, et fais bien ta partie.

LUCRÈCE

C'en est trop, et tu dois seulement présumer
Que je penche à le croire, et non pas à l'aimer.

CLARICE

405 De le croire à l'aimer la distance est petite,
Qui fait croire ses feux fait croire son mérite,
Ces deux points en amour se suivent de si près,
Que qui se croit aimée aime bientôt après[1].

LUCRÈCE

La curiosité souvent dans quelques âmes
410 Produit le même effet que produiraient des flammes.

CLARICE

Je suis prête à le croire, afin de t'obliger.

SABINE

Vous me feriez ici toutes deux enrager.
Voyez, qu'il est besoin de tout ce badinage !
Faites moins la sucrée, et changez de langage,
415 Ou vous n'en casserez, ma foi, que d'une dent[2].

LUCRÈCE

Laissons là cette folle, et dis-moi cependant.
Quand nous le vîmes hier dedans les Tuileries,
Qu'il te conta d'abord tant de galanteries,
Il fut, ou je me trompe, assez bien écouté.
420 Était-ce amour alors ou curiosité ?

CLARICE

Curiosité pure, avec dessein de rire
De tous les compliments qu'il aurait pu me dire.

LUCRÈCE

Je fais de ce billet même chose à mon tour,

Je l'ai pris, je l'ai lu, mais le tout sans amour,
1425 Curiosité pure, avec dessein de rire
De tous les compliments qu'il aurait pu m'écrire.

CLARICE

Ce sont deux que de lire et d'avoir écouté,
L'un est grande faveur, l'autre, civilité ;
Mais trouves-y ton compte, et j'en serai ravie,
1430 En l'état où je suis j'en parle sans envie.

LUCRÈCE

Sabine lui dira que je l'ai déchiré.

CLARICE

Nul avantage ainsi n'en peut être tiré,
Tu n'es que curieuse.

LUCRÈCE

Ajoute : à ton exemple.

CLARICE

Soit ; mais il est saison[1] que nous allions au Temple.

LUCRÈCE, *à Clarice.*

1435 Allons.

À *Sabine.*

Si tu le vois, agis comme tu sais.

SABINE

Ce n'est pas sur ce coup que je fais mes essais :
Je connais à tous deux où tient la maladie,
Et le mal sera grand si je n'y remédie ;

Mais sachez qu'il est homme à prendre sur le vert[1].

LUCRÈCE

1440 Je te croirai.

SABINE

Mettons cette pluie à couvert.

FIN DU QUATRIÈME ACTE

ACTE V

SCÈNE PREMIÈRE

GÉRONTE, PHILISTE [1]

GÉRONTE

Je ne pouvais avoir rencontre plus heureuse
Pour satisfaire ici mon humeur curieuse.
Vous avez feuilleté le Digeste [2] à Poitiers,
Et vu comme mon fils les gens de ces quartiers,
1445 Ainsi vous me pouvez facilement apprendre
Quelle est, et la famille, et le bien de Pyrandre.

PHILISTE

Quel est-il, ce Pyrandre ?

GÉRONTE

Un de leurs citoyens,
Noble à ce qu'on m'a dit, mais un peu mal en biens.

PHILISTE

Il n'est dans tout Poitiers Bourgeois ni Gentilhomme
1450 Qui (si je m'en souviens) de la sorte se nomme.

GÉRONTE

Vous le connaîtrez mieux peut-être à l'autre nom,
Ce Pyrandre s'appelle autrement Armédon.

PHILISTE

Aussi peu l'un que l'autre.

GÉRONTE

                    Et le père d'Orphise,
Cette rare beauté qu'en ces lieux même on prise ?
1455 Vous connaissez le nom de cet objet charmant
Qui fait de ces cantons[1] le plus digne ornement ?

PHILISTE

Croyez que cette Orphise, Armédon, et Pyrandre,
Sont gens dont à Poitiers on ne peut rien apprendre.
S'il vous faut sur ce point encor quelque garant...

GÉRONTE

1460 En faveur de mon fils vous faites l'ignorant,
Mais je ne sais que trop qu'il aime cette Orphise,
Et qu'après les douceurs d'une longue hantise[2]
On l'a seul dans sa chambre avec elle trouvé ;
Que par son pistolet un <u>désordre</u> arrivé
1465 L'a forcé sur-le-champ d'épouser cette belle :
Je sais tout, et de plus ma bonté paternelle
M'a fait y consentir, et votre esprit discret
N'a plus d'occasion de m'en faire un secret[3].

[note manuscrite : reprend le récit que D. lui a raconté]

PHILISTE

Quoi, Dorante a fait donc un secret mariage !

GÉRONTE

1470 Et, comme je suis bon, je pardonne à son âge.

PHILISTE

Qui vous l'a dit ?

GÉRONTE

Lui-même.

PHILISTE

               Ah, puisqu'il vous l'a dit,
Il vous fera du reste un fidèle récit,   — *ironie*
Il en sait mieux que moi toutes les circonstances :
Non qu'il vous faille en prendre aucunes défiances,
1475 Mais il a le talent de bien imaginer,   → *raconter des*
Et moi je n'eus jamais celui de deviner.   *histoires fictives*
                                (fabulateur)

GÉRONTE

Vous me feriez par là soupçonner son histoire.

PHILISTE

Non, sa parole est sûre, et vous pouvez l'en croire ;
Mais il nous servit hier d'une collation
1480 Qui partait d'un esprit de grande invention,
Et si ce mariage est de même méthode,
La pièce[1] est fort complète, et des plus à la mode.

GÉRONTE

Prenez-vous du plaisir à me mettre en courroux ?

PHILISTE

Ma foi, vous en tenez[2] aussi bien comme nous,

1485 Et, pour vous en parler avec toute franchise,
Si vous n'avez jamais pour bru que cette Orphise,
Vos chers collatéraux s'en trouveront fort bien.
Vous m'entendez, Adieu, je ne vous dis plus rien.

SCÈNE II

GÉRONTE

Ô vieillesse facile ! ô jeunesse impudente !
1490 Ô de mes cheveux gris honte trop évidente !
Est-il dessous le Ciel père plus malheureux ?
Est-il affront plus grand pour un cœur généreux ?
Dorante n'est qu'un fourbe, et cet ingrat que j'aime
Après m'avoir fourbé me fait fourber moi-même,
1495 Et d'un discours en l'air qu'il forge en imposteur,
Il me fait le trompette[1] et le second auteur.
Comme si c'était peu pour mon reste de vie
De n'avoir à rougir que de son infamie,
L'infâme se jouant de mon trop de bonté
1500 Me fait encor rougir de ma crédulité.

SCÈNE III

GÉRONTE, DORANTE, CLITON

GÉRONTE

Êtes-vous Gentilhomme[2] ?

DORANTE

                    Ah, rencontre fâcheuse !
Étant sorti de vous, la chose est peu douteuse.

GÉRONTE

Croyez-vous qu'il suffit d'être sorti de moi ?

DORANTE

Avec toute la France aisément je le crois.

GÉRONTE

1505 Et ne savez-vous point avec toute la France
D'où ce titre d'honneur a tiré sa naissance,
Et que la vertu seule a mis en ce haut rang
Ceux qui l'ont jusqu'à moi fait passer dans leur sang ?

DORANTE

J'ignorerais un point que n'ignore personne,
1510 Que la vertu l'acquiert, comme le sang le donne.

GÉRONTE

Où le sang a manqué, si la vertu l'acquiert,
Où le sang l'a donné, le vice aussi le perd.
Ce qui naît d'un moyen périt par son contraire,
Tout ce que l'un a fait, l'autre peut le défaire,
1515 Et dans la lâcheté du vice où je te vois
Tu n'es plus Gentilhomme, étant sorti de moi.

DORANTE

Moi ?

Handwritten margin note (top left): Acte V Dom Juan : père fait exactement le même reprochement

Handwritten margin note (right): les gentilh-ommes ne mentent jamais

GÉRONTE

Laisse-moi parler, toi de qui l'imposture
Souille honteusement ce don de la Nature.
Qui se dit Gentilhomme, et ment comme tu fais,
520 Il ment quand il le dit, et ne le fut jamais.
Est-il vice plus bas, est-il tache plus noire,
Plus indigne d'un homme élevé pour la gloire ?
Est-il quelque faiblesse, est-il quelque action
Dont un cœur vraiment noble ait plus d'aversion,
525 Puisqu'un seul démenti lui porte une infamie
Qu'il ne peut effacer s'il n'expose sa vie,
Et si dedans le sang il ne lave l'affront
Qu'un si honteux outrage imprime sur son front ?

DORANTE

Qui[1] vous dit que je mens ?

GÉRONTE

Qui me le dit, infâme ?
530 Dis-moi, si tu le peux, dis le nom de ta femme,
Le conte qu'hier au soir tu m'en fis publier.

CLITON, *à Dorante.*

Dites que le sommeil vous l'a fait oublier.

GÉRONTE

Ajoute, ajoute encore avec effronterie
Le nom de ton beau-père, et de sa Seigneurie,
1535 Invente à m'éblouir quelques nouveaux détours.

CLITON, *à Dorante.*

Appelez la mémoire, ou l'esprit au secours.

GÉRONTE

De quel front cependant faut-il que je confesse
Que ton effronterie a surpris ma vieillesse,
Qu'un homme de mon âge a cru légèrement
1540 Ce qu'un homme du tien débite impudemment ?
Tu me fais donc servir de fable et de risée,
Passer pour esprit faible, et pour cervelle usée !
Mais dis-moi, te portais-je à la gorge un poignard ?
Voyais-tu violence, ou courroux de ma part ?
1545 Si quelque aversion t'éloignait de Clarice,
Quel besoin avais-tu d'un si lâche artifice ?
Et pouvais-tu douter que mon consentement
Ne dût tout accorder à ton contentement,
Puisque mon indulgence au dernier point venue
1550 Consentait[1] à tes yeux l'Hymen d'une inconnue ?
Ce grand excès d'amour que je t'ai témoigné
N'a point touché ton cœur, ou ne l'a point gagné,
Ingrat, tu m'as payé d'une impudente feinte,
Et tu n'as eu pour moi respect, amour, ni crainte.
1555 Va, je te désavoue[2].

DORANTE

Eh, mon père, écoutez.

GÉRONTE

Quoi, des contes en l'air, et sur l'heure inventés ?

DORANTE

Non, la vérité pure.

GÉRONTE

En est-il dans ta bouche ?

CLITON, *à Dorante.*

Voici pour votre adresse une assez rude touche[1].

DORANTE

Épris d'une beauté qu'à peine j'ai pu voir
1560   Qu'elle a pris sur mon âme un absolu pouvoir,
De Lucrèce en un mot, vous la pouvez connaître.

GÉRONTE

Dis vrai, je la connais, et ceux qui l'ont fait naître,
Son père est mon ami.

DORANTE

       Mon cœur en un moment
Étant de ses regards charmé si puissamment,
1565   Le choix que vos bontés avaient fait de Clarice,
Sitôt que je le sus, me parut un supplice.
Mais comme j'ignorais si Lucrèce et son sort
Pouvaient avec le vôtre avoir quelque rapport
Je n'osai pas encor vous découvrir la flamme
1570   Que venaient ses beautés d'allumer dans mon âme[2],
Et j'avais ignoré, Monsieur, jusqu'à ce jour
Que l'adresse d'esprit fût un crime en amour.
Mais si je vous osais demander quelque grâce,
À présent que je sais, et son bien, et sa race,
1575   Je vous conjurerais par les nœuds les plus doux
Dont l'amour et le sang puissent m'unir à vous,
De seconder mes vœux auprès de cette belle ;
Obtenez-la d'un père, et je l'obtiendrai d'elle.

GÉRONTE

Tu me fourbes encor.

DORANTE

Si vous ne m'en croyez,
1580 Croyez-en, pour le moins, Cliton que vous voyez,
Il sait tout mon secret.

GÉRONTE

Tu ne meurs pas de honte
Qu'il faille que de lui je fasse plus de compte,
Et que ton père même en doute de ta foi
Donne plus de croyance à ton valet, qu'à toi ?
1585 Écoute, je suis bon, et malgré ma colère,
Je veux encore un coup montrer un cœur de père,
Je veux encore un coup pour toi me hasarder[1].
Je connais ta Lucrèce et la vais demander,
Mais si de ton côté le moindre obstacle arrive...

DORANTE

1590 Pour vous mieux assurer souffrez que je vous suive.

GÉRONTE

Demeure ici, demeure, et ne suis point mes pas,
Je doute, je hasarde, et je ne te crois pas.
Mais sache que tantôt si pour cette Lucrèce
Tu fais la moindre fourbe, ou la moindre finesse,
1595 Tu peux bien fuir mes yeux, et ne me voir jamais,
Autrement, souviens-toi du serment que je fais.
Je jure les rayons du jour qui nous éclaire
Que tu ne mourras point que de la main d'un père,
Et que ton sang indigne à mes pieds répandu
1600 Rendra prompte justice à mon honneur perdu.

SCÈNE IV

DORANTE, CLITON

DORANTE

Je crains peu les effets d'une telle menace.

CLITON

habile (c'est D)

Vous vous rendez trop tôt, et de mauvaise grâce,
Et cet esprit adroit qui l'a dupé deux fois
Devait en galant homme aller jusques à trois.
605 Toutes tierces [1], dit-on, sont bonnes ou mauvaises.

DORANTE

se moquer de

Cliton, ne raille point, que tu ne me déplaises,
D'un trouble tout nouveau j'ai l'esprit agité.

CLITON

N'est-ce point du remords d'avoir dit vérité ? *— se moque de son maître*
Si pourtant ce n'est point quelque nouvelle adresse ;
610 Car je doute à présent si vous aimez Lucrèce,
Et vous vois si fertile en semblables détours,
Que, quoi que vous disiez, je l'entends au rebours.

DORANTE

Je l'aime, et sur ce point ta défiance est vaine,
Mais je hasarde trop, et c'est ce qui me gêne.   *les 2 pères*
615 Si son père et le mien ne tombent point d'accord,   *vont décider*
Tout commerce est rompu, je fais naufrage au port,   *du*
Et d'ailleurs, quand l'affaire entre eux serait conclue, *mariage*

Suis-je sûr que la fille y soit bien résolue ?
J'ai tantôt vu passer cet objet si charmant,
1620 Sa compagne, ou je meure, a beaucoup d'agrément.
Aujourd'hui que mes yeux l'ont mieux examinée,
De mon premier amour j'ai l'âme un peu gênée,
Mon cœur entre les deux est presque partagé,
Et celle-ci l'aurait s'il n'était engagé.

CLITON

1625 Mais pourquoi donc montrer une flamme si grande,
Et porter votre père à faire une demande ?

DORANTE

Il ne m'aurait pas cru, si je ne l'avais fait.

CLITON

Quoi, même en disant vrai vous mentiez en effet ?

DORANTE

C'était le seul moyen d'apaiser sa colère.
1630 Que maudit soit quiconque a détrompé mon père,
Avec ce faux Hymen j'aurais eu le loisir
De consulter mon cœur, et je pourrais choisir.

CLITON

Mais sa compagne enfin n'est autre que Clarice.

DORANTE

Je me suis donc rendu moi-même un bon office.
1635 Ô qu'Alcippe est heureux et que je suis confus !
Mais Alcippe, après tout, n'aura que mon refus.
N'y pensons plus, Cliton, puisque la place est prise.

CLITON

Vous en voilà défait aussi bien que d'Orphise.

DORANTE

Reportons à Lucrèce un esprit ébranlé
1640 Que l'autre à ses yeux même avait presque volé.
Mais Sabine survient.

SCÈNE V

DORANTE, SABINE, CLITON

DORANTE

Qu'as-tu fait de ma lettre ?
En de si belles mains as-tu su la remettre ?

SABINE

Oui, Monsieur, mais...

DORANTE

Quoi mais ?

SABINE

Elle a tout déchiré.

DORANTE

Sans lire ?

SABINE

Sans rien lire.

DORANTE

Et tu l'as enduré ?

SABINE

1645 Ah, si vous aviez vu comme elle m'a grondée,
Elle me va chasser, l'affaire en est vidée[1].

DORANTE

Elle s'apaisera, mais pour t'en consoler,
Tends la main.

SABINE

Eh, Monsieur.

DORANTE

Ose encor lui parler,
Je ne perds pas si tôt toutes mes espérances.

CLITON

1650 Voyez la bonne pièce[2] avec ses révérences,
Comme ses déplaisirs sont déjà consolés.
Elle vous en dira plus que vous n'en voulez.

DORANTE

Elle a donc déchiré mon billet sans le lire ?

SABINE

Elle m'avait donné charge de vous le dire,
1655 Mais à parler sans fard...

CLITON

Sait-elle son métier ?

SABINE

Elle n'en a rien fait et l'a lu tout entier.
Je ne puis si longtemps abuser un brave homme.

CLITON

Si quelqu'un l'entend mieux, je l'irai dire à Rome[1].

DORANTE

Elle ne me hait pas, à ce compte ?

SABINE

Elle ? non.

DORANTE

1660 M'aime-t-elle ?

SABINE

Non plus.

DORANTE

Tout de bon ?

SABINE

Tout de bon.

DORANTE

Aime-t-elle quelque autre ?

SABINE

Encor moins.

DORANTE

Qu'obtiendrai-je ?

SABINE

Je ne sais.

DORANTE

Mais enfin, dis-moi.

SABINE

Que vous dirai-je ?

DORANTE

Vérité.

SABINE

Je la dis.

DORANTE

Mais elle m'aimera ?

SABINE

Peut-être.

DORANTE

Et quand encor ?

SABINE

Quand elle vous croira.

DORANTE

1665 Quand elle me croira ? Que ma joie est extrême !

SABINE

Quand elle vous croira, dites qu'elle vous aime.

DORANTE

Je le dis déjà donc, et m'en ose vanter,
Puisque ce cher objet n'en saurait plus douter,
Mon père...

SABINE

La voici qui vient avec Clarice.

SCÈNE VI

CLARICE, LUCRÈCE, DORANTE, SABINE, CLITON

CLARICE, *à Lucrèce.*

1670 Il peut te dire vrai, mais ce n'est pas son vice ;
Comme tu le connais, ne précipite rien.

DORANTE, *à Clarice.*

Beauté, qui pouvez seule et mon mal et mon bien...

CLARICE, *à Lucrèce.*

On dirait qu'il m'en veut, et c'est moi qu'il regarde.

LUCRÈCE, *à Clarice.*

Quelques regards sur toi sont tombés par mégarde,
1675 Voyons s'il continue.

DORANTE, *à Clarice.*

Ah, que loin de vos yeux
Les moments à mon cœur deviennent ennuyeux,
Et que je reconnais par mon expérience
Quel supplice aux Amants est une heure d'absence !

CLARICE, *à Lucrèce.*

Il continue encor.

LUCRÈCE, *à Clarice.*

Mais vois ce qu'il m'écrit.

CLARICE, *à Lucrèce.*

1680 Mais écoute.

LUCRÈCE, *à Clarice.*

Tu prends pour toi ce qu'il me dit.

CLARICE

Éclaircissons-nous-en. Vous m'aimez donc, Dorante ?

DORANTE, *à Clarice.*

Hélas ! que cette amour[1] vous est indifférente !
Depuis que vos regards m'ont mis sous votre loi...

CLARICE, *à Lucrèce.*

Crois-tu que le discours s'adresse encore à toi ?

LUCRÈCE, *à Clarice.*

1685 Je ne sais où j'en suis.

CLARICE, *à Lucrèce.*

Oyons la fourbe entière.

LUCRÈCE, *à Clarice.*

Vu ce que nous savons, elle est un peu grossière.

CLARICE, *à Lucrèce.*

C'est ainsi qu'il partage entre nous son amour,
Il te flatte de nuit, et m'en conte de jour.

DORANTE, *à Clarice.*

Vous consultez ensemble ! Ah, quoi qu'elle vous die [1],
1690 Sur de meilleurs conseils disposez de ma vie,
Le sien auprès de vous me serait trop fatal,
Elle a quelque sujet de me vouloir du mal.

LUCRÈCE, *en elle-même.*

Ah, je n'en ai que trop, et si je ne me venge...

CLARICE, *à Dorante.*

Ce qu'elle me disait est de vrai fort étrange.

DORANTE

1695 C'est quelque invention de son esprit jaloux.

CLARICE

Je le crois, mais enfin me reconnaissez-vous ?

DORANTE

Si je vous reconnais ? quittez ces railleries,
Vous que j'entretins hier dedans les Tuileries,
Que je fis aussitôt maîtresse de mon sort ?

CLARICE

1700 Si je veux toutefois en croire son rapport,
Pour une autre déjà votre âme inquiétée [1]...

DORANTE

Pour une autre déjà je vous aurais quittée ?
Que plutôt à vos pieds mon cœur sacrifié...

CLARICE

Bien plus, si je la crois, vous êtes marié.

DORANTE

1705 Vous me jouez, Madame, et sans doute pour rire,
Vous prenez du plaisir à m'entendre redire
Qu'à dessein de mourir en des liens si doux
Je me fais marié pour toute autre que vous.

CLARICE

Mais avant qu'avec moi le nœud d'Hymen vous lie,
1710 Vous serez marié, si l'on veut, en Turquie ?

DORANTE

Avant qu'avec toute autre on me puisse engager,
Je serai marié, si l'on veut, en Alger.

CLARICE

Mais enfin vous n'avez que mépris pour Clarice ?

DORANTE

Mais enfin vous savez le nœud de l'artifice,
1715 Et que pour être à vous je fais ce que je puis.

CLARICE

Je ne sais plus moi-même à mon tour où j'en suis.
Lucrèce, écoute un mot.

DORANTE, *à Cliton.*

Lucrèce ! que dit-elle ?

CLITON, *à Dorante.*

Vous en tenez[1], Monsieur, Lucrèce est la plus belle.
Mais laquelle des deux, j'en ai le mieux jugé,
1720 Et vous auriez perdu, si vous aviez gagé.

DORANTE, *à Cliton.*

Cette nuit à la voix j'ai cru la reconnaître.

CLITON, *à Dorante.*

Clarice sous son nom parlait à sa fenêtre,
Sabine m'en a fait un secret entretien.

DORANTE

Bonne bouche[2], j'en tiens, mais l'autre la vaut bien,
1725 Et comme dès tantôt je la trouvais bien faite,
Mon cœur déjà penchait où mon erreur le jette.
Ne me découvre point, et dans ce nouveau feu
Tu me vas voir, Cliton, jouer un nouveau jeu ;
Sans changer de discours, changeons de batterie.

LUCRÈCE, *à Clarice.*

1730 Voyons le dernier point de son effronterie,
Quand tu lui diras tout il sera bien surpris.

CLARICE, *à Dorante.*

Comme elle est mon amie, elle m'a tout appris,
Cette nuit vous l'aimiez, et m'avez méprisée,
Laquelle de nous deux avez-vous abusée ?
1735 Vous lui parliez d'amour en termes assez doux.

DORANTE

Moi ! depuis mon retour je n'ai parlé qu'à vous.

CLARICE

Vous n'avez point parlé cette nuit à Lucrèce ?

DORANTE

Vous n'avez point voulu me faire un tour d'adresse,
Et je ne vous ai point reconnue à la voix ?

CLARICE

1740 Nous dirait-il bien vrai pour la première fois ? → *ton sarcastique*

DORANTE

Pour me venger de vous j'eus assez de malice
Pour vous laisser jouir d'un si lourd artifice,
Et vous laissant passer pour ce que vous vouliez,
Je vous en donnai plus que vous ne m'en donniez.
1745 Je vous embarrassai, n'en faites point la fine,
Choisissez un peu mieux vos dupes à la mine : → *vie sociale consiste à jouer les uns les aut*
Vous pensiez me jouer, et moi je vous jouais,
Mais par de faux mépris que je désavouais,
Car enfin je vous aime, et je hais de ma vie
1750 Les jours que j'ai vécu[1] sans vous avoir servie.

continue à essayer de la flatter pour la séduire

CLARICE

Pourquoi, si vous m'aimez, feindre un Hymen en l'air
Quand un père pour vous est venu me parler ?
Quel fruit de cette fourbe osez-vous vous promettre ?

LUCRÈCE, *à Dorante.*

Pourquoi, si vous l'aimez, m'écrire cette lettre ?

DORANTE, *à Lucrèce.*

755 J'aime de ce courroux les principes cachés,
Je ne vous déplais pas puisque vous vous fâchez.
Mais j'ai moi-même enfin assez joué d'adresse,
Il faut vous dire vrai, je n'aime que Lucrèce.

CLARICE, *à Lucrèce.*

Est-il un plus grand fourbe ? et peux-tu l'écouter ?

DORANTE, *à Lucrèce.*

1760 Quand vous m'aurez ouï, vous n'en pourrez douter.
Sous votre nom, Lucrèce, et par votre fenêtre
Clarice m'a fait pièce [1], et je l'ai su connaître ;
Comme en y consentant vous m'avez affligé,
Je vous ai mise en peine, et je m'en suis vengé.

LUCRÈCE

1765 Mais que disiez-vous hier dedans les Tuileries ?

DORANTE

Clarice fut l'objet de mes galanteries...

CLARICE, *à Lucrèce.*

Veux-tu longtemps encore écouter ce moqueur ?

(note manuscrite en marge haute gauche : toutre qu'il la dit « fiction »)

DORANTE, *à Lucrèce.*

Elle avait mes discours, mais vous aviez mon cœur,
Où vos yeux faisaient naître un feu que j'ai fait taire,
1770 Jusqu'à ce que ma flamme ait eu l'aveu d'un père.
Comme tout ce discours n'était que fiction,
Je cachais mon retour, et ma condition.

(note manuscrite marge gauche : toutes les histoires qu'il a raconté)

(note manuscrite marge droite : authorité absolu du père de famille, en ce qui concern le mariage d'une fille)

CLARICE, *à Lucrèce.*

Vois que fourbe sur fourbe à nos yeux il entasse,
Et ne fait que jouer des tours de passe-passe.

(note manuscrite marge droite : fourbes entassés les unes sur les aut...)

DORANTE, *à Lucrèce.*

1775 Vous seule êtes l'objet dont mon cœur est charmé.

LUCRÈCE, *à Dorante.*

C'est ce que les effets m'ont fort mal confirmé.

DORANTE

Si mon père à présent porte parole[1] au vôtre,
Après son témoignage en voudrez-vous quelque autre ?

LUCRÈCE

Après son témoignage, il faudra consulter
1780 Si nous aurons encor quelque lieu d'en douter.

DORANTE, *à Lucrèce.*

Qu'à de telles clartés votre erreur se dissipe.

À Clarice.

Et vous, belle Clarice, aimez toujours Alcippe,
Sans l'Hymen de Poitiers il ne tenait plus rien,
Je ne lui ferai pas ce mauvais entretien,

1785 Mais entre vous, et moi, vous savez le mystère.
Le voici qui s'avance, et j'aperçois mon père.

SCÈNE VII

GÉRONTE, DORANTE, ALCIPPE, CLARICE,
LUCRÈCE, ISABELLE, SABINE, CLITON

ALCIPPE, *sortant de chez Clarice
et parlant à elle.*

Nos parents sont d'accord et vous êtes à moi.

*connotation :
femme comme
objet*

GÉRONTE, *sortant de chez Lucrèce
et parlant à elle.*

Votre père à Dorante engage votre foi.

ALCIPPE, *à Clarice.*

Un mot de votre main, l'affaire est terminée.

GÉRONTE, *à Lucrèce.*

1790 Un mot de votre bouche achève l'Hyménée.

DORANTE, *à Lucrèce.*

dis oui, pas non
Ne soyez pas rebelle à seconder mes vœux.

ALCIPPE

Êtes-vous aujourd'hui muettes toutes deux ?

CLARICE

Mon père a sur mes vœux une entière puissance.

LUCRÈCE

Le devoir d'une fille est dans l'obéissance.

GÉRONTE, *à Lucrèce.*

1795 Venez donc recevoir ce doux commandement.

connotation religieux : allusion

ALCIPPE, *à Clarice.*

Venez donc ajouter ce doux consentement.

*Alcippe rentre chez Clarice avec elle et
Isabelle, et le reste rentre chez Lucrèce.*

SABINE, *à Dorante, comme il rentre.*

Si vous vous mariez, il ne pleuvra plus guère[1].

DORANTE

Je changerai pour toi cette pluie en rivières.

SABINE

Vous n'aurez pas loisir seulement d'y penser,
1800 Mon métier ne vaut rien, quand on s'en peut passer.

ce qui s'est passé à Dorante

CLITON, *seul.*

Comme en sa propre fourbe un menteur s'embarrasse !
Peu sauraient comme lui s'en tirer avec grâce.
Vous autres qui doutiez s'il en pourrait sortir,
Par un si rare exemple apprenez à mentir.

FIN DU CINQUIÈME ET DERNIER ACTE

La Suite du Menteur

COMÉDIE

LA SUITE

DU

MENTEUR

COMÉDIE

Imprimé à Rouen et se vend à Paris,
Chez Antoine de Sommaville, en la galerie
des Merciers, à l'Écu de France
Et Augustin Courbé, en la même galerie,
à la Palme, au Palais.

M. DC. XLV
AVEC PRIVILÈGE DU ROI

Monsieur,

Je vous avais bien dit que *Le Menteur* ne serait pas le dernier emprunt, ou larcin que je ferais chez les Espagnols ; en voici une suite qui est encore tirée du même original, et dont Lope a traité le sujet sous le titre de *Amar sin saber a quien*. Elle n'a pas été si heureuse au théâtre que l'autre, quoique plus remplie de beaux sentiments et de beaux vers. Ce n'est pas que j'en veuille accuser, ni le défaut des acteurs, ni le mauvais jugement du peuple : la faute en est toute à moi, qui devais mieux prendre mes mesures, et choisir des sujets plus répondants au goût de mon auditoire. Si j'étais de ceux qui tiennent que la poésie a pour but de profiter aussi bien que de plaire, je tâcherais de vous persuader que celle-ci est beaucoup meilleure que l'autre, à cause que Dorante y paraît beaucoup plus honnête homme, et donne des exemples de vertu à suivre, au lieu qu'en l'autre il ne donne que des imperfections à éviter ; mais pour moi qui tiens avec Aristote et Horace que notre art n'a pour but que le divertissement, j'avoue qu'il est ici bien moins à estimer qu'en la première

comédie, puisque avec ses mauvaises habitudes il a
perdu presque toutes ses grâces, et qu'il semble
avoir quitté la meilleure part de ses agréments,
lorsqu'il a voulu se corriger de ses défauts. Vous me
direz que je suis bien injurieux au métier qui me
fait connaître, d'en ravaler le but si bas que de le
réduire à plaire au peuple, et que je suis bien hardi
tout ensemble de prendre pour garant de mon opinion les deux maîtres dont ceux du parti contraire
se fortifient. À cela, je vous dirai que ceux-là même
qui mettent si haut le but de l'art sont injurieux à
l'artisan, dont ils ravalent d'autant plus le mérite,
qu'ils pensent relever la dignité de sa profession ;
parce que s'il est obligé de prendre soin de l'utile,
il évite seulement une faute quand il s'en acquitte,
et n'est digne d'aucune louange. C'est mon Horace
qui me l'apprend :

> *Vitavi denique culpam,*
> *Non laudem merui*[1].

En effet, Monsieur, vous ne loueriez pas beaucoup un homme pour avoir réduit un poème dramatique dans l'unité de jour et de lieu, parce que
les lois du théâtre le lui prescrivent, et que sans cela
son ouvrage ne serait qu'un monstre. Pour moi, j'estime extrêmement ceux qui mêlent l'utile au délec-
table, et d'autant plus qu'ils n'y sont pas obligés par
les règles de la poésie, je suis bien aise de dire d'eux
avec notre docteur :

> *Omne tulit punctum qui miscuit utile dulci*[2].

Mais je dénie qu'ils faillent contre ces règles, lorsqu'ils ne l'y mêlent pas, et les blâme seulement de ne s'être pas proposé un objet assez digne d'eux, ou, si vous me permettez de parler un peu chrétiennement, de n'avoir pas eu assez de charité pour prendre l'occasion de donner en passant quelque instruction à ceux qui les écoutent, ou qui les lisent : pourvu qu'ils aient trouvé le moyen de plaire, ils sont quittes envers leur art, et s'ils pèchent, ce n'est pas contre lui, c'est contre les bonnes mœurs, et contre leur auditoire. Pour vous faire voir le sentiment d'Horace là-dessus, je n'ai qu'à répéter ce que j'en ai déjà pris, puisqu'il ne tient pas qu'on soit digne de louange, quand on n'a fait que s'acquitter de ce qu'on doit, et qu'il en donne tant à celui qui joint l'utile à l'agréable, il est aisé de conclure qu'il tient que celui-là fait plus qu'il n'était obligé de faire. Quant à Aristote, je ne crois pas que ceux du parti contraire aient d'assez bons yeux pour trouver le mot d'utilité dans tout son *Art poétique* : quand il recherche la cause de la poésie, il ne l'attribue qu'au plaisir que les hommes reçoivent de l'imitation, et comparant l'une à l'autre les parties de la tragédie, il préfère la fable aux mœurs, seulement pour ce qu'elle contient tout ce qu'il y a d'agréable dans le poème, et c'est pour cela qu'il l'appelle l'âme de la tragédie. Cependant quand on y mêle quelque utilité, ce doit être principalement dans cette partie qui regarde les mœurs, et que ce grand homme toutefois ne tient point du tout nécessaire, puisqu'il permet de la retrancher entièrement, et demeure d'accord qu'on peut faire une tragédie sans mœurs. Or pour ne vous pas donner mauvaise

impression de la comédie du *Menteur* qui a donné
lieu à cette *Suite*, que vous pourriez juger être
simplement faite pour plaire, et n'avoir pas ce noble
mélange de l'utilité, d'autant qu'elle semble violer
une autre maxime qu'on veut tenir pour indubitable, touchant la récompense des bonnes actions, et
la punition des mauvaises, il ne sera peut-être pas
hors de propos que je vous dise là-dessus ce que je
pense. Il est certain que les actions de Dorante ne
sont pas bonnes moralement, n'étant que fourbes et
menteries, et néanmoins il obtient enfin ce qu'il
souhaite, puisque la vraie Lucrèce est en cette pièce
sa dernière inclination. Ainsi, si cette maxime est
une véritable règle de théâtre, j'ai failli, et si c'est
en ce point seul que consiste l'utilité de la poésie,
je n'y en ai point mêlé. Pour le premier, je n'ai qu'à
vous dire que cette règle imaginaire est entièrement
contre la pratique des Anciens, et sans aller chercher des exemples parmi les Grecs, Sénèque, qui en
a tiré presque tous ses sujets, nous en fournit assez.
Médée brave Jason après avoir brûlé le palais royal,
fait périr le roi et sa fille, et tue ses enfants. Dans *La
Troade*[1], Ulysse précipite Astyanax, et Pyrrhus immole Polyxène, tous deux impunément. Dans *Agamemnon*, il est assassiné par sa femme, et par son
adultère qui s'empare de son trône, sans qu'on voie
tomber de foudre sur leurs têtes ; Atrée même dans
le *Thyeste* triomphe de son misérable frère, après lui
avoir fait manger ses enfants. Et dans les comédies
de Plaute et de Térence, que voyons-nous autre
chose que des jeunes fous qui, après avoir par quelque tromperie tiré de l'argent de leurs pères pour
dépenser à la suite de leurs amours déréglées, sont

enfin richement mariés ; et des esclaves qui, après
avoir conduit tout l'intrigue[1], et servi de ministres à
leurs débauches, obtiennent leur liberté pour récompense ? Ce sont des exemples qui ne seraient
non plus propres à imiter que les mauvaises finesses
de notre Menteur. Vous me demanderez en quoi
donc consiste cette utilité de la poésie, qui en doit
être un des grands ornements, et qui relève si haut
le mérite du poète quand il en enrichit son ouvrage ? J'en trouve deux à mon sens, l'une empruntée
de la morale, l'autre qui lui est particulière. Celle-là
se rencontre aux sentences et réflexions que l'on
peut adroitement semer presque partout ; celle-ci
en la naïve[2] peinture des vices et des vertus. Pourvu
qu'on les sache mettre en leur jour, et les faire connaître par leurs véritables caractères, celles-ci se
feront aimer, quoique malheureuses, et ceux-là se
feront détester, quoique triomphants. Et comme le
portrait d'une laide femme ne laisse pas d'être
beau, et qu'il n'est pas besoin d'avertir que l'original n'en est pas aimable, pour empêcher qu'on
l'aime, il en est de même dans notre peinture par-
lante : quand le crime est bien peint de ses couleurs,
quand les imperfections sont bien figurées, il n'est
pas besoin d'en faire voir un mauvais succès[3] à la
fin pour avertir qu'il ne les faut pas imiter. Et je
m'assure que toutes les fois que *Le Menteur* a été représenté, bien qu'on l'ait vu sortir du théâtre pour
aller épouser l'objet de ses derniers désirs, il n'y a
eu personne qui se soit proposé son exemple pour
acquérir une maîtresse, et qui n'ait pris toutes ses
fourbes, quoique heureuses, pour des friponneries
d'écolier, dont il faut qu'on se corrige avec soin, si

l'on veut passer pour honnête homme. Je vous dirais qu'il y a encore une autre utilité propre à la tragédie, qui est la purgation des passions ; mais ce n'est pas ici le lieu d'en parler, puisque ce n'est qu'une comédie que je vous présente. Vous y pourrez rencontrer en quelques endroits ces deux sortes d'utilités dont je vous viens d'entretenir ; je voudrais que le peuple y eût trouvé autant d'agréable, afin que je vous pusse présenter quelque chose qui eût mieux atteint le but de l'art. Telle qu'elle est, je vous la donne aussi bien que la première, et demeure de tout mon cœur,

      Monsieur,

                  Votre très humble serviteur,

                      CORNEILLE.

EXAMEN
[1660-1682]

L'effet de celle-ci n'a pas été si avantageux que celui de la précédente, bien qu'elle soit mieux écrite. L'original espagnol est de Lope de Vègue sans contredit[1], et a ce défaut, que ce n'est que le valet qui fait rire, au lieu qu'en l'autre les principaux agréments sont dans la bouche du maître. L'on a pu voir par les divers succès, quelle différence il y a entre les railleries spirituelles d'un honnête homme de bonne humeur, et les bouffonneries froides d'un plaisant à gages. L'obscurité que fait en celle-ci le rapport à l'autre a pu contribuer quelque chose à sa disgrâce, y ayant beaucoup de choses qu'on ne peut entendre, si l'on n'a l'idée présente du *Menteur*. Elle a encore quelques défauts particuliers. Au second acte Cléandre raconte à sa sœur la générosité de Dorante qu'on a vue au premier, contre la maxime, qu'il ne faut jamais faire raconter ce que le spectateur a déjà vu. Le cinquième est trop sérieux pour une pièce si enjouée, et n'a rien de plaisant que la première scène entre un valet et une servante. Cela plaît si fort en

Espagne, qu'ils font souvent parler bas les amants
de condition, pour donner lieu à ces sortes de gens
de s'entre-dire des badinages ; mais en France ce
n'est pas le goût de l'auditoire. Leur entretien est
plus supportable au premier acte cependant que
Dorante écrit, car il ne faut jamais laisser le théâtre
sans qu'on y agisse, et l'on n'y agit qu'en parlant.
Ainsi Dorante qui écrit ne le remplit pas assez, et
toutes les fois que cela arrive, il faut fournir l'action
par d'autres gens qui parlent. Le second débute par
une adresse digne d'être remarquée, et dont on
peut former cette règle, que quand on a quelque
occasion de louer une lettre, un billet, ou quelque
autre pièce éloquente ou spirituelle, il ne faut
jamais la faire voir : parce qu'alors c'est une propre
louange que le poète se donne à soi-même, et souvent le mérite de la chose répond si mal aux éloges
qu'on en fait, que j'ai vu des Stances présentées à
une Maîtresse qu'elle vantait d'une haute excellence, bien qu'elles fussent très médiocres, et cela
devenait ridicule. Mélisse loue ici la lettre que Dorante lui a écrite, et comme elle ne la lit point, l'auditeur a lieu de croire qu'elle est aussi bien faite
qu'elle le dit. Bien que d'abord cette pièce n'eut pas
grande approbation, quatre ou cinq ans après la
Troupe du Marais la remit sur le théâtre avec un
succès plus heureux, mais aucune des Troupes qui
courent les provinces ne s'en est chargée. Le contraire est arrivé de *Théodore,* que les Troupes de Paris
n'y ont point rétablie depuis sa disgrâce, mais que
celles des provinces y ont fait assez passablement
réussir.

ACTEURS

DORANTE.
CLITON, Valet de Dorante.
CLÉANDRE, Gentilhomme de Lyon.
MÉLISSE, Sœur de Cléandre.
PHILISTE, Ami de Dorante, et Amoureux de Mélisse [1].
LYSE, Femme de chambre de Mélisse [2].
UN PRÉVÔT.

La scène est à Lyon.

ACTE PREMIER

SCÈNE PREMIÈRE

DORANTE, CLITON

Dorante paraît écrivant dans une prison, et le Geôlier ouvrant la porte à Cliton et le lui montrant.

CLITON

Ah ! Monsieur, c'est donc vous ?

DORANTE

Cliton, je te revois !

CLITON

Je vous trouve, Monsieur, dans la maison du Roi[1] !
Quel charme[2], quel désordre, ou quelle raillerie
Des prisons de Lyon fait votre hôtellerie ?

DORANTE

5 Tu le sauras tantôt, mais qui t'amène ici ?

CLITON

Les soins de vous chercher.

DORANTE

                    Tu prends trop de souci,
Et bien qu'après deux ans ton devoir s'en avise,
Ta rencontre me plaît, j'en aime la surprise,
Ce devoir, quoique tard, enfin s'est éveillé.

CLITON

10 Et qui savait, Monsieur, où vous étiez allé ?
Vous ne nous témoigniez qu'ardeur, et qu'allégresse,
Qu'impatients désirs de posséder Lucrèce,
L'argent était touché, les accords publiés,
Le festin commandé, les parents conviés[1],
15 Les violons choisis, ainsi que la journée,
Rien ne semblait plus sûr qu'un si proche Hyménée ;
Et parmi ces apprêts, la nuit d'auparavant,
Vous sûtes faire gille[2], et fendîtes le vent.
Comme il ne fut jamais d'Éclipse plus obscure,
20 Chacun sur ce départ forma sa conjecture.
Tous s'entre-regardaient, étonnés, ébahis,
L'un disait : « Il est jeune, il veut voir le pays »,
L'autre : « Il s'est allé battre, il a quelque querelle »,
L'autre d'une autre idée embrouillait sa cervelle ;
25 Et tel vous soupçonnait de quelque guérison
D'un mal privilégié dont je tairai le nom[3].
Pour moi j'écoutais tout, et mis dans mon caprice
Qu'on ne devinait rien que par votre artifice ;
Ainsi ce qui chez eux prenait plus de crédit
30 M'était aussi suspect que si vous l'eussiez dit,
Et tout simple et doucet, sans chercher de finesse,

Attendant le boiteux[1], je consolais Lucrèce.

DORANTE

Je l'aimais, je te jure, et pour la posséder
Mon amour mille fois voulut tout hasarder ;
35 Mais quand j'eus bien pensé que j'allais à mon âge
Au sortir de Poitiers entrer au Mariage,
Que j'eus considéré ses chaînes de plus près,
Son visage à ce prix n'eut plus pour moi d'attraits.
L'horreur d'un tel lien m'en fit de la Maîtresse,
40 Je crus qu'il fallait mieux employer ma jeunesse,
Et que quelques appas qui pussent me ravir,
C'était mal en user que si tôt m'asservir.
Je combats toutefois, mais le temps qui s'avance
Me fait précipiter en cette extravagance,
45 Et la tentation de tant d'argent touché
M'achève de pousser où j'étais trop penché.
Que l'argent est commode à faire une folie !
L'argent me fait résoudre à courir l'Italie,
Je pars de nuit en poste[2], et d'un soin diligent
50 Je quitte la Maîtresse, et j'emporte l'argent.
Mais dis-moi, que fit-elle, et que dit lors son père ?
Le mien, ou je me trompe, était fort en colère ?

CLITON

D'abord de part et d'autre on vous attend sans bruit ;
Un jour se passe, deux, trois, quatre, cinq, six, huit.
55 Enfin n'espérant plus, on éclate, on foudroie,
Lucrèce par dépit témoigne de la joie,
Chante, danse, discourt, rit, mais sur mon honneur
Elle enrageait, Monsieur, dans l'âme, et de bon cœur.
Ce grand bruit s'accommode[3], et pour plâtrer l'affaire
60 La pauvre délaissée épouse votre père,

Et rongeant dans son cœur son déplaisir secret
D'un visage content prend le change[1] à regret.
L'éclat d'un tel affront l'ayant trop décriée,
Il n'est à son avis que d'être mariée,
65 Et comme en un naufrage on se prend où l'on peut,
En fille obéissante elle veut ce qu'on veut.
Voilà donc le bonhomme enfin à sa seconde[2],
C'est-à-dire qu'il prend la poste à l'autre Monde,
Un peu moins de deux mois le met dans le cercueil.

DORANTE

70 J'ai su sa mort à Rome, où j'en ai pris le deuil.

CLITON

Elle a laissé chez vous un diable de ménage.
Ville prise d'assaut n'est pas mieux au pillage,
La Veuve et les Cousins, chacun y fait pour soi
Comme fait un Traitant[3] pour les deniers du Roi ;
75 Où qu'ils jettent la main, ils font rafles entières,
Ils ne pardonnent pas même au plomb des gouttières,
Et ce sera beaucoup, si vous trouvez chez vous,
Quand vous y rentrerez, deux gonds, et quatre clous.
J'apprends qu'on vous a vu cependant à Florence,
80 Pour vous donner avis, je pars en diligence[4],
Et je suis étonné qu'en entrant dans Lyon
Je vois courir du peuple avec émotion[5] ;
Je veux voir ce que c'est, et je vois, ce me semble,
Pousser dans la prison quelqu'un qui vous ressemble,
85 On m'y permet l'entrée, et vous trouvant ici
Je trouve en même temps mon voyage accourci.
Voilà mon aventure, apprenez-moi la vôtre.

DORANTE

La mienne est bien étrange, on me prend pour un autre.

CLITON

J'eusse osé le gager. Est-ce meurtre ou larcin ?

DORANTE

90 Suis-je fait en voleur, ou bien en assassin,
Traître, en ai-je l'habit, ou la mine, ou la taille ?

CLITON

Connaît-on à l'habit aujourd'hui la canaille,
Et n'est-il point, Monsieur, à Paris de filous
Et de taille, et de mine, aussi bonnes que vous ?

DORANTE

95 Tu dis vrai, mais écoute. Après une querelle
Qu'à Florence un jaloux me fit pour quelque belle,
J'eus avis que ma vie y courait du danger :
Ainsi donc sans trompette il fallut déloger.
Je pars seul, et de nuit, et prends ma route en France,
100 Où sitôt que je suis en pays d'assurance,
Comme d'avoir couru je me sens un peu las,
J'abandonne la poste, et viens au petit pas.
Approchant de Lyon je vois dans la campagne...

CLITON, *bas.*

N'aurons-nous point ici de guerres d'Allemagne [1] ?

DORANTE

105 Que dis-tu ?

CLITON

Rien, Monsieur, je gronde entre mes dents
Du malheur qui suivra ces rares incidents ;
J'en ai l'âme déjà toute préoccupée.

DORANTE

Donc à deux Cavaliers je vois tirer l'épée,
Et pour en empêcher l'événement fatal,
110 J'y cours la mienne au poing, et descends de cheval.
L'un et l'autre voyant à quoi je me prépare
Se hâte d'achever, avant qu'on les sépare,
Presse sans perdre temps, si bien qu'à mon abord
D'un coup que l'un allonge il blesse l'autre à mort.
115 Je me jette au blessé, je l'embrasse, et j'essaie
Pour arrêter son sang de lui bander sa plaie,
L'autre, sans perdre temps en cet événement,
Saute sur mon cheval, le presse vivement,
Disparaît, et mettant à couvert le coupable,
120 Me laisse auprès du mort faire le charitable.
Ce fut en cet état, les doigts de sang souillés,
Qu'au bruit de ce duel trois Sergents éveillés,
Tout gonflés de l'espoir d'une bonne lippée[1],
Me découvrirent seul, et la main à l'épée.
125 Lors, suivant du métier le serment solennel,
Mon argent fut pour eux le premier criminel,
Et s'en étant saisis aux premières approches
Ces Messieurs pour prison lui donnèrent leurs poches,
Et moi, non sans couleur[2], encor qu'injustement,
130 Je fus conduit par eux en cet appartement.
Qui te fait ainsi rire, et qu'est-ce que tu penses ?

CLITON

Je trouve ici, Monsieur, beaucoup de circonstances[1],
Vous en avez sans doute un trésor infini.
Votre Hymen de Poitiers n'en fut pas mieux fourni,
135 Et le cheval surtout vaut en cette rencontre
Le pistolet ensemble, et l'épée, et la Montre[2].

DORANTE

Je me suis bien défait de ces traits d'écolier
Dont l'usage autrefois m'était si familier,
Et maintenant, Cliton, je vis en honnête homme.

CLITON

140 Vous êtes amendé du voyage de Rome,
Et votre âme en ce lieu réduite au repentir
Fait mentir le Proverbe[3], en cessant de mentir !
Ah ! j'aurais plutôt cru...

DORANTE

                    Le temps m'a fait connaître
Quelle indignité c'est et quel mal en peut naître.

CLITON

145 Quoi ? ce duel, ces coups si justement portés,
Ce cheval, ces Sergents...

DORANTE

                    Autant de vérités.

CLITON

J'en suis fâché pour vous, Monsieur, et surtout d'une,
Que je ne compte pas à petite infortune.

Vous êtes prisonnier et n'avez point d'argent ;
150 Vous serez criminel.

DORANTE

Je suis trop innocent.

CLITON

Ah ! Monsieur, sans argent est-il de l'innocence ?

DORANTE

Fort peu, mais dans ces murs Philiste a pris naissance,
Et comme il est parent des premiers Magistrats,
Soit d'argent, soit d'amis, nous n'en manquerons pas.
155 J'ai su qu'il est en ville, et lui venais d'écrire
Lorsqu'ici le Concierge est venu t'introduire.
Va lui porter ma lettre.

CLITON

Avec un tel secours,
Vous serez innocent avant qu'il soit deux jours.
Mais je ne comprends rien à ces nouveaux mystères.
160 Les filles doivent être ici fort volontaires,
Jusque dans la prison elles cherchent les gens.

SCÈNE II

DORANTE, CLITON, LYSE

CLITON, *à Lyse.*

Il ne fait que sortir des mains de trois Sergents,
Je t'en veux avertir, un fol espoir te trouble,

Il cajole des mieux, mais il n'a pas le Double[1].

LYSE

165 J'en apporte pour lui.

CLITON

                    Pour lui ! tu m'as dupé,
Et je doute sans toi si nous aurions soupé.

LYSE, *montrant une bourse.*

Avec ce passeport suis-je la bienvenue ?

CLITON

Tu nous vas à tous deux donner dedans la vue[2].

LYSE

Ai-je bien pris mon temps ?

CLITON

                    Le mieux qu'il se pouvait.
170 C'est une honnête fille, et Dieu nous la devait,
Monsieur, écoutez-la.

DORANTE

                    Que veut-elle ?

LYSE

                    Une Dame
Vous offre en cette lettre un cœur tout plein de flamme.

DORANTE

Une Dame ?

CLITON

Lisez sans faire de façons,
Dieu nous aime, Monsieur, comme nous sommes bons,
175 Et ce n'est pas là tout, l'amour ouvre son coffre,
Et l'argent qu'elle tient vaut bien le cœur qu'elle offre.

DORANTE *lit.*

Au bruit du monde qui vous conduisait prisonnier, j'ai mis les yeux à la fenêtre, et vous ai trouvé de si bonne mine, que mon cœur est allé dans la même prison que vous, et n'en veut point sortir, tant que vous y serez. Je ferai mon possible pour vous en tirer au plus tôt. Cependant obligez-moi de vous servir de ces cent pistoles[1] que je vous envoie ; vous en pouvez avoir besoin en l'état où vous êtes, et il m'en demeure assez d'autres à votre service.

DORANTE *continue.*

Cette lettre est sans nom.

CLITON

Les mots en sont François

À Lyse.

Dis-moi, sont-ce louis, ou pistoles de poids[2] ?

DORANTE

Tais-toi.

LYSE, *à Dorante.*

Pour ma maîtresse il est de conséquence
180 De vous taire deux jours son nom, et sa naissance,
Ce secret trop tôt su peut la perdre d'honneur.

DORANTE

Je serai cependant aveugle en mon bonheur,
Et d'un si grand bienfait j'ignorerai la source ?

CLITON, *à Dorante.*

Curiosité bas, prenons toujours la bourse,
185 Souvent c'est perdre tout, que vouloir tout savoir.

LYSE, *à Dorante.*

Puis-je la lui donner ?

CLITON, *à Lyse.*

           Donne, j'ai tout pouvoir,
Quand même ce serait le trésor de Venise.

DORANTE

Tout beau, tout beau, Cliton, il nous faut...

CLITON

                       Lâcher prise ?
Quoi, c'est ainsi, Monsieur...

DORANTE

              Parleras-tu toujours ?

CLITON

190 Et voulez-vous du Ciel renvoyer le secours ?

DORANTE

Accepter de l'argent porte en soi quelque honte.

CLITON

Je m'en charge pour vous, et la prends pour mon
[compte.

DORANTE, *à Lyse.*

Écoute un mot.

CLITON

Je tremble, il va la refuser.

DORANTE

Ta maîtresse m'oblige.

CLITON

Il en veut mieux user.

195 Oyons.

DORANTE

Sa courtoisie est extrême, et m'étonne,
Mais...

CLITON

Le Diable de Mais.

DORANTE

Mais qu'elle me pardonne...

CLITON

Je me meurs, je suis mort.

DORANTE

Si j'en change l'effet,

Et reçois comme un prêt le don qu'elle me fait.

CLITON

Je suis ressuscité, prêt, ou don, ne m'importe.

DORANTE, *à Cliton, et puis à Lyse.*

200 Prends. Je le lui rendrai, même avant que je sorte.

CLITON, *à Lyse.*

Écoute un mot. Tu peux t'en aller à l'instant,
Et revenir demain avec encore autant.
Et vous, Monsieur, songez à changer de demeure,
Vous serez innocent avant qu'il soit une heure.

DORANTE, *à Cliton et puis à Lyse.*

205 Ne me romps plus la tête, et toi, tarde un moment,
J'écris à ta maîtresse un mot de compliment.

> *Dorante va écrire sur la table.*

CLITON

Dirons-nous cependant deux mots de guerre ensemble ?

LYSE

Disons.

CLITON

Contemple-moi.

LYSE

Toi ?

CLITON

Oui, moi. Que t'en semble ?
Dis.

LYSE

Que tout vert et rouge ainsi qu'un perroquet,
210 Tu n'es que bien en cage, et n'as que du caquet.

CLITON

Tu ris, cette action[1], qu'est-elle ?

LYSE

Ridicule.

CLITON

Et cette main ?

LYSE

De taille à bien ferrer la mule[2].

CLITON

Cette jambe, ce pied ?

LYSE

Si tu sors des prisons,
Dignes de t'installer aux petites-maisons[3].

CLITON

215 Ce front ?

LYSE

Est un peu creux.

CLITON

Cette tête ?

LYSE

Un peu folle.

CLITON

Ce ton de voix enfin avec cette parole ?

LYSE

Ah ! c'est là que mes sens demeurent étonnés,
Le ton de voix est rare, aussi bien que le nez[1].

CLITON

Je meure, ton humeur me semble si jolie[2],
220 Que tu me vas résoudre à faire une folie.
Touche, je veux t'aimer, tu seras mon souci[3].
Nos maîtres font l'amour[4], nous le ferons aussi.
J'aurai mille beaux mots tous les jours à te dire,
Je coucherai de[5] feux, de sanglots, de martyre,
225 Je te dirai : « Je meurs, je suis dans les abois,
Je brûle... »

LYSE

Et tout cela de ce beau ton de voix ?
Ah ! si tu m'entreprends deux jours de cette sorte,
Mon cœur est déconfit[6], et je me tiens pour morte.
Si tu me veux en vie, affaiblis ces attraits,
230 Et retiens pour le moins la moitié de leurs traits.

CLITON

Tu sais même charmer alors que tu te moques,

Gouverne doucement l'âme que tu m'escroques,
On a traité mon maître avec moins de rigueur,
On n'a pris que sa bourse, et tu prends jusqu'au cœur.

LYSE

235 Il est riche ton maître ?

CLITON

Assez.

LYSE

Et Gentilhomme ?

CLITON

Il le dit.

LYSE

Il demeure ?

CLITON

À Paris.

LYSE

Et se nomme ?

DORANTE, *fouillant dans la bourse.*

Porte-lui cette lettre, et reçois...

CLITON, *lui retenant le bras.*

Sans compter ?

DORANTE

Cette part de l'argent que tu viens d'apporter.

CLITON

Elle n'en prendra pas, Monsieur, je vous proteste.

LYSE

240 Celle qui vous l'envoie en a pour moi de reste.

CLITON

Je vous le disais bien, elle a le cœur trop bon.

LYSE

Lui pourrai-je, Monsieur, apprendre votre nom ?

DORANTE

Il est dans mon billet, mais prends, je t'en conjure.

CLITON

Vous faut-il dire encor que c'est lui faire injure ?

LYSE

245 Vous perdez temps, Monsieur, je sais trop mon devoir.
Adieu, dans peu de temps je viendrai vous revoir,
Et porte tant de joie à celle qui vous aime,
Qu'elle rapportera la réponse elle-même.

CLITON

Adieu, belle railleuse.

LYSE

Adieu, cher babillard[1].

SCÈNE III

DORANTE, CLITON

DORANTE

250 Cette fille est jolie, elle a l'esprit gaillard.

CLITON

J'en estime l'humeur, j'en aime le visage,
Mais plus que tous les deux, j'adore son message.

DORANTE

C'est celle dont il vient qu'il en faut estimer,
C'est elle qui me charme, et que je veux aimer.

CLITON

255 Quoi ? vous voulez, Monsieur, aimer cette inconnue ?

DORANTE

Oui, je la veux aimer, Cliton.

CLITON

         Sans l'avoir vue ?

DORANTE

Un si rare bienfait en un besoin pressant
S'empare puissamment d'un cœur reconnaissant.
Et comme de soi-même il marque un grand mérite,
260 Dessous cette couleur il parle, il sollicite,
Peint l'objet aussi beau, qu'on le voit généreux,

Et si l'on n'est ingrat, il faut être amoureux.

CLITON

Votre amour va toujours d'un étrange caprice.
Dès l'abord autrefois vous aimâtes Clarice,
265 Celle-ci sans la voir ; mais, Monsieur, votre nom,
Lui deviez-vous l'apprendre, et si tôt ?

DORANTE

                              Pourquoi non ?
J'ai cru le devoir faire et l'ai fait avec joie.

CLITON

Il est plus décrié que la fausse monnoie.

DORANTE

Mon nom ?

CLITON

              Oui, dans Paris en langage commun
270 Dorante et le Menteur à présent ce n'est qu'un,
Et vous y possédez ce haut degré de gloire,
Qu'en une Comédie on a mis votre histoire.

DORANTE

En une Comédie ?

CLITON

                  Et si naïvement[1]
Que j'ai cru la voyant voir un enchantement.
275 On y voit un Dorante avec votre visage,
On le prendrait pour vous, il a votre air, votre âge,
Vos yeux, votre action, votre maigre embonpoint[2],

Et paraît comme vous adroit au dernier point.
Comme à l'événement j'ai part à la peinture,
280 Après votre portrait on produit ma figure,
Le Héros de la Farce, un certain Jodelet,
Fait marcher après vous votre digne valet,
Il a jusqu'à mon nez, et jusqu'à ma parole,
Et nous avons tous deux appris en même école.
285 C'est l'original même, il vaut ce que je vaux,
Si quelque autre s'en mêle, on peut s'inscrire en faux,
Et tout autre que lui dans cette Comédie
N'en fera jamais voir qu'une fausse copie.
Pour Clarice, et Lucrèce, elles en ont quelque air,
290 Philiste avec Alcippe y vient vous accorder,
Votre feu père même est joué sous le masque [1].

CENTER DORANTE

Cette pièce doit être, et plaisante, et fantasque :
Mais son nom ?

CENTER CLITON

Votre nom de guerre, LE MENTEUR.

CENTER DORANTE

Les Vers en sont-ils bons ? fait-on cas de l'Auteur ?

CENTER CLITON

295 La Pièce a réussi, quoique faible de style,
Et d'un nouveau Proverbe elle enrichit la Ville,
De sorte qu'aujourd'hui presque en tous les quartiers
On dit, quand quelqu'un ment, qu'il revient de Poitiers.
Et pour moi, c'est bien pis, je n'ose plus paraître,
300 Ce maraud de farceur m'a fait si bien connaître,
Que les petits enfants, sitôt qu'on m'aperçoit,

Me courent dans la rue, et me montrent au doigt,
Et chacun rit de voir les Courtauds de boutique[1],
Grossissant à l'envi leur chienne de Musique,
305 Se rompre le gosier dans cette belle humeur,
À crier après moi : LE VALET DU MENTEUR.
Vous en riez vous-même ?

DORANTE

Il faut bien que j'en rie ?

CLITON

Je n'y trouve que rire[2], et cela vous décrie[3],
Mais si bien, qu'à présent voulant vous marier,
310 Vous ne trouveriez pas la fille d'un Huissier,
Pas celle d'un recors, pas d'un cabaret même.

DORANTE

Il faut donc avancer près de celle qui m'aime,
Comme Paris est loin, si je ne suis déçu,
Nous pourrons réussir, avant qu'elle ait rien su.
315 Mais quelqu'un vient à nous, et j'entends du murmure.

SCÈNE IV

LE PRÉVÔT, CLÉANDRE, DORANTE, CLITON

CLÉANDRE, *au Prévôt.*

Ah ! je suis innocent, vous me faites injure.

LE PRÉVÔT, *à Cléandre.*

Si vous l'êtes, Monsieur, ne craignez aucun mal,

Mais comme enfin le mort était votre rival,
Et que le prisonnier proteste d'innocence,
320 Je dois sur ce soupçon vous mettre en sa présence.

CLÉANDRE, *au Prévôt.*

Et si pour s'affranchir il ose me charger ?

LE PRÉVÔT, *à Cléandre.*

La Justice entre vous en saura bien juger,
Souffrez paisiblement que l'ordre s'exécute.

À Dorante.

Vous avez vu, Monsieur, le coup qu'on vous impute,
325 Voyez ce Cavalier, en serait-il l'auteur ?

CLÉANDRE, *bas.*

Il va me reconnaître. Ah Dieu ! je meurs de peur.

DORANTE, *au Prévôt.*

Souffrez que j'examine à loisir son visage.

Bas.

C'est lui, mais il n'a fait qu'en homme de courage,
Ce serait lâcheté, quoi qu'il puisse arriver,
330 De perdre un si grand cœur, quand je puis le sauver.
Ne le découvrons point.

CLÉANDRE, *bas.*

Il me connaît[1], je tremble.

DORANTE, *au Prévôt.*

Ce Cavalier, Monsieur, n'a rien qui lui ressemble,
L'autre est de moindre taille, il a le poil plus blond,

Le teint plus coloré, le visage plus rond,
335 Et je le connais moins, tant plus je le contemple.

CLÉANDRE, bas.

Ô générosité qui n'eut jamais d'exemple !

DORANTE

L'habit même est tout autre.

LE PRÉVÔT

> Enfin ce n'est pas lui ?

DORANTE

Non, il n'a point de part au duel d'aujourd'hui.

LE PRÉVÔT, à Cléandre.

Je suis ravi, Monsieur, de voir votre innocence
340 Assurée à présent par sa reconnaissance,
Sortez quand vous voudrez, vous avez tout pouvoir :
Excusez la rigueur qu'a voulu mon devoir.
Adieu.

CLÉANDRE, au Prévôt.

Vous avez fait le dû de votre office.

SCÈNE V

DORANTE, CLÉANDRE, CLITON

DORANTE, à Cléandre.

Mon Cavalier, pour vous je me fais injustice,

345 Je vous tiens pour brave homme, et vous reconnais bien,
   Faites votre devoir, comme j'ai fait le mien.

CLÉANDRE

Monsieur...

DORANTE

                    Point de réplique, on pourrait nous entendre.

CLÉANDRE

Sachez donc seulement qu'on m'appelle Cléandre,
Que je sais mon devoir, que j'en prendrai souci,
350 Et que je périrai, pour vous tirer d'ici.

SCÈNE VI

DORANTE, CLITON

DORANTE

N'est-il pas vrai, Cliton, que c'eût été dommage
De livrer au malheur ce généreux courage !
J'avais entre mes mains, et sa vie, et sa mort,
Et je me viens de voir arbitre de son sort.

CLITON

355 Quoi ? c'est là donc, Monsieur...

DORANTE

                    Oui, c'est là le coupable.

CLITON

L'homme à votre cheval ?

DORANTE

Rien n'est si véritable.

CLITON

Je ne sais où j'en suis, et deviens tout confus.
Ne m'aviez-vous pas dit que vous ne mentiez plus ?

DORANTE

J'ai vu sur son visage un noble caractère
360 Qui me parlant pour lui m'a forcé de me taire,
Et d'une voix connue entre les gens de cœur
M'a dit qu'en le perdant, je me perdais d'honneur.
J'ai cru devoir mentir, pour sauver un brave homme.

CLITON

Et c'est ainsi, Monsieur, que l'on s'amende à Rome ?
365 Je me tiens au Proverbe, oui, courez, voyagez,
Je veux être Guenon si jamais vous changez,
Vous mentirez toujours, Monsieur, sur ma parole.
Croyez-moi que Poitiers est une bonne école,
Pour le bien du Public je veux le publier,
370 Les leçons qu'on y prend ne peuvent s'oublier.

DORANTE

Je ne mens plus, Cliton, je t'en donne assurance,
Mais en un tel sujet l'occasion dispense.

CLITON

Vous en prendrez autant comme vous en verrez,

Menteur vous voulez vivre, et menteur vous mourrez,
375 Et l'on dira de vous pour Oraison funèbre :
« C'était en menterie un Auteur très célèbre,
Qui sut y raffiner de si digne façon
Qu'aux maîtres du métier il en eût fait leçon,
Et qui tant qu'il vécut, sans craindre aucune risque[1],
380 Aux plus forts d'après lui pût donner quinze et bisque[2]. »

DORANTE

Je n'ai plus qu'à mourir, mon Épitaphe est fait[3],
Et tu m'érigeras en Cavalier parfait.
Tu ferais violence à l'humeur la plus triste ;
Mais sans plus badiner, va-t'en chercher Philiste,
385 Donne-lui cette lettre, et moi, sans plus mentir,
Avec les prisonniers j'irai me divertir.

FIN DU PREMIER ACTE

ACTE II

SCÈNE PREMIÈRE

MÉLISSE, LYSE

MÉLISSE, *tenant une lettre ouverte en sa main.*

Certes il écrit bien, sa lettre est excellente.

LYSE

Madame, sa personne est encor plus galante,
Tout est charmant en lui, sa grâce, son maintien...

MÉLISSE

390 Il semble que déjà tu lui veuilles du bien ?

LYSE

J'en trouve, à dire vrai, la rencontre si belle,
Que je voudrais l'aimer, si j'étais Demoiselle [1].
Il est riche, et de plus, il demeure à Paris,
Où des Dames, dit-on, est le vrai Paradis,
395 Et ce qui vaut bien mieux que toutes ces richesses,
Les maris y sont bons, et les femmes maîtresses ;
Je vous le dis encor, je m'y passerais bien [2],

Et si j'étais son fait[1], il serait fort le mien[2].

MÉLISSE

Tu n'es pas dégoûtée. Enfin Lyse, sans rire,
400 C'est un homme bien fait ?

LYSE

> Plus que je ne puis dire.

MÉLISSE

À sa lettre il paraît qu'il a beaucoup d'esprit ;
Mais dis-moi, parle-t-il aussi bien qu'il écrit ?

LYSE

Pour lui faire en discours montrer son éloquence,
Il lui faudrait des gens de plus de conséquence[3] ;
405 C'est à vous d'éprouver ce que vous demandez.

MÉLISSE

Et que croit-il de moi ?

LYSE

> Ce que vous lui mandez[4],
Que vous l'avez tantôt vu par votre fenêtre,
Que vous l'aimez déjà.

MÉLISSE

> Cela pourrait bien être.

LYSE

Sans l'avoir jamais vu ?

MÉLISSE

J'écris bien sans le voir.

LYSE

410 Mais vous suivez d'un frère un absolu pouvoir,
     Qui vous ayant conté par quel bonheur étrange
     Il s'est mis à couvert de la mort de Florange,
     Se sert de cette feinte, en cachant votre nom,
     Pour lui donner secours dedans cette prison.
415 L'y voyant en sa place il fait ce qu'il doit faire.

MÉLISSE

     Je n'écrivais tantôt qu'à dessein de lui plaire,
     Mais, Lyse, maintenant j'ai pitié de l'ennui[1]
     D'un homme si bien fait, qui souffre pour autrui,
     Et, par quelques motifs que je vienne d'écrire,
420 Il est de mon honneur de ne m'en pas dédire.
     La lettre est de ma main, elle parle d'amour,
     S'il ne sait qui je suis, il peut l'apprendre un jour,
     Un tel gage m'oblige à lui tenir parole,
     Ce qu'on met par écrit passe[2] une amour frivole,
425 Puisqu'il a du mérite, on ne m'en peut blâmer,
     Et je lui dois mon cœur, s'il daigne l'estimer.
     Je m'en forme en idée une image si rare
     Qu'elle pourrait gagner l'âme la plus barbare,
     L'amour en est le peintre, et ton rapport flatteur
430 En fournit les couleurs à ce doux enchanteur.

LYSE

     Tout comme vous l'aimez, vous verrez qu'il vous aime,
     Si vous vous engagez, il s'engage de même,
     Et se forme de vous un tableau si parfait,

Que c'est lettre pour lettre, et portrait pour portrait.
435 Il faut que votre amour plaisamment s'entretienne,
Il sera votre idée[1], et vous serez la sienne,
L'alliance est mignarde[2], et cette nouveauté
Surtout dans une lettre aura grande beauté,
Quand vous y souscrirez[3] pour Dorante ou Mélisse :
440 « Votre très humble idée à vous rendre service. »
Vous vous moquez, Madame, et loin d'y consentir,
Vous n'en parlez ainsi que pour vous divertir.

MÉLISSE

Je ne me moque point.

LYSE

    Et que fera, Madame,
Cet autre cavalier dont vous possédez l'âme,
445 Votre Amant ?

MÉLISSE

   Qui ?

LYSE

   Philiste.

MÉLISSE

    Ah ! ne présume pas
Que son cœur soit sensible au peu que j'ai d'appas,
Il fait mine d'aimer, mais sa galanterie
N'est qu'un amusement, et qu'une raillerie.

LYSE

Il est riche, et parent des premiers de Lyon.

MÉLISSE

450 Et c'est ce qui le porte à plus d'ambition.
　S'il me voit quelquefois, c'est comme par surprise,
　Dans ses civilités on dirait qu'il méprise,
　Qu'un seul mot de sa bouche est un rare bonheur,
　Et qu'un de ses regards est un excès d'honneur.
455 L'amour même d'un Roi me serait importune,
　S'il fallait la tenir à si haute fortune ;
　La sienne est un trésor qu'il fait bien d'épargner,
　L'avantage est trop grand, j'y pourrais trop gagner.
　Il n'entre point chez nous, et quand il me rencontre,
460 Il semble qu'avec peine à mes yeux il se montre,
　Et prend l'occasion avec une froideur
　Qui craint en me parlant d'abaisser sa Grandeur.

LYSE

Peut-être il est timide, et n'ose davantage.

MÉLISSE

S'il craint, c'est que l'amour trop avant ne l'engage,
465 Il voit souvent mon frère, et ne parle de rien.

LYSE

Mais vous le recevez, ce me semble, assez bien ?

MÉLISSE

Comme je ne suis pas en amour des plus fines,
Faute d'autre, j'en souffre, et je lui rends ses mines[1] ;
Mais je commence à voir que de tels cajoleurs
470 Ne font qu'effaroucher les partis les meilleurs,
Et ne dois plus souffrir qu'avec cette grimace[2]
D'un véritable Amant il occupe la place.

LYSE

Je l'ai vu pour vous voir faire beaucoup de tours.

MÉLISSE

Qui l'empêche d'entrer, et me voir tous les jours ?
475 Cette façon d'agir est-elle plus polie ?
Croit-il...

LYSE

        Les amoureux ont chacun leur folie[1].
La sienne est de vous voir avec tant de respect,
Qu'il passe pour superbe[2], et vous devient suspect,
Et la vôtre, un dégoût de cette retenue,
480 Qui vous fait mépriser la personne connue,
Pour donner votre estime, et chercher avec soin
L'amour d'un inconnu, parce qu'il est de loin.

SCÈNE II

CLÉANDRE, MÉLISSE, LYSE

CLÉANDRE

Envers ce prisonnier as-tu fait cette feinte,
Ma sœur ?

MÉLISSE

        Sans me connaître il me croit l'âme atteinte,
485 Que je l'ai vu conduire en ce triste séjour,
Que ma lettre et l'argent sont des effets d'amour,
Et Lyse qui l'a vu m'en dit tant de merveilles
Qu'elle fait presque entrer l'amour par les oreilles.

CLÉANDRE

Ah, si tu savais tout !

MÉLISSE

                    Elle ne laisse rien,
490 Elle en vante l'esprit, la taille, le maintien,
Le visage attrayant, et la façon modeste.

CLÉANDRE

Ah, que c'est peu de chose, au prix de ce qui reste !

MÉLISSE

Que reste-t-il à dire ? un courage invaincu ?

CLÉANDRE

C'est le plus généreux qui jamais ait vécu,
495 C'est le cœur le plus noble, et l'âme la plus haute...

MÉLISSE

Quoi ? vous voulez, mon frère, ajouter à sa faute,
Percer avec ces traits un cœur qu'il[1] a blessé,
Et vous-même achever ce qu'elle a commencé ?

CLÉANDRE

Ma sœur, à peine sais-je encor comme il se nomme,
500 Et je sais qu'on n'a vu jamais plus honnête homme,
Et que ton frère enfin périrait aujourd'hui,
Si nous avions affaire à tout autre qu'à lui.
Quoique notre partie[2] ait été si secrète
Que j'en dusse espérer une sûre retraite,
505 Et que Florange et moi (comme je t'ai conté)
Afin que ce duel ne pût être éventé,

Sans prendre de seconds, l'eussions faite de sorte
Que chacun pour sortir choisît diverse porte,
Que nous n'eussions ensemble été vus de huit jours,
510 Que presque tout le monde ignorât nos amours,
Et que l'occasion me fut si favorable
Que je vis l'innocent saisi pour le coupable ;
(Je crois te l'avoir dit, qu'il nous vint séparer,
Et que sur son cheval je sus me retirer)
515 Comme je me montrais, afin que ma présence
Donnât lieu d'en juger une entière innocence,
Sur un bruit épandu[1], que le défunt et moi
D'une même beauté nous adorions la loi,
Un Prévôt soupçonneux me saisit dans la rue,
520 Me mène au prisonnier, et m'expose à sa vue.
Juge quel trouble j'eus de me voir en ces lieux :
Ce Cavalier me voit, m'examine des yeux,
Me reconnaît, je tremble encore à te le dire,
Mais apprends sa vertu, chère sœur, et l'admire.
525 Ce grand cœur, se voyant mon destin en la main,
Devient pour me sauver à soi-même inhumain,
Lui, qui souffre pour moi, sait mon crime, et le nie,
Dit que ce qu'on m'impute est une calomnie,
Dépeint le criminel de toute autre façon,
530 Oblige le Prévôt à sortir sans soupçon,
Me promet amitié, m'assure de se taire.
Voilà ce qu'il a fait, vois ce que je dois faire.

MÉLISSE

L'aimer, le secourir, et tous deux avouer
Qu'une telle vertu ne se peut trop louer.

CLÉANDRE

535 Si je l'ai plaint tantôt de souffrir pour mon crime,
Cette pitié, ma sœur, était bien légitime :
Mais ce n'est plus pitié, c'est obligation,
Et le devoir succède à la compassion.
Nos plus puissants secours ne sont qu'ingratitude,
540 Mets à les redoubler ton soin, et ton étude ;
Sous ce même prétexte et ces déguisements
Ajoute à ton argent, perles, et diamants,
Qu'il ne manque de rien, et pour sa délivrance
Je vais de mes amis faire agir la puissance.
545 Que si tous leurs efforts ne peuvent le tirer,
Pour m'acquitter vers lui j'irai me déclarer[1].
Adieu, de ton côté prends souci de me plaire,
Et vois ce que tu dois à qui te sauve un frère.

MÉLISSE

Je vous obéirai très ponctuellement.

SCÈNE III

MÉLISSE, LYSE

LYSE

550 Vous pouviez dire encor très volontairement,
Et la faveur du Ciel vous a bien conservée,
Si ces derniers discours ne vous ont achevée.
Le parti de Philiste a de quoi s'appuyer ;
Je n'en suis plus, Madame, il n'est bon qu'à noyer[2],
555 Il ne valut jamais un cheveu de Dorante.
Je puis vers la prison apprendre une Courante[3] ?

MÉLISSE

Oui, tu peux te résoudre encore à te crotter.

LYSE

Quels de vos diamants me faut-il lui porter ?

MÉLISSE

Mon frère va trop vite, et sa chaleur l'emporte
560 Jusqu'à connaître mal des gens de cette sorte.
Aussi comme son but est différent du mien,
Je dois prendre un chemin fort éloigné du sien.
Il est reconnaissant, et je suis amoureuse,
Il a peur d'être ingrat, et je veux être heureuse.
565 À force de présents il se croit acquitter,
Mais le redoublement ne fait que rebuter.
Si le premier oblige un homme de mérite,
Le second l'importune, et le reste l'irrite,
Et passé le besoin, quoi qu'on lui puisse offrir,
570 C'est un accablement qu'il ne saurait souffrir.
L'Amour est libéral, mais c'est avec adresse,
Le prix de ses présents est en leur gentillesse,
Et celui qu'à Dorante exprès tu vas porter,
Je veux qu'il le dérobe, au lieu de l'accepter.
575 Écoute une pratique[1] assez ingénieuse.

LYSE

Elle doit être belle, et fort mystérieuse.

MÉLISSE

Au lieu des diamants dont tu viens de parler,
Avec quelques douceurs il faut le régaler[2],
Entrer sous ce prétexte, et trouver quelque voie

580 Par où sans que j'y sois tu fasses qu'il me voie.
Porte-lui mon portrait, et comme sans dessein
Fais qu'il puisse aisément le surprendre en ton sein :
Feins lors pour le ravoir un déplaisir extrême,
S'il le rend, c'en est fait ; s'il le retient, il m'aime.

LYSE

585 À vous dire le vrai, vous en savez beaucoup.

MÉLISSE

L'Amour est un grand maître [1], il instruit tout d'un coup.

LYSE

Il vient de vous donner de belles tablatures [2].

MÉLISSE

Viens querir mon portrait avec des confitures,
Comme pourra Dorante en user bien, ou mal,
590 Nous résoudrons après touchant l'original.

SCÈNE IV

PHILISTE, DORANTE, CLITON, *dans la prison.*

DORANTE

Voilà, mon cher ami, la véritable histoire
D'une aventure étrange, et difficile à croire ;
Mais puisque je vous vois, mon sort est assez doux.

PHILISTE

L'aventure est étrange, et bien digne de vous,

595 Et si je n'en voyais la fin trop véritable,
J'aurais bien de la peine à la trouver croyable.
Vous me seriez suspect si vous étiez ailleurs.

CLITON

Ayez pour lui, Monsieur, des sentiments meilleurs,
Il s'est bien converti dans un si long voyage,
600 C'est tout un autre esprit sous le même visage,
Et tout ce qu'il débite est pure vérité,
S'il ne ment quelquefois par générosité.
C'est le même qui prit Clarice pour Lucrèce,
Qui fit jaloux Alcippe avec sa noble adresse[1],
605 Et malgré tout cela, le même toutefois
Depuis qu'il est ici n'a menti qu'une fois.

PHILISTE

En voudrais-tu jurer ?

CLITON

                    Oui, Monsieur, et j'en jure
Par le Dieu des Menteurs, dont il est créature,
Et, s'il vous faut encore un serment plus nouveau,
610 Par l'Hymen de Poitiers, et le festin sur l'eau[2].

PHILISTE

Laissant là ce badin, ami, je vous confesse
Qu'il me souvient toujours de vos traits de jeunesse.
Cent fois en cette ville aux meilleures maisons
J'en ai fait un bon conte en déguisant les noms,
615 J'en ai ri de bon cœur, et j'en ai bien fait rire,
Et quoi que maintenant je vous entende dire,
Ma mémoire toujours me les vient présenter,
Et m'en fait un rapport qui m'invite à douter.

DORANTE

Formez en ma faveur de plus saines pensées,
620 Ces petites humeurs sont aussitôt passées,
Et l'air du Monde change en bonnes qualités
Ces teintures qu'on prend aux Universités.

PHILISTE

Dès lors à cela près vous étiez en estime
D'avoir une âme noble, et grande, et magnanime.

CLITON

625 Je le disais dès lors, sans cette qualité
Vous n'eussiez pu jamais le payer de bonté.

DORANTE

Ne te tairas-tu point ?

CLITON

                   Dis-je rien qu'il ne sache,
Et fais-je à votre nom quelque nouvelle tache ?
N'était-il pas, Monsieur, avec Alcippe, et vous,
630 Quand ce festin en l'air le rendit si jaloux ?
Lui qui fut le témoin du conte que vous fîtes,
Lui qui vous sépara lorsque vous vous battîtes,
Ne sait-il pas encor les plus rusés détours
Dont votre esprit adroit bricola[1] vos amours ?

PHILISTE

635 Ami, ce flux de langue est trop grand pour se taire,
Mais sans plus l'écouter, parlons de votre affaire.
Elle me semble aisée, et j'ose me vanter
Qu'assez facilement je pourrai l'emporter :

Ceux dont elle dépend sont de ma connaissance,
640 Et même à la plupart je touche de naissance.
Le mort était d'ailleurs fort peu considéré,
Et chez les gens d'honneur on ne l'a point pleuré.
Sans perdre plus de temps souffrez que j'aille apprendre
Pour en venir à bout, quel chemin il faut prendre.
645 Ne vous attristez point cependant en prison,
On aura soin de vous, comme en votre maison,
Le Concierge en a l'ordre, il tient de moi sa place,
Et sitôt que je parle, il n'est rien qu'il ne fasse.

DORANTE

Ma joie est de vous voir, vous me l'allez ravir.

PHILISTE

650 Je prends congé de vous, pour vous aller servir ;
Cliton divertira votre mélancolie.

SCÈNE V

DORANTE, CLITON

CLITON

Comment va maintenant l'amour, ou la folie ?
Cette Dame obligeante au visage inconnu,
Qui s'empare des cœurs avec son revenu,
655 Est-elle encore aimable ? a-t-elle encor des charmes ?
Par générosité lui rendons-nous les armes ?

DORANTE

Cliton, je la tiens belle, et m'ose figurer

Qu'elle n'a rien en soi qu'on ne puisse adorer.
Qu'en imagines-tu ?

CLITON

J'en fais des conjectures,
660 Qui s'accordent fort mal avecque vos figures.
Vous payer par avance, et vous cacher son nom,
Quoi que vous présumiez, ne marque rien de bon.
À voir ce qu'elle a fait, et comme elle procède,
Je jurerais, Monsieur, qu'elle est ou vieille, ou laide,
665 Peut-être l'une et l'autre, et vous a regardé
Comme un galant commode, et fort incommodé[1].

DORANTE

Tu parles en brutal.

CLITON

Vous en visionnaire.
Mais si je disais vrai, que prétendez-vous faire ?

DORANTE

Envoyer, et la Dame, et les amours au vent.

CLITON

670 Mais vous avez reçu, quiconque prend se vend.

DORANTE

Quitte pour lui jeter son argent à la tête.

CLITON

Le compliment est doux, et la défaite honnête.
Tout de bon à ce coup vous êtes converti,
Je le soutiens, Monsieur, le Proverbe[2] a menti.

675 Sans scrupule autrefois, témoin votre Lucrèce,
Vous emportiez l'argent, et quittiez la Maîtresse ;
Mais Rome vous a fait si grand homme de bien,
Qu'à présent vous voulez rendre à chacun le sien.
Vous vous êtes instruit des cas de conscience[1].

DORANTE

680 Tu m'embrouilles l'esprit faute de patience,
Deux ou trois jours peut-être, un peu plus, un peu
                                        [moins,
Éclairciront ce trouble, et purgeront[2] ces soins.
Tu sais qu'on m'a promis que la beauté qui m'aime
Viendra me rapporter sa réponse elle-même,
685 Vois déjà sa servante, elle revient.

CLITON

                              Tant pis,
Dussiez-vous enrager, c'est ce que je vous dis,
Si fréquente ambassade, et Maîtresse invisible,
Sont de ma conjecture une preuve infaillible.
Voyons ce qu'elle veut, et si son passeport
690 Est aussi bien fourni comme au premier abord.

DORANTE

Veux-tu qu'à tous moments il pleuve des pistoles ?

CLITON

Qu'avons-nous, sans cela, besoin de ses paroles ?

SCÈNE VI

DORANTE, LYSE, CLITON

DORANTE, *à Lyse.*

Je ne t'espérais pas si soudain de retour.

LYSE

Vous jugerez par là d'un cœur qui meurt d'amour,
695   De vos civilités ma maîtresse est ravie,
Elle serait venue, elle en brûle d'envie,
Mais une compagnie au logis la retient,
Elle viendra bientôt, et peut-être elle vient,
Et je me connais mal à l'ardeur qui l'emporte,
700   Si vous ne la voyez, même avant que je sorte.
Acceptez cependant quelque peu de douceurs
Fort propres en ces lieux à conforter les cœurs,
Les sèches sont dessous, celles-ci sont liquides[1].

CLITON

Les amours de tantôt me semblaient plus solides.
705   Si tu n'as autre chose, épargne mieux tes pas,
Cette inégalité ne me satisfait pas ;
Nous avons le cœur bon, et dans nos aventures
Nous ne fûmes jamais hommes à confitures.

LYSE

Badin[2], qui te demande ici ton sentiment ?

CLITON

710 Ah ! tu me fais l'amour un peu bien rudement.

LYSE

Est-ce à toi de parler, que n'attends-tu ton heure ?

DORANTE

Saurons-nous cette fois son nom, ou sa demeure ?

LYSE

Non pas encor sitôt.

DORANTE

                        Mais te vaut-elle bien ?
Parle-moi franchement, et ne déguise rien.

LYSE

715 À ce compte, Monsieur, vous me trouvez passable[1] ?

DORANTE

Je te trouve de taille, et d'esprit agréable,
Tant de grâce en l'humeur, et tant d'attrait aux yeux,
Qu'à te dire le vrai, je ne voudrais pas mieux.
Elle me charmera, pourvu qu'elle te vaille.

LYSE

720 Ma maîtresse n'est pas tout à fait de ma taille,
Mais elle me surpasse en esprit, en beauté,
Autant, et plus encor, Monsieur, qu'en qualité.

DORANTE

Tu sais adroitement couler ta flatterie.

Que ce bout de ruban a de galanterie !
725 Je le veux dérober, mais qu'est-ce qui le suit ?

LYSE

Rendez-le-moi, Monsieur, j'ai hâte, il s'en va nuit[1].

DORANTE

Je verrai ce que c'est.

LYSE

C'est une mignature[2].

DORANTE

Ô le charmant portrait ! l'adorable peinture !
Elle est faite à plaisir.

LYSE

Après le naturel[3].

DORANTE

730 Je ne crois pas jamais avoir rien vu de tel.

LYSE

Ces quatre diamants dont elle est enrichie
Ont sous eux quelque feuille[4], ou mal nette, ou
                                            [blanchie,
Et je cours de ce pas y faire regarder.

DORANTE

Et quel est ce portrait ?

LYSE

Le faut-il demander ?
735 Et doutez-vous si c'est ma maîtresse elle-même ?

DORANTE

Quoi, celle qui m'écrit ?

LYSE

Oui, celle qui vous aime.
À l'aimer tant soit peu, vous l'auriez deviné.

DORANTE

Un si rare bonheur ne m'est pas destiné,
Et tu me veux flatter par cette fausse joie.

LYSE

740 Quand je dis vrai, Monsieur, je prétends qu'on me croie.
Mais je m'amuse trop, l'Orfèvre est loin d'ici,
Donnez-moi, je perds temps.

DORANTE

Laisse-moi ce souci,
Nous avons un Orfèvre arrêté pour ses dettes,
Qui saura tout remettre au point que tu souhaites.

LYSE

745 Vous m'en donnez[1], Monsieur.

DORANTE

Je te le ferai voir.

LYSE

A-t-il la main fort bonne ?

DORANTE

Autant qu'on peut l'avoir.

LYSE

Sans mentir ?

DORANTE

Sans mentir.

CLITON

Il est trop jeune, il n'ose.

LYSE

Je voudrais bien pour vous faire ici quelque chose,
Mais vous le montrerez.

DORANTE

Non, à qui que ce soit.

LYSE

750 Vous me ferez chasser si quelque autre le voit.

DORANTE

Va, dors en sûreté.

LYSE

Mais enfin à quand rendre ?

DORANTE

Dès demain.

LYSE

Demain donc je viendrai le reprendre,
Je ne puis me résoudre à vous désobliger.

CLITON, *à Dorante, puis à Lyse.*

Elle se met pour vous en un très grand danger.
755 Dirons-nous rien nous deux ?

LYSE

Non.

CLITON

Comme tu méprises !

LYSE

Je n'ai pas le loisir d'entendre tes sottises.

CLITON

Avec cette rigueur tu me feras mourir.

LYSE

Peut-être à mon retour je saurai te guérir,
Je ne puis mieux pour l'heure, Adieu.

CLITON

Tout me succède[1].

SCÈNE VII

DORANTE, CLITON

DORANTE

760 Viens, Cliton, et regarde. Est-elle vieille ou laide ?
Voit-on des yeux plus vifs ? voit-on des traits plus doux ?

CLITON

Je suis un peu moins dupe, et plus futé que vous.
C'est un leurre, Monsieur, la chose est toute claire,
Elle a fait tout du long les mines qu'il faut faire.
765 On amorce le monde avec de tels portraits,
Pour les faire surprendre, on les apporte exprès,
On s'en fâche, on fait bruit, on vous les redemande,
Mais on tremble toujours de crainte qu'on les rende,
Et pour dernière adresse, une telle beauté
770 Ne se voit que de nuit, et dans l'obscurité,
De peur qu'en un moment l'amour ne s'estropie,
À voir l'original si loin de sa copie.
Mais laissons ce discours qui peut vous ennuyer,
Vous ferai-je venir l'Orfèvre prisonnier ?

DORANTE

775 Simple, n'as-tu point vu que c'était une feinte,
Un effet de l'amour dont mon âme est atteinte ?

CLITON

Bon, en voici déjà de deux[1] en même jour,
Par devoir d'honnête homme, et par effet d'amour.

Avec un peu de temps nous en verrons bien d'autres,
80 Chacun a ses talents, et ce sont là les vôtres.

DORANTE

Tais-toi, tu m'étourdis de tes sottes raisons,
Allons prendre un peu d'air dans la Cour des Prisons.

FIN DU SECOND ACTE

ACTE III

L'acte se passe dans la prison.

SCÈNE PREMIÈRE

CLÉANDRE, DORANTE, CLITON

DORANTE

Je vous en prie encor, discourons d'autre chose,
Et sur un tel sujet ayons la bouche close,
785 On peut nous écouter et vous surprendre ici,
Et si vous vous perdez, vous me perdez aussi.
La parfaite amitié que pour vous j'ai conçue,
Quoiqu'elle soit l'effet d'une première vue,
Joint mon péril au vôtre, et les unit si bien,
790 Qu'au cours de votre sort elle attache le mien.

CLÉANDRE

N'ayez aucune peur, et sortez d'un tel doute,
J'ai des gens là dehors qui gardent qu'on écoute,
Et je puis vous parler en toute sûreté
De ce que mon malheur doit à votre bonté.
795 Si d'un bienfait si grand qu'on reçoit sans mérite
Qui s'avoue insolvable aucunement[1] s'acquitte,

Pour m'acquitter vers vous autant que je le puis,
J'avoue, et hautement, Monsieur, que je le suis.
Mais si cette amitié par l'amitié se paie,
800 Ce cœur qui vous doit tout vous en rend une vraie.
La vôtre la devance à peine d'un moment,
Elle attache mon sort au vôtre également,
Et l'on n'y trouvera que cette différence,
Qu'en vous elle est faveur, en moi reconnaissance.

DORANTE

805 N'appelez point faveur ce qui fut un devoir,
Entre les gens de cœur il suffit de se voir.
Par un effort secret de quelque sympathie
L'un à l'autre aussitôt un certain nœud les lie,
Chacun d'eux sur son front porte écrit ce qu'il est,
810 Et quand on lui ressemble, on prend son intérêt.

CLITON

Par exemple, voyez, aux traits de ce visage
Mille Dames m'ont pris pour homme de courage,
Et sitôt que je parle, on devine à demi
Que le sexe jamais ne fut mon ennemi[1].

CLÉANDRE

815 Cet homme a de l'humeur.

DORANTE

                        C'est un vieux Domestique,
Qui comme vous voyez n'est pas mélancolique.
À cause de son âge il se croit tout permis ;
Il se rend familier avec tous mes amis,
Mêle partout son mot, et jamais, quoi qu'on die,
820 Pour donner son avis il n'attend qu'on l'en prie.

Souvent il importune, et quelquefois il plaît.

CLÉANDRE

J'en voudrais connaître un de l'humeur dont il est.

CLITON

Croyez qu'à le trouver vous auriez de la peine,
Le Monde n'en voit pas quatorze à la douzaine,
825 Et je jurerais bien, Monsieur, en bonne foi
Qu'en France il n'en est point que Jodelet, et moi.

DORANTE

Voilà de ses bons mots les galantes surprises.
Mais qui parle beaucoup dit beaucoup de sottises,
Et quand il a dessein de se mettre en crédit,
830 Plus il y fait d'effort, moins il sait ce qu'il dit.

CLITON

On appelle cela des Vers à ma louange [1].

CLÉANDRE

Presque insensiblement nous avons pris le change [2],
Mais revenons, Monsieur, à ce que je vous dois.

DORANTE

Nous en pourrons parler encor quelque autre fois,
835 Il suffit pour ce coup.

CLÉANDRE

                    Je ne saurais vous taire
En quel heureux état se trouve votre affaire.
Vous sortirez bientôt, et peut-être demain,
Mais un si prompt secours ne vient pas de ma main,

Les amis de Philiste en ont trouvé la voie,
840 J'en dois rougir de honte au milieu de ma joie,
Et je ne saurais voir sans être un peu jaloux
Qu'il m'ôte les moyens de m'employer pour vous.
Je cède avec regret à cet ami fidèle,
S'il a plus de pouvoir, il n'a pas plus de zèle,
845 Et vous m'obligerez au sortir de prison
De me faire l'honneur de prendre ma maison.
Je n'attends point le temps de votre délivrance
De peur qu'encore un coup Philiste me devance ;
Comme il m'ôte aujourd'hui l'espoir de vous servir,
850 Vous loger, est un bien que je lui veux ravir.

DORANTE

C'est un excès d'honneur que vous me voulez rendre,
Et je croirais faillir, de m'en vouloir défendre.

CLÉANDRE

Je vous en reprierai quand vous pourrez sortir,
Et lors nous tâcherons à vous bien divertir,
855 Et vous faire oublier l'ennui que je vous cause.
Auriez-vous cependant besoin de quelque chose ?
Vous êtes voyageur, et pris par des Sergents,
Et quoique ces Messieurs soient fort honnêtes gens,
Il en est quelques-uns...

CLITON

                        Les siens en sont du nombre,
860 Ils ont en le prenant pillé jusqu'à son ombre,
Et n'était que le Ciel a su le soulager,
Vous le verriez encor fort net et fort léger,
Mais comme je pleurais ses tristes aventures,
Nous avons reçu lettre, argent, et confitures.

CLÉANDRE

865 Et de qui ?

DORANTE

Pour le dire, il faudrait deviner.
Jugez ce qu'en ma place on peut s'imaginer.
Une Dame m'écrit, me flatte, me régale,
Me promet une amour qui n'eut jamais d'égale,
Me fait force présents...

CLÉANDRE

Et vous visite ?

DORANTE

Non.

CLÉANDRE

870 Vous savez son logis ?

DORANTE

Non pas même son nom.
Ne soupçonnez-vous point ce que ce pourrait être ?

CLÉANDRE

À moins que de la voir, je ne la puis connaître.

DORANTE

Pour un si bon ami je n'ai point de secret.
Voyez, connaissez-vous les traits de ce portrait ?

CLÉANDRE

875 Elle semble éveillée, et passablement belle,

Mais je ne vous en puis dire aucune Nouvelle,
Et je ne connais rien à ces traits que je vois.
Je vais vous préparer une chambre chez moi.
Adieu.

SCÈNE II

DORANTE, CLITON

DORANTE

    Ce brusque adieu marque un trouble dans l'âme,
880 Sans doute il la connaît.

CLITON

           C'est peut-être sa femme.

DORANTE

Sa femme ?

CLITON

    Oui, c'est sans doute elle qui vous écrit,
Et vous venez de faire un coup de grand esprit.
Voilà de vos secrets, et de vos confidences.

DORANTE

Nomme-les par leur nom, dis de mes imprudences.
885 Mais serait-ce en effet celle que tu me dis ?

CLITON

Envoyez vos portraits à de tels étourdis,
Ils gardent un secret avec extrême adresse.

C'est sa femme, vous dis-je, ou du moins sa Maîtresse,
Ne l'avez-vous pas vu tout changé de couleur ?

DORANTE

890 Je l'ai vu comme atteint d'une vive douleur
Faire de vains efforts pour cacher sa surprise.
Son désordre, Cliton, montre ce qu'il déguise,
Il a pris un prétexte à sortir promptement,
Sans se donner loisir d'un mot de compliment.

CLITON

895 Qu'il fera dangereux rencontrer sa colère,
Il va tout renverser, si l'on le laisse faire,
Et je vous tiens pour mort, si sa fureur se croît[1] :
Mais surtout ses valets peuvent bien marcher droit,
Malheureux le premier qui fâchera son maître,
900 Pour autres cent Louis[2] je ne voudrais pas l'être.

DORANTE

La chose est sans remède, en soit ce qui pourra,
S'il fait tant le mauvais, peut-être on le verra.
Ce n'est pas qu'après tout, Cliton, si c'est sa femme,
Je ne sache étouffer cette naissante flamme,
905 Ce serait lui prêter un fort mauvais secours
Que lui ravir l'honneur en conservant ses jours,
D'une belle action j'en ferais une noire,
J'en ai fait mon ami, je prends part à sa gloire,
Et je ne voudrais pas qu'on pût me reprocher[3]
910 De servir un brave homme au prix d'un bien si cher.

CLITON

Et s'il est son Amant ?

DORANTE

Puisqu'elle me préfère,
Ce que j'ai fait pour lui vaut bien qu'il me défère[1] :
Sinon, il a du cœur, il en sait bien les lois,
Et je suis résolu de défendre son choix.
915 Tandis[2] pour un moment trêve de raillerie,
Je veux entretenir un peu ma rêverie.

Il prend le portrait de Mélisse.

Merveille qui m'as enchanté,
Portrait à qui je rends les armes,
As-tu bien autant de bonté
920 Comme tu me fais voir de charmes ?
Hélas ! au lieu de l'espérer,
Je ne fais que me figurer
Que tu te plains à cette belle,
Que tu lui dis mon procédé,
925 Et que je te fus infidèle
Sitôt que je t'eus possédé.

Garde mieux le secret que moi,
Daigne en ma faveur te contraindre,
Si j'ai pu te manquer de foi,
930 C'est m'imiter que de t'en plaindre.
Ta colère en me punissant
Te fait criminel d'innocent,
Sur toi retombent les vengeances...

CLITON, *lui ôtant le portrait.*

Vous ne dites, Monsieur, que des extravagances,
935 Et parlez justement le langage des fous.
Donnez, j'entretiendrai ce portrait mieux que vous,

Je veux vous en montrer de meilleures méthodes,
Et lui faire des vœux plus courts et plus commodes.

      Adorable et riche beauté,
940   Qui joins les effets aux paroles ;
      Merveille qui m'as enchanté
      Par tes douceurs et tes pistoles ;
      Sache un peu mieux les partager,
      Et si tu nous veux obliger
945   À dépeindre aux races futures
      L'éclat de tes faits inouïs,
      Garde pour toi les confitures,
      Et nous accable de Louis.

Voilà parler en homme.

DORANTE

         Arrête tes saillies,
950 Ou va du moins ailleurs débiter tes folies,
Je ne suis pas toujours d'humeur à t'écouter.

CLITON

Et je ne suis jamais d'humeur à vous flatter,
Je ne vous puis souffrir de dire une sottise,
Par un double intérêt je prends cette franchise :
955 L'un, vous êtes mon maître, et j'en rougis pour vous,
L'autre, c'est mon talent, et j'en deviens jaloux.

DORANTE

Si c'est là ton talent, ma faute est sans exemple.

CLITON

Ne me l'enviez point, le vôtre est assez ample,
Et puisqu'enfin le Ciel m'a voulu départir

960 Le don d'extravaguer, comme à vous de mentir,
Comme je ne mens point devant Votre Excellence,
Ne dites à mes yeux aucune extravagance,
N'entreprenez sur moi[1], non plus que moi sur vous.

DORANTE

Tais-toi, le Ciel m'envoie un entretien plus doux,
965 L'Ambassade revient.

CLITON

Que nous apporte-t-elle ?

DORANTE

Maraud, veux-tu toujours quelque douceur nouvelle ?

CLITON

Non pas, mais le passé m'a rendu curieux,
Je lui regarde aux mains, un peu plutôt qu'aux yeux.

SCÈNE III

DORANTE, MÉLISSE,

déguisée en servante, cachant son visage sous une coiffe,

CLITON, LYSE

CLITON, *à Lyse.*

Montre ton passeport. Quoi ! tu viens les mains vides !

À Dorante.

970 Ainsi détruit le temps les biens les plus solides,

Et moins d'un jour réduit tout votre heur[1], et le mien
Des Louis aux douceurs, et des douceurs à rien.

LYSE

Si j'apportai tantôt, à présent je demande.

DORANTE

Que veux-tu ?

LYSE

Ce portrait, que je veux qu'on me rende.

DORANTE

975 As-tu pris du secours pour faire plus de bruit ?

LYSE

J'amène ici ma sœur, parce qu'il s'en va nuit[2].
Mais vous pensez en vain chercher une défaite,
Demandez-lui, Monsieur, quelle vie on m'a faite.

DORANTE

Quoi, ta maîtresse sait que tu me l'as laissé ?

LYSE

980 Elle s'en est doutée, et je l'ai confessé.

DORANTE

Elle s'en est donc mise en colère ?

LYSE

Et si forte,
Que je n'ose rentrer si je ne le rapporte :
Si vous vous obstinez à me le retenir,

Je ne sais dès ce soir, Monsieur, que devenir,
985 Ma fortune est perdue, et dix ans de service.

DORANTE

Écoute, il n'est pour toi chose que je ne fisse,
Si je te nuis ici, c'est avec grand regret,
Mais on aura mon cœur avant que ce portrait.
Va dire de ma part à celle qui t'envoie
990 Qu'il fait tout mon bonheur, qu'il fait toute ma joie,
Que rien n'approcherait de mon ravissement,
Si je le possédais de son consentement ;
Qu'il est l'unique bien où mon espoir se fonde,
Qu'il est le seul trésor qui me soit cher au monde ;
995 Et quant à ta fortune, il est en mon pouvoir
De la faire monter par-delà ton espoir.

LYSE

Je ne veux point de vous, ni de vos récompenses.

DORANTE

Tu me dédaignes trop.

LYSE

Je le dois.

CLITON

Tu l'offenses,
Mais voulez-vous, Monsieur, me croire, et vous venger ?
1000 Rendez-lui son portrait, pour la faire enrager.

LYSE

Ô le grand habile homme ! il y connaît finesse.
C'est donc ainsi, Monsieur, que vous tenez promesse :

Mais puisqu'auprès de vous j'ai si peu de crédit,
Demandez à ma sœur ce qu'elle m'en a dit,
1005 Et si c'est sans raison que j'ai tant l'épouvante.

DORANTE

Tu verras que ta sœur sera plus obligeante :
Mais si ce grand courroux lui donne autant d'effroi,
Je ferai tout autant pour elle, que pour toi.

LYSE

N'importe, parlez-lui, du moins vous saurez d'elle
1010 Avec quelle chaleur j'ai pris votre querelle.

DORANTE, *à Mélisse.*

Son ordre est-il si rude ?

MÉLISSE

                    Il est assez exprès,
Mais sans mentir ma sœur vous presse un peu de près,
Quoi qu'elle ait commandé, la chose a deux visages.

CLITON

Comme toutes les deux jouent leurs personnages !

MÉLISSE

1015 Souvent tout cet effort à ravoir un portrait
N'est que pour voir l'amour par l'état qu'on en fait.
C'est peut-être après tout le dessein de Madame,
Ma sœur, non plus que moi, ne lit pas dans son âme,
En ces occasions il fait bon hasarder[1],
1020 Et de force, ou de gré, je saurais le garder.
Si vous l'aimez, Monsieur, croyez qu'en son courage
Elle vous aime assez, pour vous laisser ce gage ;

Ce serait vous traiter avec trop de rigueur,
Puisqu'avant ce portrait on aura votre cœur,
1025 Et je la trouverais d'une humeur bien étrange,
Si je ne lui faisais accepter cette échange.
Je l'entreprends pour vous, et vous répondrai bien
Qu'elle aimera ce gage, autant comme le sien.

DORANTE

Ô Ciel ! et de quel nom faut-il que je te nomme ?

CLITON

1030 Ainsi font deux soldats qui sont chez le bonhomme[1] ;
Quand l'un veut tout tuer, l'autre rabat les coups,
L'un jure comme un Diable, et l'autre file doux.
Les belles, n'en déplaise à tout votre grimoire,
Vous vous entr'entendez, comme larrons en foire.

MÉLISSE

1035 Que dit cet insolent ?

DORANTE

C'est un fou qui me sert.

CLITON

Vous dites que...

DORANTE, *à Cliton.*

Tais-toi, ta sottise me perd ;

À Mélisse.

Je suivrai ton conseil, il m'a rendu la vie.

LYSE

Avec sa complaisance à flatter votre envie,
Dans le cœur de Madame elle croit pénétrer,
1040 Mais son front en rougit, et n'ose se montrer.

MÉLISSE, *se découvrant.*

Mon front n'en rougit point, et je veux bien qu'il voie
D'où lui vient ce conseil qui lui rend tant de joie.

DORANTE

Mes yeux, que vois-je ? où suis-je ? êtes-vous des flatteurs ?
Si le portrait dit vrai, les habits sont menteurs,
1045 Madame, c'est ainsi que vous savez surprendre !

MÉLISSE

C'est ainsi que je tâche à ne me point méprendre,
À voir si vous m'aimez, et savez mériter
Cette parfaite amour que je vous veux porter.
Ce portrait est à vous, vous l'avez su défendre,
1050 Et de plus sur mon cœur vous pouvez tout prétendre,
Mais par quelque motif que vous l'eussiez rendu,
L'un et l'autre à jamais était pour vous perdu,
Je retirais le cœur en retirant ce gage,
Et vous n'eussiez de moi jamais vu que l'image.
1055 Voilà le vrai sujet de mon déguisement,
Pour ne rien hasarder, j'ai pris ce vêtement,
Pour entrer sans soupçon, pour en sortir de même,
Et ne me point montrer, qu'ayant vu si l'on m'aime.

DORANTE

Je demeure immobile, et pour vous répliquer,
1060 Je perds la liberté même de m'expliquer.

Surpris, charmé, confus d'une telle merveille,
Je ne sais si je dors, je ne sais si je veille,
Je ne sais si je vis, et je sais toutefois
Que ma vie est trop peu pour ce que je vous dois,
1065 Que tous mes jours usés à vous rendre service,
Que tout mon sang pour vous offert en sacrifice,
Que tout mon cœur brûlé d'amour pour vos appas,
Envers votre beauté ne m'acquitteraient pas.

MÉLISSE

Sachez pour arrêter ce discours qui me flatte
1070 Que je n'ai pu moins faire à moins que d'être ingrate,
Vous avez fait pour moi plus que vous ne savez,
Et je vous dois bien plus, que vous ne me devez.
Vous m'entendrez[1] un jour. À présent je vous quitte,
Et malgré mon amour je romps cette visite,
1075 Le soin de mon honneur veut que j'en use ainsi ;
Je crains à tous moments qu'on me surprenne ici,
Encor que déguisée, on pourrait me connaître.
Je vous puis cette nuit parler par ma fenêtre,
Du moins si le Concierge est homme à consentir,
1080 À force de présents, que vous puissiez sortir,
Un peu d'argent fait tout chez les gens de sa sorte.

DORANTE

Mais après que les dons m'auront ouvert la porte,
Où dois-je vous chercher ?

MÉLISSE

                                    Ayant su la maison
Vous pourriez aisément vous informer du nom,
1085 Encore un jour, ou deux, il me faut vous le taire :
Mais vous n'êtes pas homme à me vouloir déplaire.

Je loge en Bellecour[1], environ au milieu,
Dans un grand pavillon. N'y manquez pas. Adieu.

DORANTE

Donnez quelque signal pour plus certaine adresse.

LYSE

1090 Un linge servira de marque plus expresse,
J'en prendrai soin.

MÉLISSE

          On ouvre, et quelqu'un vous vient voir,
Si vous m'aimez, Monsieur...

          Elles abaissent toutes deux leurs coiffes.

DORANTE

          Je sais bien mon devoir,
Sur ma discrétion prenez toute assurance.

SCÈNE IV

PHILISTE, DORANTE, CLITON [2]

PHILISTE

Ami, notre bonheur passe notre espérance.
1095 Vous avez compagnie ! Ah, voyons s'il vous plaît.

DORANTE

Laissez-les s'échapper, je vous dirai qui c'est.
Ce n'est qu'une Lingère, allant en Italie

Je la vis en passant, et la trouvai jolie,
Nous fîmes connaissance, et me sachant ici,
100 Comme vous le voyez elle en a pris souci.

PHILISTE

Vous trouvez en tous lieux d'assez bonnes fortunes.

DORANTE

Celle-ci pour le moins n'est pas des plus communes.

PHILISTE

Elle vous semble belle, à ce compte ?

DORANTE

                                    À ravir.

PHILISTE

Je n'en suis point jaloux.

DORANTE

                        M'y voulez-vous servir ?

PHILISTE

1105 Je suis trop maladroit pour un si noble rôle.

DORANTE

Vous n'avez seulement qu'à dire une parole.

PHILISTE

Qu'une ?

DORANTE

Non, cette nuit j'ai promis de la voir,
Sûr que vous obtiendrez mon congé pour ce soir,
Le Concierge est à vous.

PHILISTE

C'est une affaire faite.

DORANTE

1110 Quoi, vous me refusez un mot que je souhaite ?

PHILISTE

L'ordre, tout au contraire, en est déjà donné,
Et votre esprit trop prompt n'a pas bien deviné.
Comme je vous quittais avec peine à vous croire,
Quatre de mes amis m'ont conté votre histoire,
1115 Ils marchaient après vous deux ou trois mille pas,
Ils vous ont vu courir, tomber le mort à bas,
L'autre vous démonter, et fuir en diligence ;
Ils ont vu tout cela de sur une éminence,
Et n'ont connu personne, étant trop éloignés.
1120 Voilà, quoi qu'il en soit, tous nos procès gagnés,
Et plus tôt de beaucoup que je n'osais prétendre.
Je n'ai point perdu temps, et les ai fait entendre,
Si bien que sans chercher d'autre éclaircissement
Vos Juges m'ont promis votre élargissement.
1125 Mais quoiqu'il soit constant qu'on vous prend pour un
[autre,
Il faudra caution, et je serai la vôtre.
Ce sont formalités que pour vous dégager
Les Juges, disent-ils, sont tenus d'exiger,
Mais sans doute, ils en font ainsi que bon leur semble.

30 Tandis [1] ce soir chez moi nous souperons ensemble,
Dans un moment ou deux vous y pourrez venir,
Nous aurons tout loisir de nous entretenir,
Et vous prendrez le temps de voir votre Lingère.
Ils m'ont dit toutefois qu'il serait nécessaire
35 De coucher pour la forme un moment en prison,
Et m'en ont sur-le-champ rendu quelque raison ;
Mais c'est si peu mon jeu que de telles matières,
Que j'en perds aussitôt les plus belles lumières.
Vous sortirez demain, il n'est rien de plus vrai,
40 C'est tout ce que j'en aime, et tout ce que j'en sais.

DORANTE

Que ne vous dois-je point pour de si bons offices ?

PHILISTE

Ami, ce ne sont là que de petits services,
Je voudrais pouvoir mieux, tout me serait fort doux.
Je vais chercher du monde à souper avec vous.
45 Adieu, je vous attends au plus tard dans une heure.

SCÈNE V

DORANTE, CLITON

DORANTE

Tu ne dis mot, Cliton.

CLITON

Elle est belle, ou je meure.

DORANTE

Elle te semble belle ?

CLITON

        Et si parfaitement,
Que j'en suis même encor dans le ravissement,
Encor dans mon esprit je la vois et l'admire,
1150 Et je n'ai su depuis trouver le mot à dire.

DORANTE

Je suis ravi de voir que mon élection [1]
Ait enfin mérité ton approbation.

CLITON

Ah, plût à Dieu, Monsieur, que ce fût la servante !
Vous verriez comme quoi je la trouve charmante,
1155 Et comme pour l'aimer je ferais le mutin.

DORANTE

Admire en cet amour la force du Destin.

CLITON

J'admire bien plutôt votre adresse ordinaire
Qui change en un moment cette Dame en Lingère.

DORANTE

C'était nécessité dans cette occasion,
1160 De crainte que Philiste eût quelque vision,
S'en formât quelque idée, et la pût reconnaître.

CLITON

Cette Métamorphose est de vos coups de maître,

Je n'en parlerai plus, Monsieur, que cette fois,
Mais en un demi-jour comptez déjà pour trois :
1165 Un coupable honnête homme, un portrait, une Dame,
À son premier métier rendent soudain votre âme ;
Et vous savez mentir par générosité,
Par adresse d'amour, et par nécessité.
Quelle conversion !

DORANTE

Tu fais bien le sévère.

CLITON

1170 Non, non, à l'avenir je fais vœu de m'en taire,
J'aurais trop à compter.

DORANTE

Conserver un secret,
Ce n'est pas tant mentir, qu'être amoureux discret,
L'honneur d'une Maîtresse aisément y dispose.

CLITON

Ce n'est qu'autre prétexte, et non pas autre chose.
1175 Croyez-moi, vous mourrez, Monsieur, dans votre peau,
Et vous mériterez cet illustre tombeau[1],
Cette digne oraison que naguère j'ai faite :
Vous vous en souvenez, sans que je la répète.

DORANTE

Pour de pareils secrets peut-on s'en garantir ?
1180 Et toi-même à ton tour ne crois-tu point mentir ?
L'occasion convie, aide, engage, dispense,
Et pour servir un autre, on ment sans qu'on y pense.

CLITON

Si vous m'y surprenez, étrillez-y-moi bien.

DORANTE

Allons trouver Philiste, et ne jurons de rien.

FIN DU TROISIÈME ACTE

ACTE IV

SCÈNE PREMIÈRE

MÉLISSE, LYSE

MÉLISSE

1185 J'en tremble encor de peur, et n'en suis pas remise.

LYSE

Aussi bien comme vous je pensais être prise.

MÉLISSE

Non, Philiste n'est fait que pour m'incommoder,
Voyez ce qu'en ces lieux il venait demander,
S'il est heure si tard de faire une visite.

LYSE

1190 Un ami véritable à toute heure s'acquitte,
Mais un Amant fâcheux, soit de jour, soit de nuit,
Toujours à contretemps à nos yeux se produit,
Et depuis qu'une fois il commence à déplaire,
Il ne manque jamais d'occasion contraire ;
1195 Tant son mauvais destin semble prendre de soins
À mêler sa présence, où l'on la veut le moins.

MÉLISSE

Quel désordre eût-ce été, Lyse, s'il m'eût connue ?

LYSE

Il vous aurait donné fort avant dans la vue.

MÉLISSE

Quel bruit, et quel éclat n'eût point fait son courroux ?

LYSE

1200 Il eût été peut-être aussi honteux que vous.
Un homme un peu content, et qui s'en fait accroire,
Se voyant méprisé, rabat bien de sa gloire,
Et surpris qu'il en est en telle occasion,
Toute sa vanité tourne en confusion.
1205 Quand il a de l'esprit il sait rendre le change,
Loin de s'en émouvoir en raillant il se venge,
Affecte des mépris, comme pour reprocher
Que la perte qu'il fait ne vaut pas s'en fâcher ;
Tant qu'il peut il témoigne une âme indifférente.
1210 Quoi qu'il en soit enfin vous avez vu Dorante,
Et fort adroitement je vous ai mise en jeu.

MÉLISSE

Et fort adroitement tu m'as fait voir son feu.

LYSE

Eh bien, mais que vous semble encor du personnage ?
Vous en ai-je trop dit ?

MÉLISSE

J'en ai vu davantage.

LYSE

1215 Avez-vous du regret d'avoir trop hasardé ?

MÉLISSE

Je n'ai qu'un déplaisir d'avoir si peu[1] tardé.

LYSE

Vous l'aimez ?

MÉLISSE

Je l'adore.

LYSE

Et croyez qu'il vous aime ?

MÉLISSE

Qu'il m'aime, et d'une amour comme la mienne
                                        [extrême.

LYSE

Une première vue, un moment d'entretien
1220 Vous fait ainsi tout croire et ne douter de rien !

MÉLISSE

Quand les ordres du Ciel nous ont faits l'un pour l'autre,
Lyse, c'est un accord bientôt fait que le nôtre.
Sa main entre les cœurs par un secret pouvoir
Sème l'intelligence avant que de se voir ;
1225 Il prépare si bien l'Amant et la Maîtresse
Que leur âme au seul nom s'émeut et s'intéresse,
On s'estime, on se cherche, on s'aime en un moment,
Tout ce qu'on s'entredit persuade aisément,

Et sans s'inquiéter de mille peurs frivoles[1],
1230 La foi semble courir au-devant des paroles.
La langue en peu de mots en explique beaucoup,
Les yeux plus éloquents font tout voir tout d'un coup,
Et de quoi qu'à l'envi tous les deux nous instruisent,
Le cœur en entend plus, que tous les deux n'en disent[2].

LYSE

1235 Si, comme dit Sylvandre[3], une âme en se formant,
Ou descendant du Ciel, prend d'un autre l'Aimant,
La sienne a pris le vôtre, et vous a rencontrée.

MÉLISSE

Quoi, tu lis les Romans ?

LYSE

Je puis bien lire *Astrée*,
Je suis de son village, et j'ai de bons garants
1240 Qu'elle et son Céladon[4] étaient de nos parents.

MÉLISSE

Quelle preuve en as-tu ?

LYSE

Ce vieux saule, Madame,
Où chacun d'eux cachait ses lettres et sa flamme,
Quand le jaloux Sémire[5] en fit un faux témoin,
Du pré de mon grand-père il fait encor le coin,
1245 Et l'on m'a dit que c'est un infaillible signe
Que d'un si rare Hymen je viens en droite ligne.
Vous ne m'en croyez pas ?

MÉLISSE

De vrai c'est un grand point.

LYSE

Aurais-je tant d'esprit si cela n'était point ?
D'où viendrait cette adresse à faire vos messages,
1250 À jouer avec vous de si bons personnages,
Ce trésor de lumière, et de vivacité,
Que d'un sang amoureux que j'ai d'eux hérité ?

MÉLISSE

Tu le disais tantôt, chacun a sa folie,
Les uns l'ont importune, et la tienne est jolie.

SCÈNE II

CLÉANDRE, MÉLISSE, LYSE

CLÉANDRE

1255 Je viens d'avoir querelle avec ce prisonnier,
Ma sœur...

MÉLISSE

Avec Dorante ? Avec ce Cavalier,
Dont vous tenez l'honneur, dont vous tenez la vie ?
Qu'avez-vous fait ?

CLÉANDRE

Un coup dont tu seras ravie.

MÉLISSE

Qu'à cette lâcheté je puisse consentir !

CLÉANDRE

1260 Bien plus, tu m'aideras à le faire mentir.

MÉLISSE

Ne le présumez pas, quelque espoir qui vous flatte,
Si vous êtes ingrat, je ne puis être ingrate.

CLÉANDRE

Tu sembles t'en fâcher !

MÉLISSE

              Je m'en fâche pour vous :
D'un mot il peut vous perdre, et je crains son courroux.

CLÉANDRE

1265 Il est trop généreux, et d'ailleurs la querelle,
Dans les termes qu'elle est, n'est pas si criminelle.
Écoute. Nous parlions des Dames de Lyon.
Elles sont assez mal en son opinion ;
Il confesse de vrai qu'il a peu vu la ville,
1270 Mais il se l'imagine en beautés fort stérile,
Et ne peut se résoudre à croire qu'en ces lieux
La plus belle ait de quoi captiver de bons yeux.
Pour l'honneur du pays j'en nomme trois ou quatre,
Mais à moins que de voir, il n'en veut rien rabattre,
1275 Et comme il ne le peut étant dans la prison,
J'ai cru par un portrait le mettre à la raison,
Et sans chercher plus loin ces beautés qu'on admire,
Je ne veux que le tien pour le faire dédire.

Me le dénieras-tu[1], ma sœur, pour un moment ?

MÉLISSE

1280 Vous me jouez, mon frère, assez accortement[2],
La querelle est adroite, et bien imaginée.

CLÉANDRE

Non, je m'en suis vanté, ma parole est donnée.

MÉLISSE

S'il faut ruser ici, j'en sais autant que vous,
Et vous serez bien fin, si je ne romps vos coups.
1285 Vous pensez me surprendre, et je n'en fais que rire :
Dites donc tout d'un coup ce que vous voulez dire.

CLÉANDRE

Eh bien, je viens de voir ton portrait en ses mains.

MÉLISSE

Et c'est ce qui vous fâche ?

CLÉANDRE

    Et c'est dont je me plains.

MÉLISSE

J'ai cru vous obliger et l'ai fait pour vous plaire.
1290 Votre ordre était exprès.

CLÉANDRE

    Quoi ? je te l'ai fait faire ?

MÉLISSE

Ne m'avez-vous pas dit : « Sous ces déguisements
Ajoute à ton argent perles, et diamants » ?
Ce sont vos propres mots, et vous en êtes cause.

CLÉANDRE

Eh quoi ? de ce portrait disent-ils quelque chose ?

MÉLISSE

1295 Puisqu'il est enrichi de quatre diamants,
N'est-ce pas obéir à vos commandements ?

CLÉANDRE

C'est fort bien expliquer le sens de mes prières ;
Mais, ma sœur, ces faveurs sont un peu singulières,
Qui donne le portrait promet l'original.

MÉLISSE

1300 C'est encore votre ordre, ou je m'y connais mal.
Ne m'avez-vous pas dit : « Prends souci de me plaire,
Et vois ce que tu dois à qui te sauve un frère » ?
Puisque vous lui devez, et la vie, et l'honneur,
Pour vous en revancher[1], dois-je moins que mon cœur,
1305 Et doutez-vous encore à quel point je vous aime,
Quand pour vous acquitter je me donne moi-même ?

CLÉANDRE

Certes, pour m'obéir avec plus de chaleur,
Vous donnez à mon ordre une étrange couleur,
Et prenez un grand soin de bien payer mes dettes ;
1310 Non que mes volontés en soient mal satisfaites,
Loin d'éteindre ce feu je voudrais l'allumer,

Qu'il eût de quoi vous plaire, et voulût vous aimer,
Je tiendrais à bonheur de l'avoir pour beau-frère,
J'en cherche les moyens, j'y fais ce qu'on peut faire,
15 Et c'est à ce dessein qu'au sortir de prison,
Je viens de l'obliger à prendre la maison[1],
Afin que l'entretien produise quelques flammes
Qui forment doucement l'union de vos âmes.
Mais vous savez trouver des chemins plus aisés ;
820 Sans savoir s'il vous plaît, ni si vous lui plaisez,
Vous pensez l'engager en lui donnant ces gages,
Et lui donnez sur vous de trop grands avantages.
Que sera-ce, ma sœur, si quand vous le verrez,
Vous n'y rencontrez pas ce que vous espérez ?
825 Si quelque aversion vous prend pour son visage ?
Si le vôtre le choque, ou qu'un autre l'engage,
Et que de ce portrait donné légèrement
Il érige un trophée à quelque objet[2] charmant ?

MÉLISSE

Sans jamais l'avoir vu, je connais son courage :
330 Qu'importe après cela quel en soit le visage ?
Tout le reste m'en plaît, si le cœur en est haut,
Et si l'âme est parfaite, il n'a point de défaut.
Ajoutez que vous-même après votre aventure
Ne m'en avez pas fait une laide peinture ;
335 Et comme vous devez vous y connaître mieux,
Je m'en rapporte à vous, et choisis par vos yeux.
N'en doutez nullement, je l'aimerai, mon frère,
Et si ces faibles traits n'ont point de quoi lui plaire,
S'il aime en autre lieu, n'en appréhendez rien,
340 Puisqu'il est généreux, il en usera bien.

CLÉANDRE

Quoi qu'il en soit, ma sœur, soyez plus retenue
Alors qu'à tous moments vous serez à sa vue,
Votre amour me ravit, je veux le couronner,
Mais souffrez qu'il se donne, avant que vous donner.
1345 Il sortira demain, n'en soyez point en peine,
Adieu, je vais une heure entretenir Climène.

SCÈNE III

MÉLISSE, LYSE

LYSE

Vous en voilà défaite, et quitte à bon marché.
Encore est-il traitable[1], alors qu'il est fâché,
Sa colère à pour vous une douce méthode,
1350 Et sur la remontrance il n'est pas incommode.

MÉLISSE

Aussi qu'ai-je commis pour en donner sujet ?
Me ranger à son choix, sans savoir son projet,
Deviner sa pensée, obéir par avance,
Sont-ce, Lyse, envers lui des crimes d'importance ?

LYSE

1355 Obéir par avance est un jeu délicat,
Dont tout autre que lui ferait un mauvais plat.
Mais ce nouvel Amant dont vous faites votre âme,
Avec un grand secret ménage votre flamme :
Devait-il exposer ce portrait à ses yeux ?
1360 Je le tiens indiscret.

MÉLISSE

Il n'est que curieux,
Et ne montrerait pas si grande impatience,
S'il me considérait avec indifférence.
Outre qu'un tel secret peut souffrir un ami.

LYSE

Mais un homme qu'à peine il connaît à demi !

MÉLISSE

1365 Mon frère lui doit tant qu'il a lieu d'en attendre
Tout ce que d'un ami tout autre peut prétendre.

LYSE

L'amour excuse tout dans un cœur enflammé,
Et tout crime est léger, dont l'auteur est aimé ;
Je serais plus sévère, et tiens qu'à juste titre
1370 Vous lui pouvez tantôt en faire un bon chapitre[1].

MÉLISSE

Ne querellons personne, et puisque tout va bien,
De crainte d'avoir pis, ne nous plaignons de rien.

LYSE

Que vous avez de peur que le marché n'échappe !

MÉLISSE

Avec tant de façons que veux-tu que j'attrape ?
1375 Je possède son cœur, je ne veux rien de plus,
Et je perdrais le temps en débats superflus.
Quelquefois en amour trop de finesse abuse.
S'excusera-t-il mieux, que mon feu ne l'excuse ?

Allons, allons l'attendre, et sans en murmurer,
1380 Ne pensons qu'aux moyens de nous en assurer.

LYSE

Vous ferez-vous connaître ?

MÉLISSE

      Oui, s'il sait de mon frère
Ce que jusqu'à présent j'avais voulu lui taire,
Sinon, quand il viendra prendre son logement,
Il se verra surpris plus agréablement.

SCÈNE IV

DORANTE, PHILISTE, CLITON

DORANTE

1385 Me reconduire encor ! cette cérémonie
D'entre les vrais amis devrait être bannie.

PHILISTE

Jusques en Bellecour je vous ai reconduit
Pour voir une Maîtresse en faveur de [1] la nuit.
Le temps est assez doux, et je la vois paraître
1390 En de semblables nuits souvent à la fenêtre,
J'attendrai le hasard un moment en ce lieu,
Et vous laisse aller voir votre Lingère. Adieu.

DORANTE

Que je vous laisse ici, de nuit, sans compagnie !

PHILISTE

C'est faire à votre tour trop de cérémonie,
95 Peut-être qu'à Paris j'aurais besoin de vous,
Mais je ne crains ici, ni rivaux, ni filous.

DORANTE

Ami, pour des rivaux, chaque jour en fait naître,
Vous en pouvez avoir, et ne les pas connaître.
Ce n'est pas que je veuille entrer dans vos secrets,
400 Mais nous nous tiendrons loin, en confidents discrets.
J'ai du loisir assez.

PHILISTE

Si l'heure ne vous presse,
Vous saurez mon secret touchant cette Maîtresse.
Elle demeure, ami, dans ce grand pavillon.

CLITON, *bas.*

Tout se prépare mal à cet échantillon.

DORANTE

405 Est-ce où je pense voir un linge qui voltige ?

PHILISTE

Justement.

DORANTE

Elle est belle ?

PHILISTE

Assez.

DORANTE

Et vous oblige [1] ?

PHILISTE

Je ne saurais encor, s'il faut tout avouer,
Ni m'en plaindre beaucoup, ni beaucoup m'en louer.
Son accueil n'est pour moi, ni trop doux, ni trop rude,
1410 Il est, et sans faveur, et sans ingratitude,
Et je la vois toujours dedans un certain point,
Qui ne me chasse pas, et ne l'engage point.
Mais je me trompe fort, ou sa fenêtre s'ouvre.

DORANTE

Je me trompe moi-même, ou quelqu'un s'y découvre.

PHILISTE

1415 J'avance, approchez-vous, mais sans suivre mes pas,
Et prenez un détour qui ne vous montre pas,
Vous jugerez quel fruit je puis espérer d'elle ;
Pour Cliton, il peut faire ici la sentinelle.

DORANTE, *parlant à Cliton,*
après que Philiste s'est éloigné.

Que me vient-il de dire, et qu'est-ce que je vois ?
1420 Cliton, sans doute il aime en même lieu que moi.
Ô Ciel ! que mon bonheur est de peu de durée.

CLITON

S'il prend l'occasion qui vous est préparée,
Vous pouvez disputer avec votre valet
À qui mieux de vous deux gardera le mulet [2].

DORANTE

1425 Que de confusion, et de trouble en mon âme !

CLITON

Allez prêtez l'oreille aux discours de la Dame,
Au bruit que je ferai prenez bien votre temps,
Et nous lui donnerons de jolis passe-temps.

Dorante va auprès de Philiste.

SCÈNE V

MÉLISSE, LYSE, *à la fenêtre* ; PHILISTE, DORANTE, CLITON

MÉLISSE

Est-ce vous ?

PHILISTE

Oui, Madame.

MÉLISSE

Ah ! que j'en suis ravie !
1430 Que mon sort cette nuit devient digne d'envie !
Certes je n'osais plus espérer ce bonheur.

PHILISTE

Manquerais-je à venir, où j'ai laissé mon cœur ?

MÉLISSE

Qu'ainsi je sois aimée, et que de vous j'obtienne
Une amour si parfaite, et pareille à la mienne !

PHILISTE

1435 Ah ! s'il en est besoin, j'en jure, et par vos yeux.

MÉLISSE

Vous revoir en ce lieu m'en persuade mieux,
Et sans autre serment cette seule visite
M'assure d'un bonheur qui passe mon mérite.

CLITON

À l'aide.

MÉLISSE

J'ois du bruit.

CLITON

À la force, au secours.

PHILISTE

1440 C'est quelqu'un qu'on maltraite, excusez si j'y cours.
Madame, je reviens.

CLITON, *s'éloignant toujours derrière le théâtre.*

On m'égorge, on me tue.
Au meurtre.

PHILISTE

Il est déjà dans la prochaine rue.

DORANTE

C'est Cliton, retournez, il suffira de moi.

PHILISTE

Je ne vous quitte point, allons.

Ils sortent tous deux.

MÉLISSE

Je meurs d'effroi.

CLITON, *derrière le théâtre.*

1445 Je suis mort.

MÉLISSE

Un rival lui fait cette surprise.

LYSE

C'est plutôt quelque ivrogne, ou quelque autre sottise
Qui ne méritait pas rompre votre entretien.

MÉLISSE

Tu flattes mes désirs.

SCÈNE VI

DORANTE, MÉLISSE, LYSE

DORANTE

Madame, ce n'est rien.
Des marauds dont le vin embrouillait la cervelle
1450 Vidaient à coups de poing une vieille querelle,
Ils étaient trois contre un, et le pauvre battu
À crier de la sorte exerçait sa vertu.

Bas.

Si Cliton m'entendait, il compterait pour quatre[1].

MÉLISSE

Vous n'avez donc point eu d'ennemis à combattre ?

DORANTE

1455 Un coup de plat d'épée a tout fait écouler[2].

MÉLISSE

Je mourais de frayeur vous y voyant aller.

DORANTE

Que Philiste est heureux ! qu'il doit aimer la vie !

MÉLISSE

Vous n'avez pas sujet de lui porter envie.

DORANTE

Vous lui parliez naguère en termes assez doux.

MÉLISSE

1460 Je pense d'aujourd'hui n'avoir parlé qu'à vous.

DORANTE

Vous ne lui parliez pas avant tout ce vacarme ?
Vous ne lui disiez pas que son amour vous charme ?
Qu'aucuns feux à vos feux ne peuvent s'égaler ?

MÉLISSE

J'ai tenu ce discours, mais j'ai cru vous parler.
1465 N'êtes-vous pas Dorante ?

DORANTE

Oui, je le suis, Madame,
Le malheureux témoin de votre peu de flamme.
Ce qu'un moment fit naître un autre l'a détruit,
Et l'ouvrage d'un jour se perd en une nuit.

MÉLISSE

L'erreur n'est pas un crime, et votre aimable idée
1470 Régnant sur mon esprit m'a si bien possédée,
Que dans ce cher objet le sien s'est confondu,
Et lorsqu'il m'a parlé je vous ai répondu.
En sa place tout autre eût passé pour vous-même.
Vous verrez par la suite à quel point je vous aime ;
1475 Pardonnez cependant à mes esprits déçus,
Daignez prendre pour vous les vœux qu'il a reçus,
Ou si manque d'amour votre soupçon persiste...

DORANTE

N'en parlons plus de grâce, et parlons de Philiste,
Il vous sert[1], et la nuit me l'a trop découvert.

MÉLISSE

1480 Dites qu'il m'importune et non pas qu'il me sert,
N'en craignez rien, Adieu, j'ai peur qu'il ne revienne.

DORANTE

Où voulez-vous demain que je vous entretienne ?
Je dois être élargi.

MÉLISSE

Je vous ferai savoir
Dès demain chez Cléandre où vous me pourrez voir.

DORANTE

1485 Et qui vous peut si tôt apprendre ces Nouvelles ?

MÉLISSE

Et ne savez-vous pas que l'Amour a des ailes ?

DORANTE

Vous avez habitude avec ce Cavalier ?

MÉLISSE

Non, je sais tout cela d'un Esprit familier.
Soyez moins curieux, plus secret, plus modeste,
1490 Sans ombrage, et demain nous parlerons du reste.

DORANTE, *seul.*

Comme elle est ma Maîtresse, elle m'a fait leçon,
Et d'un soupçon je tombe en un autre soupçon,
Lorsque je crains Cléandre, un ami me traverse[1].
Mais nous avons bien fait de rompre le commerce.
1495 Je crois l'entendre.

SCÈNE VII

DORANTE, PHILISTE, CLITON

PHILISTE

Ami, vous m'avez tôt quitté !

DORANTE

Sachant fort peu la Ville et dans l'obscurité,
En moins de quatre pas j'ai tout perdu de vue,

Et m'étant égaré dès la première rue,
Comme je sais un peu ce que c'est que l'amour,
1500 J'ai cru qu'il vous fallait attendre en Bellecour ;
Mais je n'ai plus trouvé personne à la fenêtre.
Dites-moi cependant, qui massacrait ce traître ?
Qui le faisait crier ?

PHILISTE

                    À quelques mille pas
Je l'ai rencontré seul tombé sur des plâtras.

DORANTE

1505 Maraud, ne criais-tu que pour nous mettre en peine ?

CLITON

Souffrez encore un peu que je reprenne haleine.
Comme à Lyon le Peuple aime fort les Laquais,
Et leur donne souvent de dangereux paquets[1],
Deux coquins me trouvant tantôt en sentinelle
1510 Ont laissé choir sur moi leur haine naturelle,
Et sitôt qu'ils ont vu mon habit rouge et vert...

DORANTE

Quand il est nuit sans lune, et qu'il fait temps couvert,
Connaît-on les couleurs ? tu donnes une bourde.

CLITON

Ils portaient sous le bras une lanterne sourde.
1515 C'était fait de ma vie, ils me traînaient à l'eau,
Mais sentant du secours ils ont craint pour leur peau,
Et jouant des talons tous deux en gens habiles
Ils m'ont fait trébucher sur un monceau de tuiles,
Chargé de tant de coups, et de poing, et de pied,

1520 Que je crois tout au moins en être estropié.
Puissé-je voir bientôt la canaille noyée.

PHILISTE

Si j'eusse pu les joindre, ils me l'eussent payée,
L'heureuse occasion, dont je n'ai pu jouir,
Et que cette sottise a fait évanouir.
1525 Vous en êtes témoin, cette belle adorable
Ne me pourrait jamais être plus favorable,
Jamais je n'en reçus d'accueil si gracieux ;
Mais j'ai bientôt perdu ces moments précieux.
Adieu, je prendrai soin demain de votre affaire,
1530 Il est saison [1] pour vous de voir votre Lingère,
Puissiez-vous recevoir dans ce doux entretien
Un plaisir plus solide et plus long que le mien.

SCÈNE VIII

DORANTE, CLITON

DORANTE

Cliton, si tu le peux, regarde-moi sans rire.

CLITON

J'entends à demi-mot, et ne m'en puis dédire,
1535 J'ai gagné votre mal.

DORANTE

Eh bien, l'occasion ?

CLITON

Elle fait le menteur, ainsi que le larron ;
Mais si j'en ai donné, c'est pour votre service.

DORANTE

Tu l'as bien fait courir avec cet artifice.

CLITON

Si je ne fusse chu, je l'eusse mené loin ;
1540 Mais surtout j'ai trouvé la lanterne au besoin,
Et sans ce prompt secours votre feinte importune
M'eût bien embarrassé de votre nuit sans Lune.
Sachez une autre fois que ces difficultés
Ne se proposent point qu'entre gens concertés.

DORANTE

1545 Pour le mieux éblouir je faisais le sévère.

CLITON

C'était un jeu tout propre à gâter le mystère.
Dites-moi cependant, êtes-vous satisfait ?

DORANTE

Autant comme on peut l'être.

CLITON

                    En effet ?

DORANTE

                    En effet.

CLITON

Et Philiste ?

DORANTE

> Il se tient comblé d'heur, et de gloire,
1550 Mais on l'a pris pour moi dans une nuit si noire,
On s'excuse du moins avec cette couleur[1].

CLITON

Ces fenêtres toujours vous ont porté malheur.
Vous y prîtes jadis[2] Clarice pour Lucrèce,
Aujourd'hui même erreur trompe cette Maîtresse,
1555 Et vous n'avez point eu de pareils rendez-vous,
Sans faire une jalouse, ou devenir jaloux.

DORANTE

Je n'ai pas lieu de l'être, et n'en sors pas fort triste.

CLITON

Vous pourrez maintenant savoir tout de Philiste.

DORANTE

Cliton, tout au contraire, il me faut l'éviter,
1560 Tout est perdu pour moi, s'il me va tout conter.
De quel front oserais-je après sa confidence
Souffrir que mon amour se mît en évidence ?
Après les soins qu'il prend de rompre ma prison,
Aimer en même lieu semble une trahison.
1565 Voyant cette chaleur qui pour moi l'intéresse,
Je rougis en secret de servir sa Maîtresse,
Et crois devoir du moins ignorer son amour,
Jusqu'à ce que le mien ait pu paraître au jour.

Déclaré le premier je l'oblige à se taire,
70 Ou si de cette flamme il ne se peut défaire,
Il ne peut refuser de s'en remettre au choix
De celle dont tous deux nous adorons les lois.

CLITON

Quand il vous préviendra, vous pouvez le défendre
Aussi bien contre lui, comme contre Cléandre.

DORANTE

575 Contre Cléandre et lui je n'ai pas même droit,
Je dois autant à l'un, comme l'autre me doit,
Et tout homme d'honneur n'est qu'en inquiétude,
Pouvant être suspect de quelque ingratitude.
Allons nous reposer, la nuit et le sommeil
580 Nous pourront inspirer quelque meilleur conseil.

FIN DU QUATRIÈME ACTE

ACTE V

SCÈNE PREMIÈRE

LYSE, CLITON

CLITON

Nous voici bien logés, Lyse, et sans raillerie,
Je ne souhaitais pas meilleure hôtellerie.
Enfin nous voyons clair à ce que nous faisons,
Et je puis à loisir te conter mes raisons.

LYSE

1585 Tes raisons, c'est-à-dire, autant d'extravagances ?

CLITON

Tu me connais déjà !

LYSE

Bien mieux que tu ne penses.

CLITON

J'en débite beaucoup.

LYSE

Tu sais les prodiguer.

CLITON

Mais sais-tu que l'amour me fait extravaguer ?

LYSE

En tiens-tu donc pour moi ?

CLITON

J'en tiens, je le confesse.

LYSE

1590 Autant comme ton maître en tient pour ma maîtresse ?

CLITON

Non pas encor si fort, mais dès ce même instant
Il ne tiendra qu'à toi que je n'en tienne autant,
Tu n'as qu'à l'imiter, pour être autant aimée.

LYSE

Si son âme est en feu, la mienne est enflammée,
1595 Et je crois jusqu'ici ne l'imiter pas mal.

CLITON

Tu manques, à vrai dire, encore au principal.

LYSE

Ton secret est obscur.

CLITON

Tu ne veux pas l'entendre ;

Vois quelle est sa méthode, et tâche de la prendre.
Ses attraits tout-puissants ont des avant-coureurs
1600 Encor plus souverains à lui gagner les cœurs,
Mon maître se rendit à ton premier message ;
Ce n'est pas qu'en effet je n'aime ton visage,
Mais l'amour aujourd'hui dans les cœurs les plus vains
Entre moins par les yeux, qu'il ne fait par les mains,
1605 Et quand l'objet aimé voit les siennes garnies,
Il voit en l'autre objet des grâces infinies.
Pourrais-tu te résoudre à m'attaquer ainsi ?

LYSE

J'en voudrais être quitte à moins d'un grand merci.

CLITON

Écoute, je n'ai pas une âme intéressée,
1610 Et je te veux ouvrir le fond de ma pensée.
Aimons-nous but à but[1], sans soupçon, sans rigueur,
Donnons âme pour âme, et rendons cœur pour cœur.

LYSE

J'en veux bien à ce prix.

CLITON

                    Donc sans plus de langage,
Tu veux bien m'en donner quelques baisers pour gage ?

LYSE

1615 Pour l'âme, et pour le cœur, tant que tu les voudras,
Mais pour le bout du doigt ne le demande pas.
Un amour délicat hait ces faveurs grossières,
Et je t'ai bien donné des preuves plus entières.
Pourquoi me demander des gages superflus ?

620 Ayant l'âme et le cœur, que te faut-il de plus ?

CLITON

J'ai le goût fort grossier en matière de flamme,
Je sais que c'est beaucoup qu'avoir le cœur, et l'âme,
Mais je ne sais pas moins qu'on a fort peu de fruit
Et de l'âme, et du cœur, si le reste ne suit.

LYSE

625 Et quoi, pauvre ignorant, ne sais-tu pas encore
Qu'il faut suivre l'humeur de celle qu'on adore,
Se rendre complaisant, vouloir ce qu'elle veut ?

CLITON

Si tu n'en veux changer c'est ce qui ne se peut.
De quoi me guériraient ces gages invisibles ?
630 Comme j'ai l'esprit lourd, je les veux plus sensibles,
Autrement, marché nul.

LYSE

                    Ne désespère point.
Chaque chose a son ordre, et tout vient à son point,
Peut-être avec le temps nous pourrons-nous connaître.
Apprends-moi cependant qu'est devenu ton maître.

CLITON

635 Il est avec Philiste allé remercier
Ceux que pour son affaire il a voulu prier.

LYSE

Je crois qu'il est ravi de voir que sa Maîtresse
Est la sœur de Cléandre, et devient son hôtesse ?

CLITON

Il a raison de l'être, et de tout espérer.

LYSE

1640 Avec toute assurance il peut se déclarer,
     Autant comme la sœur, le frère le souhaite,
     Et s'il l'aime en effet, je tiens la chose faite.

CLITON

Ne doute point s'il l'aime, après qu'il meurt d'amour.

LYSE

Il semble toutefois fort triste à son retour.

SCÈNE II

DORANTE, CLITON, LYSE

DORANTE

1645 Tout est perdu, Cliton, il faut ployer[1] bagage.

CLITON

Je fais ici, Monsieur, l'amour de bon courage,
Au lieu de m'y troubler, allez en faire autant.

DORANTE

N'en parlons plus.

CLITON

Entrez, vous dis-je, on vous attend.

DORANTE

Que m'importe ?

CLITON

On vous aime.

DORANTE

Hélas !

CLITON

On vous adore.

DORANTE

1650 Je le sais.

CLITON

D'où vient donc l'ennui qui vous dévore ?

DORANTE

Que je te trouve heureux !

CLITON

Le Destin m'est si doux
Que vous avez sujet d'en être fort jaloux.
Alors qu'on vous caresse à grands coups de pistoles,
J'obtiens tout doucement paroles pour paroles.
1655 L'avantage est fort rare, et me rend fort heureux.

DORANTE

Il faut partir, te dis-je.

CLITON

Oui, dans un an, ou deux.

DORANTE

Sans tarder un moment.

LYSE

L'amour trouve des charmes
À donner quelquefois de pareilles alarmes.

DORANTE

Lyse, c'est tout de bon.

LYSE

Vous n'en avez pas lieu.

DORANTE

1660 Ta maîtresse survient, il faut lui dire Adieu.
Puisse en ses belles mains ma douleur immortelle
Laisser toute mon âme en prenant congé d'elle.

SCÈNE III

DORANTE, MÉLISSE, LYSE, CLITON

MÉLISSE

Au bruit de vos soupirs tremblante et sans couleur
Je viens savoir de vous mon crime, ou mon malheur,

65 Si j'en suis le sujet, si j'en suis le remède,
Si je puis le guérir, ou s'il faut que j'y cède,
Si je dois, ou vous plaindre, ou me justifier,
Et de quels ennemis il faut me défier.

DORANTE

De mon mauvais destin, qui seul me persécute.

MÉLISSE

670 À ses injustes lois que faut-il que j'impute ?

DORANTE

Le coup le plus mortel dont il m'eût pu frapper.

MÉLISSE

Est-ce un mal que mes yeux ne puissent dissiper ?

DORANTE

Votre amour le fait naître, et vos yeux le redoublent.

MÉLISSE

Si je ne puis calmer les soucis qui vous troublent,
675 Mon amour avec vous saura les partager.

DORANTE

Ah, vous les aigrissez les voulant soulager.
Puis-je voir tant d'amour avec tant de mérite,
Et dire sans mourir qu'il faut que je vous quitte ?

MÉLISSE

Vous me quittez ! ô Ciel ! mais, Lyse, soutenez,
680 Je sens manquer la force à mes sens étonnés.

DORANTE

Ne croissez point ma plaie, elle est assez ouverte,
Vous me montrez en vain la grandeur de ma perte,
Ce grand excès d'amour que font voir vos douleurs
Triomphe de mon cœur, sans vaincre mes malheurs.
1685 On ne m'arrête pas pour redoubler mes chaînes,
On redouble ma flamme, on redouble mes peines :
Mais tous ces nouveaux feux qui viennent m'embraser
Me donnent seulement plus de fers à briser.

MÉLISSE

Donc à m'abandonner votre âme est résolue ?

DORANTE

1690 Je cède à la rigueur d'une force absolue.

MÉLISSE

Votre manque d'amour vous y fait consentir.

DORANTE

Traitez-moi de volage, et me laissez partir,
Vous me serez plus douce, en m'étant plus cruelle.
Je ne pars toutefois que pour être fidèle :
1695 À quelques lois par là qu'il me faille obéir,
Je m'en révolterais, si je pouvais trahir[1].
Sachez-en le sujet, et peut-être, Madame,
Que vous-même avouerez, en lisant dans mon âme,
Qu'il faut plaindre Dorante, au lieu de l'accuser,
1700 Que plus il quitte en vous, plus il est à priser,
Et que tant de faveurs dessus lui répandues
Sur un indigne objet ne sont pas descendues.
Je ne vous redis point combien il m'était doux

De vous connaître enfin, et de loger chez vous,
705 Ni comme avec transport je vous ai rencontrée :
Par cette porte, hélas ! mes maux ont pris entrée ;
Par ce dernier bonheur mon bonheur s'est détruit,
Ce funeste départ en est l'unique fruit,
Et ma bonne fortune à moi-même contraire
710 Me fait perdre la sœur, par la faveur du frère.
Le cœur enflé d'amour et de ravissement
J'allais rendre à Philiste un mot de compliment,
Mais lui tout aussitôt sans le vouloir entendre :
« Cher ami, m'a-t-il dit, vous logez chez Cléandre,
715 Vous aurez vu sa sœur, je l'aime, et vous pouvez
Me rendre beaucoup plus que vous ne me devez,
En faveur de mes feux parlez à cette belle,
Et comme mon amour a peu d'accès chez elle,
Faites l'occasion quand je vous irai voir. »
720 À ces mots j'ai frémi sous l'horreur du devoir.
Par ce que je lui dois jugez de ma misère,
Voyez ce que je puis, et ce que je dois faire !
Ce cœur qui le trahit, s'il vous aime aujourd'hui
Ne vous trahit pas moins, s'il vous parle pour lui.
725 Ainsi pour n'offenser son amour, ni le vôtre,
Ainsi pour n'être ingrat, ni vers l'un, ni vers l'autre,
J'ôte de votre vue un Amant malheureux,
Qui ne peut plus vous voir sans vous trahir tous deux,
Lui, puisque à son amour j'oppose ma présence,
730 Vous, puisqu'en sa faveur je m'impose silence [1].

MÉLISSE

C'est à Philiste donc que vous m'abandonnez ?
Ou plutôt c'est Philiste à qui vous me donnez ?
Votre amitié trop ferme, ou votre amour trop lâche,
M'ôtant ce qui me plaît, me rend ce qui me fâche ?

1735 Que c'est à contretemps faire l'Amant discret,
     Qu'en ces occasions conserver un secret !
     Il fallait découvrir... Mais simple, je m'abuse,
     Un amour si léger eût mal servi d'excuse,
     Un bien acquis sans peine est un trésor en l'air,
1740 Ce qui coûte si peu ne vaut pas en parler,
     La garde en importune, et la perte en console,
     Et pour le retenir, c'est trop qu'une parole.

                          DORANTE

     Quelle excuse, Madame, et quel remerciement ?
     Et quel compte eût-il fait d'un amour d'un moment,
1745 Allumé d'un coup d'œil ? car lui dire autre chose,
     Lui conter de vos feux la véritable cause,
     Que je vous sauve un frère, et qu'il me doit le jour,
     Que la reconnaissance a produit votre amour,
     C'était mettre en sa main le destin de Cléandre,
1750 C'était trahir ce frère en voulant vous défendre,
     C'était me repentir de l'avoir conservé,
     C'était l'assassiner après l'avoir sauvé,
     C'était désavouer ce généreux silence
     Qu'au péril de mon sang garda mon innocence,
1755 Et perdre, en vous forçant à ne plus m'estimer,
     Toutes les qualités qui vous firent m'aimer.

                          MÉLISSE

     Hélas, tout ce discours ne sert qu'à me confondre,
     Je n'y puis consentir, et ne sais qu'y répondre.
     Mais je découvre enfin l'adresse de vos coups,
1760 Vous parlez pour Philiste, et vous faites pour vous.
     Vos Dames de Paris vous rappellent vers elles,
     Nos Provinces pour vous n'en ont point d'assez belles :
     Si dans votre prison vous avez fait l'Amant,

Je ne vous y servais que d'un amusement.
1765 À peine en sortez-vous que vous changez de style,
Pour quitter la Maîtresse, il faut quitter la ville,
Je ne vous retiens plus, allez.

DORANTE

     Puisse à vos yeux
M'écraser à l'instant la colère des Cieux,
Si j'adore autre objet que celui de Mélisse,
1770 Si je conçois des vœux que pour votre service,
Et si pour d'autres yeux on m'entend soupirer,
Tant que je pourrai voir quelque lieu d'espérer.
Oui, Madame, souffrez que cet amour persiste,
Tant que l'Hymen engage, ou Mélisse, ou Philiste.
1775 Jusque-là les douceurs de votre souvenir
Avec un peu d'espoir sauront m'entretenir :
J'en jure par vous-même, et ne suis pas capable
D'un serment, ni plus saint, ni plus inviolable.
Mais j'offense Philiste avec un tel serment,
1780 Pour guérir vos soupçons je nuis à votre Amant,
J'effacerai ce crime avec cette prière.
Si vous devez le cœur à qui vous sauve un frère,
Vous ne devez pas moins au généreux secours
Dont tient le jour celui qui conserva ses jours,
1785 Aimez en ma faveur un ami qui vous aime,
Et possédez Dorante en un autre lui-même.
Adieu, contre vos yeux c'est assez combattu,
Je sens à leurs regards chanceler ma vertu,
Et dans le triste état où mon âme est réduite
1790 Pour sauver mon honneur, je n'ai plus que la fuite.

SCÈNE IV

DORANTE, PHILISTE, MÉLISSE, LYSE, CLITON

PHILISTE

Ami, je vous rencontre assez heureusement.
Vous sortiez ?

DORANTE

Oui, je sors, ami, pour un moment,
Entrez, Mélisse est seule, et je pourrais vous nuire.

PHILISTE

Ne m'échappez donc point avant que m'introduire,
1795 Après, sur le discours vous prendrez votre temps,
Et nous serons ainsi l'un et l'autre contents[1].
Vous me semblez troublé !

DORANTE

J'ai bien raison de l'être,
Adieu.

PHILISTE

Vous soupirez, et voulez disparaître !
De Mélisse, ou de vous, je saurai vos malheurs.
1800 Madame, puis-je... Ô Ciel ! elle-même est en pleurs !
Je ne vois des deux parts que des sujets d'alarmes !
D'où viennent ses soupirs, et d'où naissent vos larmes ?
Quel accident vous fâche et le fait retirer ?
Qu'ai-je à craindre pour vous, ou qu'ai-je à déplorer ?

MÉLISSE

1805 Philiste, il est tout vrai... Mais retenez Dorante,
Sa présence au secret est la plus importante.

DORANTE

Vous me perdez, Madame.

MÉLISSE

Il faut tout hasarder,
Pour un bien qu'autrement je ne puis plus garder.

LYSE

Cléandre entre.

MÉLISSE

Le Ciel à propos nous l'envoie.

SCÈNE V

DORANTE, PHILISTE, CLÉANDRE, MÉLISSE, LYSE, CLITON

CLÉANDRE

1810 Ma sœur, auriez-vous cru... Vous montrez peu de joie !
En si bon entretien qui vous peut attrister ?

MÉLISSE, *à Cléandre.*

J'en contais le sujet, vous pouvez l'écouter.

À Philiste.

Vous m'aimez, je l'ai su, de votre propre bouche,
Je l'ai su de Dorante, et votre amour me touche,

1815 Si trop peu, pour vous rendre un amour tout pareil,
Assez pour vous donner un fidèle corseil.
Ne vous obstinez plus à chérir une ingrate,
J'aime ailleurs, c'est en vain qu'un faux espoir vous flatte,
J'aime, et je suis aimée, et mon frère y consent,
1820 Mon choix est aussi beau, que mon amour puissant,
Vous l'auriez fait pour moi si vous étiez mon frère,
C'est Dorante en un mot qui seul a pu me plaire.
Ne me demandez point, ni quelle occasion,
Ni quel temps entre nous a fait cette union,
1825 S'il la faut appeler, ou surprise, ou constance,
Je ne vous en puis dire aucune circonstance.
Contentez-vous de voir que mon frère aujourd'hui
L'estime et l'aime assez, pour le loger chez lui,
Et d'apprendre de moi que mon cœur se propose
1830 Le change et le tombeau pour une même chose.
Lorsque notre destin nous semblait le plus doux,
Vous l'avez obligé de me parler pour vous,
Il l'a fait, et s'en va pour vous quitter la place :
Jugez par ce discours quel malheur nous menace.
1835 Voilà cet accident qui le fait retirer,
Voilà ce qui le trouble, et qui me fait pleurer,
Voilà ce que je crains, et voilà les alarmes
D'où viennent ses soupirs, et d'où naissent mes larmes.

PHILISTE

Ce n'est pas là, Dorante, agir en Cavalier.
1840 Sur ma parole encor vous êtes prisonnier,
Votre liberté n'est qu'une prison plus large,
Et je réponds de vous, s'il survient quelque charge ;
Vous partez cependant, et sans m'en avertir !
Rentrez dans la prison dont vous vouliez sortir.

DORANTE

45 Allons, je suis tout prêt d'y laisser une vie
Plus digne de pitié qu'elle n'était d'envie,
Mais après le bonheur que je vous ai cédé
Je méritais peut-être un plus doux procédé.

PHILISTE

Un ami tel que vous n'en mérite point d'autre.
850 Je vous dis mon secret, vous me cachez le vôtre,
Et vous ne craignez point d'irriter mon courroux
Lorsque vous me jugez moins généreux que vous !
Vous pouvez me céder un objet qui vous aime,
Et j'ai le cœur trop bas, pour vous traiter de même,
855 Pour vous en céder un à qui l'amour me rend,
Sinon trop mal voulu, du moins indifférent !
Si vous avez pu naître, et noble, et magnanime,
Vous ne me deviez pas tenir en moindre estime,
Malgré notre amitié je m'en dois ressentir,
860 Rentrez dans la prison dont vous vouliez sortir.

CLÉANDRE

Vous prenez pour mépris son trop de déférence,
Dont il ne faut tirer qu'une pleine assurance
Qu'un ami si parfait que vous osez blâmer
Vous aime plus que lui, sans vous moins estimer.
865 Si pour lui votre foi sert aux Juges d'otage,
Permettez qu'auprès d'eux la mienne la dégage,
Et sortant du péril d'en être inquiété
Remettez-lui, Monsieur, toute sa liberté,
Ou si mon mauvais sort vous rend inexorable,
870 Au lieu de l'innocent, arrêtez le coupable.
C'est moi qui me sus hier sauver sur son cheval

La Suite du Menteur

Après avoir donné la mort à mon rival,
Ce duel fut l'effet de l'amour de Climène,
Et Dorante sans vous se fût tiré de peine,
1875 Si devant le Prévôt son cœur trop généreux
N'eût voulu méconnaître[1] un homme malheureux.

PHILISTE

Je ne demande plus quel secret a pu faire,
Et l'amour de la sœur, et l'amitié du frère,
Ce qu'il a fait pour vous est digne de vos soins.
1880 Vous lui devez beaucoup, vous ne rendez pas moins,
D'un plus haut sentiment la vertu n'est capable ;
Et puisque ce duel vous avait fait coupable,
Vous ne pouviez jamais envers un innocent
Être plus obligé, ni plus reconnaissant.
1885 Je ne m'oppose point à votre gratitude,
Et si je vous ai mis en quelque inquiétude,
Si d'un si prompt départ j'ai paru me piquer,
Vous ne m'entendiez pas, et je vais m'expliquer.
On nomme une prison le nœud de l'Hyménée,
1890 L'Amour même a des fers dont l'âme est enchaînée,
Vous les rompiez pour moi, je n'y puis consentir,
Rentrez dans la prison dont vous vouliez sortir.

DORANTE

Ami, c'est là le but qu'avait votre colère ?

PHILISTE

Ami, je fais bien moins que vous ne vouliez faire.

CLÉANDRE

1895 Comme à lui je vous dois, et la vie, et l'honneur.

MÉLISSE

Vous m'avez fait trembler pour croître mon bonheur.

PHILISTE, *à Mélisse.*

J'ai voulu voir vos pleurs pour mieux voir votre flamme,
Et la crainte a trahi les secrets de votre âme ;
Mais quittons désormais des compliments si vains.

À Cléandre.

900 Votre secret, Monsieur, est sûr entre mes mains,
Recevez-moi pour tiers[1] d'une amitié si belle,
Et croyez qu'à l'envi je vous serai fidèle.

CLITON, *seul.*

Ceux qui sont las debout[2] se peuvent aller seoir,
Je vous donne en passant cet avis, et bonsoir[3].

FIN DU CINQUIÈME ET DERNIER ACTE

DOSSIER

CHRONOLOGIE

(1606-1684)

1606. *6 juin* : Naissance à Rouen, rue de la Pie, de Pierre Corneille, aîné de six enfants (dont Thomas, né en 1625,
qui deviendra un des grands dramaturges du siècle, et
Marthe, la future mère de Fontenelle). La famille est de
bonne bourgeoisie provinciale : le père, Pierre, est maître des Eaux et Forêts, la mère, Marthe Le Pesant, fille
d'un avocat rouennais.

1615-1622. Études au collège des Jésuites de Rouen. Formation intellectuelle décisive (latin, rhétorique, poésie,
théâtre). Corneille y subit une influence prépondé-
rante de la part de certains de ses maîtres, notamment
du père Claude Delidel, auprès de qui il trouve à la fois
une formation du goût et une direction spirituelle.

1622-1629. Corneille passe sa licence en droit et devient avocat. En 1628, son père lui achète deux offices d'avocat
du roi aux Eaux et Forêts et à l'Amirauté de France.
C'est dans ces années-là qu'il écrit ses premiers vers,
dont une part sera publiée en 1632 dans des *Mélanges
poétiques*, et qu'il vit sa première aventure sentimentale
avec la fille d'un maître des comptes de Rouen, Cathe-
rine Hue, ce qui lui inspire sa première comédie, *Mélite*.

1629. La troupe de Charles Le Noir, qui compte dans ses
rangs le célèbre Mondory, passe par Rouen. Sans doute
est-ce à cette occasion que Corneille lui confie la pièce
qu'il vient d'écrire. La troupe, venant s'installer à Paris,

crée *Mélite* au jeu de paume de Berthault durant la saison 1629-1630. La comédie, après trois premières représentations médiocres, obtient un succès éclatant, qui
favorise l'implantation parisienne de la troupe et attire
aussitôt l'attention sur l'auteur.

1630-1631. *Clitandre*, tragi-comédie. La pièce sera publiée en
1632 avec les *Mélanges poétiques*.

1631-1632. *La Veuve*, comédie.

1632-1633. *La Galerie du Palais*, comédie, puis *La Suivante*, comédie.

1633-1634. *La Place Royale*, comédie. La troupe de Le Noir,
après être passée par plusieurs jeux de paume, s'installe
dans celui du Marais, rue Vieille-du-Temple, qui devient son théâtre propre.

1634-1635. *Médée*, tragédie. Les préoccupations théoriques de
Corneille se marquent dans un texte, l'*Excusatio*, publié
en août 1635 au sein d'un recueil collectif.

1635. Richelieu, grand amateur de théâtre, forme le groupe
des Cinq : Corneille, Rotrou, L'Étoile, Boisrobert et
Colletet. Sur un thème fourni par le Cardinal, les cinq
auteurs donnent *La Comédie des Tuileries*.

1635-1636. *L'Illusion comique*, comédie. Vers cette date, Cathe-
rine Hue, le premier amour de Corneille, épouse Thomas Dupont, correcteur à la Chambre des Comptes. Le
mariage a été imposé par la famille.

1637. *Début janvier* : *Le Cid*, tragi-comédie. Le succès est immé-
diat et triomphal.

8 janvier : *La Grande Pastorale*, par le groupe des Cinq,
jouée à l'hôtel de Richelieu.

27 janvier : Le père de Corneille reçoit ses lettres de
noblesse.

20 février (?) : Publication, ou circulation en manuscrit,
de l'*Excuse à Ariste*, où Corneille affirme avec hauteur
son génie dramatique : « Je ne dois qu'à moi seul toute
ma renommée... »

22 février : Représentation de *L'Aveugle de Smyrne*, tragi-
comédie des Cinq, sur un nouvel argument fourni par
le Cardinal. Corneille n'y a peut-être pas participé.

23 mars : Publication du *Cid*. La dédicace est à Mme de Combalet, la nièce de Richelieu.

Mars-décembre : Lancée par Mairet et Scudéry, la Querelle du *Cid* donne lieu à une multitude de publications et aboutit en décembre aux *Sentiments de l'Académie*, auxquels, sur la recommandation de Richelieu, Corneille ne répond pas.

1638-1639. Silence de Corneille, suite à la Querelle du *Cid* et peut-être aussi à des problèmes d'ordre privé (défense de sa charge d'avocat du roi face à la création d'un office rival, succession de son père).

1639. *12 février* : Mort du père de Corneille. Celui-ci devient tuteur de ses frères et sœurs.

1640. *19 mai* : Première publique d'*Horace*, tragédie. Corneille a soumis auparavant sa pièce à un comité de doctes et l'a fait représenter chez Richelieu.

1641. Corneille épouse Marie de Lampérière, fille du lieutenant particulier des Andelys, de onze ans sa cadette.

1642. *10 janvier* : Baptême de Marie, premier enfant du couple.

Avant l'été : *Cinna*, tragédie.

4 décembre : Mort de Richelieu.

1642-1643. *Polyeucte martyr*, tragédie chrétienne.

1643. *14 mai* : Mort de Louis XIII. Régence d'Anne d'Autriche, avec Mazarin Premier ministre.

7 septembre : Baptême de Pierre, deuxième enfant de Corneille.

Automne : Gratification de 2 000 livres accordée par Mazarin, que Corneille remercie par une pièce de vers.

1643-1644. *La Mort de Pompée*, tragédie, et *Le Menteur*, comédie.

1644. Première publication collective des *Œuvres de Corneille* antérieures au *Cid*. Le théâtre du Marais brûle. Reconstruit et modernisé, il ouvre à nouveau ses portes en octobre.

1644-1645. *La Suite du Menteur*, comédie, et *Rodogune, princesse des Parthes*, tragédie.

1645-1646. *Théodore, vierge et martyre*, tragédie chrétienne.
Naissance du troisième enfant de Corneille, François.

1646-1647. *Héraclius*, tragédie.

1647. *22 janvier* : Corneille, après deux échecs, est élu à l'Académie française. Mazarin lui commande une tragédie à
musique, *Andromède*. Floridor quittant le Marais pour
l'Hôtel de Bourgogne, Corneille le suit et se sépare de
la troupe qui a jusque-là créé ses pièces.

1648. Début de la Fronde. Second tome des *Œuvres*, du *Cid* à
La Suite du Menteur.

1650. *Janvier* : *Andromède*, tragédie à machines, jouée dans la
salle du Petit-Bourbon, et (peut-être dès fin 1648 ou
1649) *Don Sanche d'Aragon*, comédie héroïque, qui pâtit
des circonstances (on est en pleine Fronde).
5 juillet : Mariage de Thomas Corneille avec Marguerite
de Lampérière, sœur de Marie et belle-sœur de Corneille. Naissance du quatrième enfant, Marguerite. Corneille devient procureur des États de Normandie et
vend ses charges d'avocat du roi.

1651. *Février* : *Nicomède*, tragédie. Corneille perd sa charge de
procureur et se retrouve sans charges officielles.

1651-1652. *Pertharite*, tragédie. L'échec de la pièce pousse
Corneille à renoncer provisoirement au théâtre. Il commence à traduire en vers *L'Imitation de Jésus-Christ*, dont
les deux premiers livres paraissent en juin 1653, le troisième livre en 1654, et la traduction complète en mars
1656.

1652 (ou 1653). Naissance de son cinquième enfant, Charles.

1655. Naissance de son sixième enfant, Madeleine.

1656. Naissance de son septième et dernier enfant, Thomas.

1659. *24 janvier* : *Œdipe*, tragédie, sur un sujet proposé par le
surintendant Fouquet ; très gros succès.

1660. *31 octobre* : Achevé d'imprimer du *Théâtre de Corneille
revu et corrigé par l'auteur*, en trois volumes. Chaque volume est précédé d'un discours (*Du poème dramatique, De
la tragédie, Des trois unités*) et des *Examens* des pièces.

1661. *Février* : *La Toison d'or*, tragédie à machines, donnée au
Marais, que Corneille avait quitté depuis 1647. Très

grand succès.

9 mars : Mort de Mazarin. Début du règne personnel de Louis XIV.

1662.   *25 février* : *Sertorius*, tragédie, représentée également par la troupe du Marais.

Octobre : Installation à Paris avec son frère Thomas.

1663.   *Janvier* : *Sophonisbe*, tragédie, donnée à l'Hôtel de Bourgogne. Querelle à propos de la pièce avec l'abbé d'Aubignac. Cette même année, les frères Corneille sont impliqués dans la querelle de *L'École des femmes*, contre Molière. En juin, premières gratifications accordées par le roi aux gens de lettres : Corneille obtient 2 000 livres, qui lui seront versées annuellement jusqu'en 1674. Luxueuse édition de son *Théâtre* en deux volumes *in-folio*.

1664.   *Othon*, tragédie. Première pièce de Racine, *La Thébaïde*, peu remarquée, mais suivie en 1665 d'*Alexandre*, qui obtient un grand succès.

1666.   *Février* : *Agésilas*, tragédie. Échec.

1667.   *Attila*, tragédie, créée par la troupe de Molière. Dans la querelle sur la moralité du théâtre, Corneille prend position contre les jansénistes.

1669.   Dans la querelle du merveilleux chrétien ou païen, Corneille prend position pour les Anciens. Il publie sa traduction en vers et en prose de *L'Office de la Sainte Vierge*.

1670.   *Novembre* : le 21, première de *Bérénice* de Racine à l'Hôtel de Bourgogne ; le 28, première de *Tite et Bérénice*, comédie héroïque, de Corneille, par la troupe de Molière. La pièce de Racine l'emporte assez vite dans la faveur du public.

1671.   *16 janvier* : Première dans la salle des machines des Tuileries de *Psyché*, tragédie-ballet, pour laquelle Corneille a répondu à l'invitation de Molière qui, pris par le temps, lui a demandé de versifier une partie importante de la pièce.

1672.   *Novembre* : *Pulchérie*, comédie héroïque, au Marais.

1673.   *17 février* : Mort de Molière, qui va amener un regroupement des troupes théâtrales.

1674. *Septembre* : Mort de son deuxième fils, tué en Hollande.
       Novembre : *Suréna*, tragédie, à l'Hôtel de Bourgogne.
       C'est la dernière pièce de Corneille.
1682. Parution de la dernière édition de son *Théâtre* revue par
       ses soins, en quatre volumes.
1684. *1er octobre* : Mort de Pierre Corneille.
1685. *2 janvier* : Thomas Corneille est élu à l'Académie au
       fauteuil de son frère. Il y est reçu par Racine, qui pro-
       nonce un vibrant éloge de son rival.

NOTICE

La genèse du Menteur

Avec *Le Menteur*, Corneille revient à la comédie, c'est-à-dire au genre par lequel il a débuté et qui a marqué les premières années de sa production dramatique, puisque, de 1629 à 1636, de *Mélite* à *L'Illusion comique*, il a donné six comédies, pour une seule tragi-comédie, *Clitandre*, et une seule tragédie, *Médée*. Après *Le Cid*, en 1637, l'infléchissement vers les grands sujets et les grands sentiments l'a fait toutefois se tourner vers la veine tragique avec d'autant plus de détermination que la querelle qui a suivi la pièce l'a non seulement amené à vouloir justifier ses partis pris, mais aussi à tenter de convaincre ses adversaires que les prétendus manquements aux règles qu'ils lui reprochent ne préjugent en rien de sa capacité à créer un théâtre qui ait toute la majesté que requiert la tragédie. Le silence qu'il s'est alors imposé, la réflexion sur son art à laquelle les débats l'ont d'une certaine façon contraint, le poids aussi de certaines circonstances familiales — au premier rang desquelles la mort de son père, en 1639, puis son propre mariage en 1641 —, tout cela a donné à l'homme encore jeune, qui vient tout juste de passer le cap de la trentaine, une maturité qui trouve son écho dans la maturation d'un art qui parvient alors à sa pleine maîtrise. Coup sur coup, *Horace*, *Cinna*, *Polyeucte* l'imposent sur la scène tragique,

faisant taire tous les détracteurs qui reprochaient au *Cid* ses
libertés et ses inconvenances.

Désormais, chaque saison théâtrale est pour Corneille l'occasion de donner une nouvelle tragédie : après *Polyeucte*, c'est
La Mort de Pompée durant l'hiver 1643-1644, ce sera ensuite
Rodogune en 1644-1645, puis *Théodore, vierge et martyre* en 1645-
1646, et *Héraclius* en 1647, l'année même où sa carrière
trouve son couronnement officiel dans son élection à l'Académie.

Dans cette décennie particulièrement faste, et tout entière
vouée au genre tragique, la création successive, durant les sai-
sons 1643-1644 et 1644-1645, des deux comédies du *Menteur*
et de *La Suite du Menteur* peut apparaître comme un inter-
mède. Elle se révèle surtout, si on la regarde dans la perspective de la carrière dramatique à venir, moins comme un retour au genre comique que comme un adieu, puisque jamais
plus, dans les trente années qui mènent à sa dernière pièce,
Suréna, en 1674, Corneille ne donnera de comédie pure, les
« comédies héroïques » comme *Don Sanche d'Aragon* ne relevant plus de la même veine.

Les raisons pour lesquelles il renoue ainsi une dernière fois
avec la veine de ses débuts ne trouvent guère d'autre justification, lorsqu'il en parle, que le souci de diversion et de divertissement. Dans l'Épître qui ouvre l'édition originale de la
pièce, il relie nettement, même si c'est pour les distinguer,
les deux pièces créées durant la saison 1643-1644, *La Mort de
Pompée* et *Le Menteur* : « Je vous présente, écrit-il à propos de
la seconde, une pièce de théâtre d'un style si éloigné de ma
dernière, qu'on aura de la peine à croire qu'elles soient parties toutes deux de la même main, dans le même hiver. »
Dans ce qui est aussi une façon non dénuée d'orgueil de souligner une virtuosité capable de pratiquer toutes les formes
et tous les styles, on peut lire l'affirmation d'une volonté con-
certée de donner deux pièces très différentes, poursuivant
chacune un dessein propre, mais croisé avec l'autre, sur
lequel il s'explique assez précisément. *La Mort de Pompée* entend renouer, par-delà *Polyeucte*, avec ce qui faisait la puissance des vers de *Cinna* : « J'ai voulu, dit-il, faire un essai de

ce que pouvait la majesté du raisonnement et la force des vers dénués de l'agrément du sujet » ; *Le Menteur*, qui se propose « après tant de poèmes graves », de répondre au goût du changement manifesté par les spectateurs en leur offrant « quelque chose de plus enjoué qui ne servît qu'à les divertir », répond à un souci à la fois opposé et complémentaire : « J'ai voulu, dit-il en écho, tenter ce que pourrait l'agrément du sujet dénué de la force des vers. »

Le Menteur est ainsi comme une solution alternative à la tragédie pure, dont *La Mort de Pompée*, par l'éclat qu'offrent la majesté violente de son sujet et la force de son style, apparaît comme le modèle achevé. Les deux pièces se suivent donc, durant la même saison hivernale, comme représentatives des deux pôles opposés entre lesquels s'inscrit l'inspiration théâtrale, la tragédie précédant la comédie. Encore qu'aucune datation très précise ne puisse être absolument établie, le recoupement des indications les plus sûres permet de situer la création de *La Mort de Pompée* en novembre-décembre 1643, et celle du *Menteur* dans les premiers mois de 1644. La comédie est donnée au théâtre du Marais, lequel brûle le 15 janvier 1644. La pièce de Corneille est-elle alors déjà à l'affiche ? Une gravure, qui montre Jodelet « échappé des flammes » (elle est reproduite, p. 48, dans *L'Album Théâtre classique* de La Bibliothèque de la Pléiade, 1970), peut le faire penser, puisqu'on sait, par le vers 281 de *La Suite du Menteur*, que c'est le célèbre farceur qui crée le rôle de Cliton.

En tout cas, Corneille pensait à sa comédie depuis plusieurs mois, et le bruit en courait dans Paris. Dans une lettre qu'il lui adresse le 10 février 1643, Guez de Balzac le gratifie du titre de « père de la Comédie », avec cette précision : « Je veux dire par ce dernier mot, que vous serez Aristophane, quand il vous plaira, comme vous êtes déjà Sophocle. » L'épistolier sait donc que son correspondant a une comédie en chantier, et qu'il ne lui reste plus qu'à la faire représenter pour qu'il retrouve dans la veine comique la même gloire que lui ont value ses récentes productions tragiques.

La source espagnole et le travail d'adaptation

La formule de Guez de Balzac, avec sa référence à Aristophane, ne fait appel au dramaturge grec que pour donner tout son prix à une comparaison louangeuse ; elle n'implique en aucune façon que Corneille regarde du côté de la comédie antique. C'est en fait dans une tout autre direction que celui-ci se tourne pour trouver son inspiration : « Quand je me suis résolu de repasser du héroïque au naïf, écrit-il encore dans son Épître, je n'ai osé descendre de si haut sans m'assurer d'un guide, et me suis laissé conduire au fameux Lope de Vega, de peur de m'égarer dans les détours de tant d'intrigues que fait notre Menteur. En un mot, ce n'est ici qu'une copie d'un excellent original qu'il a mis au jour sous le titre de *La Verdad sospechosa*. »

La source espagnole est donc précisément identifiée, si son auteur ne l'est pas tout à fait. Croyant avoir affaire à une comédie de Lope de Vega, du fait que c'est dans un volume des *Comedias* de celui-ci, le tome XXII publié à Saragosse en 1630, qu'il a lu la comédie qu'il entreprend d'adapter, il ne sait pas alors que toutes les comédies que contient le volume sont bien du célèbre dramaturge, à la réserve d'une seule, celle-là précisément qui l'intéresse, *La Verdad sospechosa*. Ce n'est que plus tard, dans l'Examen de 1660, que Corneille rendra ladite pièce à son véritable auteur, Juan Ruiz de Alarcón, lequel, dans le tome XXIV de la même série des *Comedias* publiée à Saragosse, se trouvait également dépossédé d'une autre de ses comédies, *El Examen de maridos*, au profit du même Lope de Vega.

Que la comédie ne soit donc pas du grand maître de la scène espagnole, mais d'un auteur plus obscur, né au Mexique vers 1581, et menant à Madrid, dans les années 1620-1630, jusqu'à sa mort en 1639, une double carrière de dramaturge et de fonctionnaire au Conseil des Indes, ne présente pas une importance capitale. *La Verdad sospechosa* est, de fait, la plus réussie des comédies d'Alarcón, celle où s'expriment le mieux le soin que l'auteur apporte à la peinture des caractères et un art de l'intrigue et de l'écriture qui se refuse à la prolixité et à la grandiloquence souvent de mise dans le théâtre espagnol contemporain. La qualité de la pièce lui vaudra d'ailleurs d'inspirer indirectement un siècle plus tard Goldoni, dont *Il Bugiardo* adaptera, à partir de la comédie de Corneille, l'inspiration espagnole à une réalité vénitienne.

Ce qui compte bien davantage, en fait, dans la démarche de Corneille, c'est de choisir, comme il l'avait déjà fait pour *Le Cid*, une source espagnole. Le procès en plagiat qui lui avait alors été intenté explique sans doute que non seulement il se réclame explicitement cette fois-ci de l'auteur de la comédie originale, mais qu'il ne présente sa propre pièce que comme une « copie ». Pour autant, et malgré les ennuis que lui a valus sa précédente expérience, l'élection qu'il fait d'une *comedia* témoigne d'une volonté affichée de s'essayer à un type de comédie qui a alors les faveurs des dramaturges et du public.

La vogue de la comédie à l'espagnole est en effet relativement récente. Une première adaptation en 1629, *La Bague de l'oubli*, que Rotrou tire d'une pièce de Lope de Vega, *Sortija del Olvido*, n'apparaît encore que comme une tentative isolée, Rotrou lui-même se tournant pour ses comédies suivantes vers l'Italie. Ce n'est en fait qu'au début des années quarante que la scène comique française se met à l'heure espagnole. Mais le succès est alors tel que tous les dramaturges y viennent. L'artisan de ce mouvement, qui est beaucoup plus qu'une simple mode passagère, est Le Métel d'Ouville, qui connaît bien l'Espagne pour y avoir longtemps séjourné, et qui, tant dans ses contes que dans ses comédies, fait appel à des pièces que le public français ignore encore très largement et qui le changent des comédies à l'italienne. Dès sa première comédie, *L'Esprit follet*, en 1642, qu'il emprunte à Calderón, il popularise ce mélange de romanesque et de fantaisie qui fait s'entrecroiser sur la scène comique une intrigue et des sentiments — inspirés notamment par un honneur très sourcilleux, à l'espagnole — qui pourraient facilement trouver leur place dans une tragi-comédie, avec la bouffonnerie burlesque qu'apporte le personnage du *gracioso*, ce valet qui offre, par un subtil contrepoint, comme la face inversée et grotesque du monde romantique et passionné de ses maîtres.

Les comédies de Le Métel d'Ouville, tirées des maîtres de la *comedia*, vont ainsi familiariser le public français avec Calderón, Lope de Vega, Montalvan, Remon, qui inspirent les six pièces que celui-ci donne entre 1642 et 1647. Et dans la brèche ainsi ouverte s'engagent nombre d'auteurs qui trouvent là un moyen de renouveler en profondeur une scène comique qui se cherche toujours : Scarron, le premier, donne en 1643 *Jodelet ou le maître valet*, où il s'inspire de Rojas, avant de développer à sa façon, originale, cette comédie à l'espagnole et d'en devenir véritablement le maître sur la scène des années 1640-1650. Suivront un peu plus tard le frère de Le Métel d'Ouville, l'abbé de Boisrobert, avec des comédies inspirées de Tirso de Molina, de Lope de Vega, de Rojas, de Calderón, et le propre frère de Corneille, Thomas, qui commence sa carrière de dramaturge vers 1649 par une comédie tirée de Calderón, *Les Engagements du hasard*, avant d'emprunter le sujet de plusieurs de ses pièces à Rojas, Solis, ou Moreto.

Dans cette vogue espagnole, qui a tout d'une vague de fond, Corneille trouve d'autant plus naturellement à s'insérer que ses deux dernières incursions dans la comédie et la tragi-comédie, *L'Illusion comique* et *Le Cid*, témoignaient déjà d'un goût espagnol traduisant une familiarité certaine avec ce type de théâtre. L'adaptation qu'il fait de la pièce d'Alarcón apparaît toutefois comme un subtil compromis entre les caractères propres de la *comedia* et la tonalité française de ses comédies précédentes. S'il reconnaît certes sa dette envers l'original espagnol — « ce n'est pas, écrit-il dans l'adresse au lecteur, que je n'aie ici emprunté beaucoup de choses de cet admirable original » —, ce n'est pas sans raison qu'il souligne la forme proprement française qu'il a donnée à la pièce, justifiant par là le fait qu'il n'éprouve point la nécessité de donner en regard les vers espagnols : « Comme j'ai entièrement dépaysé les sujets pour les habiller à la française, vous trouveriez si peu de rapport entre l'Espagnol et le Français, qu'au lieu de satisfaction vous n'en recevriez que de l'importunité. »

De fait, le travail d'adaptation porte essentiellement sur la structuration dramatique de la pièce. Corneille s'efforce de faire entrer la comédie espagnole dans le moule des unités. Cela n'exige que quelques modifications assez simples pour ce qui concerne le nombre des personnages, réduit de trois ou quatre comparses, le choix du décor, ramené des six tableaux madrilènes à deux parisiens, conformes à la fameuse « unité de ville » — les Tuileries et la Place-Royale —, et la durée de l'action, déjà resserrée chez Alarcón, et dont il suffit pratiquement à Corneille de retrancher un intervalle de trois jours supposé entre la scène d'entretien nocturne et les événements ultérieurs, pour la faire tenir dans les vingt-quatre heures requises, du matin d'un premier jour à la fin de matinée du second. En revanche, le découpage est retravaillé en profondeur, moins par suite des exigences de régularité qu'en fonction d'un art dramatique très délibéré dans ses choix. Ainsi Corneille se prive de la scène d'exposition espagnole, où le précepteur à qui a été confié à Salamanque le jeune Don Garcia s'entretient avec le père, Don Beltran, des études de son fils, et l'informe des penchants au mensonge de celui-ci. La scène originale a l'avantage de mettre d'emblée en valeur la tendresse qu'éprouve le père pour le fils et l'indignation que le vieillard ressent devant les tendances qu'a celui-ci à prendre des libertés avec la vérité, et elle explique la décision paternelle d'envisager aussitôt le mariage de cette cervelle un peu trop légère, pour prévenir les torts qu'en mentant le jeune homme risquerait de s'attirer. Corneille, supprimant cette ouverture, choisit de commencer directement par ce qui est la troisième scène chez Alarcón, la promenade du fils, à qui son père a attaché un valet, Tristan. Cette option, si elle a l'inconvénient de repousser l'entrée de Géronte et, du coup, de ne rien dire encore des projets de mariage que celui-ci a pour Dorante, a l'avantage majeur de ne rien révéler de la propension au mensonge du jeune homme, que Cliton, comme le spectateur, découvrira en action. C'est moins, du coup, l'intrigue traditionnelle du mariage voulu par le père et refusé par le fils qui est présentée comme l'axe de la comédie, que la personnalité même de Dorante et, partant, la mécanique du mensonge qui lui est attachée.

Les diverses modifications que Corneille fait ainsi subir au développement de l'intrigue et à l'organisation des scènes vont toutes dans le même sens : centrer autour du mensonge le développement dramatique, ce qui a pour effet de resserrer ce qui, dans l'original, apparaît comme plus prolixe et plus accordé aux développements romanesques traditionnels de la *comedia*. Ainsi Corneille fait-il disparaître la promenade à cheval qui permet à Don Beltran de faire passer son fils sous les fenêtres de Jacinta. De même supprime-t-il le décor espagnol du rendez-vous nocturne, lorsque le galant vient retrouver une mystérieuse inconnue sous une fenêtre grillagée, derrière laquelle la jeune fille peut parler sans être reconnue, tandis qu'une servante fait le guet à l'intérieur de la maison pour éviter toute intervention fâcheuse d'un parent. Il n'essaie pas non plus de redoubler la méprise nocturne d'une scène de jour parallèle, rendue possible dans la pièce originale par le fait que les deux jeunes filles sont couvertes de leurs mantilles comme d'un domino. Il simplifie fortement l'acte III, éliminant en particulier l'artifice d'une lettre passant de la main de Jacinta à celle de Lucrecia, et dont l'effet était de prolonger le quiproquo déjà amorcé. Et il redistribue l'ordre de telle ou telle scène, en fonction de la ligne dramatique qu'il a choisie : ainsi de l'adresse du père au fils — « Êtes-vous Gentilhomme ? » — repoussée du IIe au Ve acte, au moment de la plus forte tension entre les deux hommes, ce qui justifie l'irritation de Géronte et l'appel aux notions d'honneur et de noblesse que ce dernier estime bafouées par Dorante. Quant à la modification sensible du dénouement, qui donne finalement à Dorante cette Lucrèce qu'il avait déjà commencé à trouver à son goût, elle enlève à ce mariage imposé le côté moralisateur que la pièce d'Alarcón entendait lui donner en faisant épouser au menteur celle dont il ne voulait pas pour le punir de ses mensonges.

Ces modifications s'accordent avec la transposition de la matière proprement espagnole dans une réalité française que Corneille choisit comme la plus contemporaine. Là encore, l'adresse au lecteur indique les modalités de l'entreprise : « Par exemple, écrit-il, tout ce que je fais conter à notre Menteur des guerres d'Allemagne où il se vante d'avoir été, l'Espagnol le lui fait dire du Pérou et des Indes, dont il fait le nouveau revenu. » Dans la comédie d'Alarcón, Don Garcia se fait effectivement passer pour un créole péruvien, riche de tout l'or du nouveau monde, dont il propose de régaler la jeune fille en lui offrant force bijoux. Le fait que Corneille trouve dans les développements présents de la guerre de Trente ans un équivalent aux conquêtes coloniales espagnoles se double ici d'un changement d'esprit qui correspond au désir de transformer une pièce étrangère à l'esprit français pour, comme il le dit, l'« accommoder à notre usage ». Ainsi, ce qui chez Alarcón traduit le côté ostentatoire et plutôt inconvenant d'un séducteur faisant miroiter ses richesses prend-il chez Corneille un tout autre sens : Dorante ne fait, en s'inventant des exploits militaires, que répondre aux usages de la galanterie qui veut qu'un soupirant se donne pour un conquérant. *Le Pasquil de la Cour pour apprendre à discourir et à s'habiller à la mode* s'en faisait déjà, en 1622, l'écho :

> *Avoir son galant*
> *Qui contrefasse le vaillant,*
> *Encor que jamais son épée*
> *N'ait été dans le sang trempée (...)*
> *Voilà, pour le vous faire court*
> *La vraie mode de la Cour.*

Si Dorante, Clarice et Lucrèce se promènent aux Tuileries, si les jeunes filles habitent Place-Royale, si Géronte admire avec son fils les nouvelles constructions qui transforment le visage de Paris, c'est certes pour Corneille une façon de situer dans un cadre parisien le décor madrilène de la comédie originale. Mais c'est plus profondément, par le choix même de ces quartiers à la mode, pour situer socialement ses personnages, pour en faire de ces jeunes gens de la bonne société du temps, ceux-là mêmes qui, de *La Galerie du Palais* à *La Place Royale*, fréquentaient déjà les mêmes lieux dans les premières comédies, et qui se livraient à des jeux galants que la comédie de 1644, une décennie plus tard, reprend à son compte. La méprise de Dorante prenant Clarice pour Lucrèce, qui est à l'origine du quiproquo sur lequel repose toute la pièce ; l'embrouillamini qui fait que le jeune homme refuse d'épouser celle-là même qu'il poursuit ; la nuit qui rend possible toutes les substitutions et tous les malentendus ; le soupirant jaloux et éconduit qui constitue la solution de réserve qui vient, in extremis, permettre de conclure un second mariage qui complète le premier : tout cela, Corneille l'avait déjà mis en œuvre dans ses premières comédies, où la complication de l'intrigue était moins un tribut donné au comique de situation qu'une manière de traduire les sentiments eux-mêmes confus et complexes de ses jeunes héros se livrant aux jeux labyrinthiques de l'amour. Dorante, Alcippe, Clarice, Lucrèce sont les frères et sœurs de Tircis (*Mélite*), de Lysandre, d'Hippolyte (*La Galerie du Palais*), de Daphnis (*La Suivante*). Ils parlent le même langage, éprouvent les mêmes enthousiasmes et les mêmes dépits, et sacrifient pareillement aux lois de la galanterie. À partir de l'original espagnol, Corneille, retrouvant la tonalité d'inspiration de ses débuts, fait une comédie d'esprit français, parfait miroir social et moral de la jeunesse élégante du temps.

... À UNE *COMEDIA* À L'ESPAGNOLE

Pourquoi, à ce *Menteur*, donner une *Suite* ? Corneille n'en dit rien, si ce n'est que le succès obtenu par la première comédie, qu'à plusieurs reprises il souligne, dut probablement l'inciter à en chercher le prolongement dans une seconde, à son détriment toutefois, s'il faut en croire l'indication qu'il donne dans l'Épître de celle-ci : « Elle n'a pas été si heureuse au théâtre que l'autre, quoique plus remplie de beaux sentiments et de beaux vers. »

La comparaison qu'il établit ici entre les deux pièces, et sur laquelle il reviendra dans l'Examen de 1660, est une raison supplémentaire d'envisager la genèse de la seconde par rapport à la première. D'autant que la scène 3 de l'Acte I de *La Suite* met proprement en scène, dans la bouche de Cliton, la représentation parisienne du *Menteur,* indiquant que « la Pièce a réussi » (v. 295), et qu'elle a même imposé un proverbe à travers la ville. *Le Menteur* est ainsi dans sa *Suite,* si *La Suite* n'est plus totalement dans *Le Menteur.*

La grande différence entre les deux pièces vient en effet du traitement de la *comedia* que propose la seconde par rapport à la première. Le modèle théâtral est certes bien le même. Et l'attribution de la comédie originale à Lope de Vega est, cette fois-ci, la bonne : « En voici une suite, écrit Corneille dans son Épître, qui est encore tirée du même original, et dont Lope a traité le sujet sous le titre de *Amar sin saber a quien.* » Cette pièce figurait à la septième place dans le même tome XXII des *Comedias* de l'auteur espagnol, à la suite presque immédiate de *La Verdad sospechosa,* qui s'y trouvait à la cinquième. Peu de rapports, pour autant, entre les deux pièces, si ce n'est cet ordre de succession qui a pu faire imaginer à Corneille la possibilité de rattacher la suivante à la précédente.

La pièce de Lope de Vega offre, de fait, une intrigue de tonalité plus dramatique que celle d'Alarcón. La scène d'ouverture, qui montre un duel où s'affrontent deux gentilshommes de Tolède et qui voit l'un d'entre eux, Don Pedro, tomber raide mort, tandis que l'autre, Don Fernando, s'enfuit en enfourchant la monture de Don Juan qui s'est interposé pour les séparer, donne le ton de l'action. Et si Don Juan se retrouve emprisonné pour cette mort dont il n'est pas responsable, si la sœur de Don Fernando, la belle Leonarda, va lui venir en aide et l'aimer sans savoir qui il est, si son soupirant attitré Don Luis va lui aussi aider son ami Don Juan, et si celui-ci va à son tour tomber amoureux de Leonarda, toute cette suite d'événements, que Corneille reprend très précisément, se trouve dans la pièce originale compliquée encore par une seconde intrigue, l'amour de Don

Fernando pour la jeune Lisarda, cause du duel initial avec
Don Pedro. On est donc ici dans une histoire typiquement
espagnole, où l'amour et l'honneur se trouvent intimement
mêlés, comme cela apparaît dans la scène, non conservée par
Corneille, où Leonarda fait part en tête à tête à Don Luis de
ses sentiments pour Don Juan. Le soupirant malheureux dé-
cide alors de se sacrifier pour son ami et rival, lequel par magnanimité s'est lui-même effacé et a quitté Tolède. Il se précipite donc à sa poursuite, le rejoint sur la route de Madrid, et
le pousse à regagner Tolède, se prévalant de la grâce offi-
cielle dont il est porteur pour lui enjoindre de regagner la
prison dont il voulait sortir, ce qui, liant dans la même expression la prison bien réelle aux chaînes de l'amour qui re-
tiennent l'amant prisonnier, donne tout son sel à une pointe
qui, chez Corneille, paraît nettement plus artificielle.

La noblesse de cœur qui prévaut dans la conduite des personnages se trouve de même mise en valeur dans la comédie
de Lope par la séparation plus nette que celle qu'établit Corneille entre le monde des maîtres et celui des valets. Ainsi le
stratagème que celui-ci prête à Mélisse de se présenter déguisée en servante devant Dorante pour juger de ses réactions,
et la suite que le jeune homme donne lui-même à ce déguisement en prétendant devant Philiste que la jeune femme qui
s'éloigne n'est qu'une lingère — double mensonge qui, s'il
fait penser déjà aux stratagèmes qu'utilisera souvent Marivaux, dégrade quelque peu la condition noble des personnages — n'existent-ils pas dans la comédie originale. Leonarda
s'y présente telle qu'en elle-même, le visage caché par une
mantille qui, le moment venu, s'entrouvrira selon les lois
d'une séduction qui connaît le code de la galanterie. Et de
même, si le rôle traditionnel du *gracioso*, dévolu au valet
Limon, permet de détendre une atmosphère tendue par des
scènes plus légères, ce dernier reste dans les limites d'une
bouffonnerie convenue, sans le pittoresque que Corneille
donne à son Cliton, plus nettement présent et actif dans *La
Suite* qu'il ne l'était dans *Le Menteur*.

Les aménagements que Corneille apporte ainsi à l'original
ne font toutefois pas disparaître une tonalité d'ensemble qui,

par la qualité sociale et morale des personnages, par les conflits d'honneur et d'amour qui les agitent, et par la complexité d'une action à rebondissements, tire la *comedia* vers la tragi-comédie romanesque. Et ceci explique sans doute que le Dorante de *La Suite,* en s'insérant dans cet univers fortement marqué par l'original espagnol, laisse en quelque sorte derrière lui la mondanité plus légère qui était de mise aux Tuileries. La façon dont Corneille lie sa première comédie à la seconde est, à cet égard, fort révélatrice. Les scènes d'exposition, qui voient Dorante raconter à Cliton ce qu'il est advenu de lui depuis qu'ils se sont quittés et son valet le mettre pareillement au fait des événements survenus en son absence, établissent une distance de deux années entre les premières aventures de Dorante et celles qui suivent, ce qui relève d'un traitement distendu du temps qui avait été longtemps le propre de la tragi-comédie, avant que la règle de l'unité ne soit venue lui imposer une durée plus resserrée. Et ce que Dorante raconte — sa fuite le jour du mariage avec Lucrèce, ses aventures italiennes, son retour vers Lyon — tout comme ce que lui apprend Cliton — le mariage de son père avec la fiancée délaissée, la mort du vieillard, la présentation de la comédie du *Menteur* — est naturellement de l'invention de Corneille, qui calque le romanesque de ces épisodes, y compris dans leur résonance tragique — la disparition du père, les affaires de rivalité et d'honneur, avec danger de mort, qui poussent Dorante à fuir Florence —, sur la tonalité tragi-comique à venir du reste de la pièce, directement adapté de Lope de Vega.

Ainsi, abandonnant le cadre parisien — et le déplacement de l'action à Lyon constitue, à cet égard, une distance révélatrice par rapport aux lieux directement à la mode où était située la première comédie —, faisant pencher l'équilibre entre galanterie et fantaisie sur lequel celle-ci était construite du côté d'une aventure sentimentale elle-même insérée dans un contexte héroïque, dont l'importance donnée à la prison est la marque, et laissant à son héros le soin d'illustrer non plus la fausseté de l'apparence mais bien la vérité du cœur, Corneille, après avoir d'abord utilisé l'esprit vif et enlevé de la *comedia*, en exploite dans *La Suite* l'autre composante, romanesque et tragi-comique. *La Suite du Menteur*, après laquelle l'œuvre laissera la place aux seules tragédies, traduit, de ce fait, la dilution du comique dans l'univers tragique de son auteur. Ce que Corneille lui-même met en lumière, lorsqu'il dit, la comparant à la comédie précédente, qu'elle est « plus remplie de beaux sentiments et de beaux vers ». Ce qui est moins un jugement de valeur qu'une définition lucide du statut même de la seconde pièce par rapport à la première.

LES MISES EN SCÈNE
DU *MENTEUR* ET DE *LA SUITE DU MENTEUR*

La première constatation qui s'impose, lorsqu'on observe le devenir des deux comédies à la scène, touche à la totale disparité de leur situation théâtrale. *Le Menteur* est en effet, de très loin, la plus représentée des comédies de Corneille, ce qu'attestent non seulement le succès obtenu lors de la création, dont Corneille lui-même se fait l'écho dans *La Suite du Menteur* (« La Pièce a réussi, quoique faible de style », v. 295), mais aussi la probable reprise qui en est faite dès la saison 1646-1647 à l'Hôtel de Bourgogne, avant que d'autres reprises ne suivent. Et, plus avant dans le siècle, la troupe de Molière la représente vingt-trois fois, avant qu'elle ne passe tout naturellement au répertoire de la Comédie-Française, où elle totalise de 1680 à 1998 huit cent quatre-vingt-neuf représentations, ce qui la place en troisième position pour l'ensemble des pièces de Corneille, immédiatement après *Le Cid* et *Horace*, et devant *Cinna* et *Polyeucte*.

Face à ce succès jamais démenti, *La Suite* fait piètre figure. La pièce pourtant, de l'avis de son auteur, offre des qualités qui soutiennent facilement la comparaison avec la comédie première : « Elle n'a pas été si heureuse au théâtre que l'autre, relève en effet Corneille dans l'Épître liminaire, quoique plus remplie de beaux sentiments et de beaux vers. » Opinion partagée par nombre de critiques, de Voltaire qui, dans la préface qu'il lui consacre dans l'édition des *Œuvres complètes* de

1764, constate pareillement : « *La Suite du Menteur* ne réussit point. Serait-il permis de dire qu'avec quelques changements elle ferait au théâtre plus d'effet que *Le Menteur* même ? », à Michel Cournot, rappelant en février 1986 dans *Le Monde*, lors de la toute dernière reprise du *Menteur* à la Comédie-Française, que *La Suite* n'eut guère de chance : « Cette pièce, pourtant très belle, écrit-il, ne fut pas un succès et n'est jamais jouée. »

Tel est bien en effet le paradoxe. Alors même que tout le monde s'accorde à trouver à *La Suite* des mérites qui lui vaudraient largement les honneurs de la scène, la pièce est restée inexplicablement dans l'ombre, offrant même ce triste privilège de ne figurer au répertoire de la Comédie-Française que dans une version totalement revue et corrigée au début du XIXe siècle par François Andrieux. Et encore cette version, très éloignée de l'originale, n'a-t-elle été en tout et pour tout représentée que sept fois !

La scène a donc choisi son camp : c'est celui de la comédie vive et légère qu'est *Le Menteur*, plus que celui de la comédie romanesque à tendance tragi-comique qu'est *La Suite*. Et les interprétations que *Le Menteur* a reçues depuis l'origine ne font que confirmer cette tendance à privilégier, dans l'éventail comique très diversifié que déploient les deux pièces, ce qui en constitue la part la plus enjouée.

LE XVIIe SIÈCLE

On sait peu de choses de la création elle-même. La date même n'en est pas connue de façon assurée, et l'on a cru longtemps que *Le Menteur* avait été représenté pour la première fois en 1642. On a rétabli depuis la date plus vraisemblable de 1644, notamment grâce à la possibilité de fixer à décembre 1643 la création de *La Mort de Pompée*, dont on sait avec certitude par les indications que Corneille donne lui-même sur la tragédie dans l'Épître liminaire de la comédie que celle-là a précédé immédiatement celle-ci. *Le Menteur* aurait donc été représenté soit au tout début de janvier 1644, car la salle du Marais, où est créée la pièce, brûle le 15 janvier, ce qui aurait sans aucun doute forcé la troupe à interrompre les représentations, comme semble d'ailleurs le confirmer une gravure montrant Jodelet fuyant le théâtre en feu, ou un peu plus tard dans la saison, mais dans ce cas-là sur une scène de fortune provisoire, en attendant la réouverture de la salle en octobre 1644.

Que la création soit due aux comédiens du Marais, ce qui a parfois également été contesté, ne fait en tout cas aucun doute. Dans une scène de *La Suite du Menteur* supprimée à partir de 1660 et qui clôturait à l'origine la comédie, Corneille fait dire à Dorante parlant de la comédie première : « On la joue au Marais sous le nom du *Menteur.* » À cette date-là, une des vedettes de la troupe est le célèbre Julien Bedeau, dit Jodelet, qui s'est constitué, avec sa voix nasillarde et sa face enfarinée, un personnage si reconnaissable qu'il devient quasiment un type : Scarron, Le Métel d'Ouville, Gillet de la Tessonnerie, Thomas Corneille lui écrivent dans ces années 1640-1650 des pièces qui portent dans leur titre son nom même de Jodelet. Or, comme *La Suite du Menteur* le dit, c'est Jodelet qui crée le rôle de Cliton, et Corneille donne même sur son jeu une indication qui ne trompe pas et qui renvoie bien à ce qui fait la caractéristique du célèbre farceur, ce parler du nez qui lui venait d'après Tallemant des Réaux d'une vérole mal soignée, et dont il avait fait son signe distinctif :

> *Le Héros de la Farce, un certain Jodelet,*
> *Fait marcher après vous votre digne valet,*
> *Il a jusqu'à mon nez, et jusqu'à ma parole.*
>   (v. 281-283.)

Le côté bouffon de l'interprétation, avec le rôle du valet ainsi confié au plus célèbre farceur du temps, se trouve également confirmé par une autre indication de mise en scène que donne le même passage de *La Suite*, précisant que le rôle de Géronte était « joué sous le masque » (v. 291). Ce type de jeu, hérité de la *commedia dell'arte*, suppose une stylisation

caricaturale tout en charge, qui indique qu'un pan entier de
l'interprétation donnait à la pièce une tonalité comique ap-
puyée.

En revanche, on ne sait rien des comédiens à qui furent
dévolus les rôles des jeunes galants que sont Dorante, Clarice
ou Lucrèce, et qui représentent l'autre versant, plus raffiné,
de la comédie. Une *Lettre sur la vie et les ouvrages de Molière*,
publiée en 1740 dans *Le Mercure de France*, affirme que c'est
Bellerose « qui a joué le rôle du Menteur d'original. Le cardinal de Richelieu lui avait fait présent d'un habit magnifique
pour le jouer ». Même si la Comédie-Française conserve une
gravure non datée représentant le comédien avec l'indication : « rôle de Dorante dans *Le Menteur* », laquelle renvoie
probablement à une reprise postérieure, l'indication selon
laquelle celui-ci serait le créateur du rôle est manifestement
erronée, Richelieu étant mort en 1642 et Bellerose étant encore à ce moment-là le chef de la troupe de l'Hôtel de Bourgogne. Une autre distribution, donnée par le *Journal du Théâtre français*, apparaît tout aussi fantaisiste, qui prétend que « la
troupe royale mit au théâtre une comédie nouvelle de Corneille intitulée *Le Menteur*. Les acteurs furent : la Grange, la
Thuillerie, de Villiers, Hauteroche, Poisson ; les actrices : les
demoiselles Raisin, Angélique, Delagrange et Dennebaut ».
Rien, ici, ne correspond aux indications données par Corneille.

Force est donc de supposer une distribution plus conforme
à la réalité de la troupe du Marais dans les années 1643-1644,
et notamment de penser que le rôle de Dorante dut être confié à Floridor, alors chef de la troupe et qui interprétait régu-
lièrement les premiers rôles des pièces de Corneille depuis le
retrait de Mondory. Le comédien était particulièrement ap-
précié pour un jeu tout de raffinement et de distinction :
Chappuzeau le décrit comme « poli, généreux et d'agréable
entretien », et Donneau de Visé, qui indique qu'« il jouait en
honnête homme », ne craint pas d'affirmer que « tout le
monde avoue que c'est le plus grand comédien du monde ».
Et c'est probablement le même Floridor qui, au côté du
même Jodelet, reprend le rôle dans *La Suite*, puisque la se-

conde comédie atteste la reprise de la distribution de la première, comme le suggère la remarque de Cliton à son maître : « On y voit un Dorante avec votre visage » (v. 275) et « Après votre portrait on produit ma figure. / Le Héros de la Farce, un certain Jodelet... » (v. 280-281).

Le peu de succès obtenu par *La Suite* fut en partie compensé par une reprise un peu plus favorable quelques années plus tard, comme Corneille le signale dans l'Examen de 1660 : « Bien que d'abord cette pièce n'eut pas grande approbation, quatre ou cinq ans après la troupe du Marais la remit sur le théâtre avec un succès plus heureux, mais aucune des troupes qui courent les provinces ne s'en est chargée. » Mais l'on ne sait rien d'autre de cette reprise, si ce n'est qu'à cette date-là, Floridor ne pouvait plus en être, puisqu'il appartenait alors à la troupe concurrente.

Avec Floridor en tout cas, le Dorante de la création dut sans doute apparaître comme très élégant, accentuant le côté galant et mondain de la comédie dans un subtil contrepoint avec les bouffonneries du valet. Et l'on peut penser qu'une des raisons pour lesquelles l'Hôtel de Bourgogne s'empressa de reprendre *Le Menteur* fut précisément le passage de Floridor dans ses rangs lors de la saison 1646-1647. Le registre du décorateur Mahelot précise, mais sans donner de date, les éléments de la décoration qui y sont alors utilisés : « Le théâtre est un jardin pour le Ier acte, et pour le IIe acte, il faut des maisons et bâtiments et deux fenêtres. Au Ier acte, 1 billet, au IIe acte, 2 billets, au IVe acte, des jetons. »

Une autre troupe reprend *Le Menteur* dans les années qui suivent : celle de Molière. Une anecdote, inventée par François de Neufchâteau qui la rapporte en 1819 dans *L'Esprit du grand Corneille*, prétend que Molière se reconnaissait une dette particulière à l'égard de cette comédie, comme il l'aurait confié à Boileau : « Oui, mon cher Despréaux, je dois beaucoup au *Menteur*. Lorsqu'il parut, j'avais bien envie d'écrire, mais j'étais incertain de ce que j'écrirais ; mes idées étaient confuses : cet ouvrage vint les fixer. Le dialogue me fit voir comment causaient les honnêtes gens ; la grâce et l'esprit de Dorante m'apprirent qu'il fallait toujours choisir un

héros du bon ton ; le sang-froid avec lequel il débite ses faus-
setés me montra comment il fallait établir un caractère ; la
scène où il oublie lui-même le nom supposé qu'il s'est donné
m'éclaira sur la bonne plaisanterie ; et celle où il est obligé
de se battre par suite de ses mensonges me prouva que toutes
les comédies ont besoin d'un but moral. Enfin sans *le Menteur*, j'aurais sans doute fait quelques pièces d'intrigue,
l'Étourdi, le Dépit amoureux, mais peut-être n'aurais-je pas fait
le Misanthrope. »

Quoique inventés de toutes pièces, les prétendus juge-
ments prêtés à Molière prouvent en tout cas deux choses : ils
soulignent d'une part l'intérêt que Molière, en tant
qu'homme de théâtre, manifeste pour une pièce à succès,
susceptible d'offrir à sa troupe des représentations assurées,
comme le confirme le fait qu'il la joue vingt-trois fois, la re-
prenant de façon régulière chaque saison entre 1659 et 1666.
D'autre part, l'anecdote ainsi conçue montre la perspective
dans laquelle la critique regardera longtemps la comédie de
Corneille, en la jugeant moins pour elle-même qu'en la me-
surant à l'aune de la comédie moliéresque, donnée comme
la référence absolue en la matière.

LE XVIIIᵉ SIÈCLE

Après la mort de Molière, sa troupe fusionne avec celle du
Marais et la nouvelle troupe ainsi constituée fusionne à son
tour avec celle de l'Hôtel de Bourgogne pour donner naissance à la Comédie-Française en 1680. Le titulaire du rôle de
Dorante est alors La Grange, qui l'interprète jusqu'à sa mort
en 1692. La Thorillière fils lui succède, puis le beau-frère de
celui-ci, Baron, l'élève de Molière. Né en 1653, le comédien
est alors au sommet de son talent : « Il imaginait avec chaleur, il concevait avec finesse, il se pénétrait de tout l'enthousiasme de son art », dit de lui Marmontel. Le rôle, en tout
cas, lui permet de manifester un talent fait d'élégance et de
grande maîtrise technique, à tel point qu'il entend ne le céder à personne et qu'en 1724, âgé de plus de soixante-dix

ans, il continue à l'interpréter, ce qui ne manque pas de sou-
lever les rires du public lorsque, entrant en scène, il demande à Cliton : « Ne vois-tu rien en moi qui sente l'écolier ? » (v. 8). La même mésaventure lui vaudra d'ailleurs en
1729 de susciter, dans le rôle du jeune Britannicus, l'hilarité
générale, au point que la représentation de la pièce en sera
interrompue.

La longévité de Baron dans le rôle de Dorante se trouve
prolongée par celle du comédien qui en devient, dans la seconde moitié du siècle, l'interprète le plus populaire : Fran-
çois-René Molé, spécialiste des rôles d'amoureux, qui, tout de
grâce mondaine et libertine, y triomphe quarante-deux fois,
fixant la tradition d'un personnage plein de charme juvénile
et de galanterie raffinée.

Au cours de cette même seconde moitié du siècle, le rôle
de Cliton bénéficie également de l'interprétation de deux
très grands comédiens : Préville, d'abord, qui de 1765 à 1782
lui apporte sa rondeur, son côté corpulent et sanguin, mais
aussi un côté vif et alerte développé dans l'interprétation de
multiples rôles de valets malins. Après lui, et le jouant encore
au tournant du siècle, Dazincourt, avec ses traits plus fins, son
côté tranchant et racé, donne au personnage un côté plus
critique et revendicatif, dans l'esprit de ce qui est alors son
rôle de prédilection : le Figaro du *Mariage*, qu'il crée en
1784.

C'est le moment où la comédie de Corneille jouit d'ailleurs
de la plus grande célébrité, grâce notamment à la publication
de la grande édition des *Œuvres complètes* à Genève, en 1764.
Une planche de Gravelot, gravée par Le Mire, y montre le
décor d'une représentation dans l'esprit du XVIIIe siècle : décor de place revu, avec grilles et balcon ouvragés, dans le
style Régence, habits de jeunes élégants du temps, courte per-
ruque frisée à la mode Louis XV pour Dorante, tricorne et
redingote pour Géronte. Le commentaire que Voltaire
donne de la pièce dans la préface, tout en faisant reproche à
Corneille de manquer à la bienséance et à la dignité du théâtre et en jugeant sévèrement les méprises et mensonges comi-
ques qui sous-tendent ''action, souligne à la fois le succès tou-

jours renouvelé de la pièce, et y voit l'origine même de la
carrière de Molière : « Ce n'est qu'une traduction, écrit-il,
mais c'est probablement à cette traduction que nous devons
Molière. Il est impossible en effet que l'inimitable Molière ait
vu cette pièce, sans voir tout d'un coup la prodigieuse supériorité que ce genre a sur tous les autres, et sans s'y livrer
entièrement. »

LE XIXe SIÈCLE

C'est dans la même édition de 1764 que Voltaire, présentant *La Suite du Menteur*, appelle de ses vœux quelques rema-
niements qui permettraient de porter avec bonheur la pièce
oubliée à la scène. Il semble être entendu quelques années
plus tard par l'obscur François Andrieux, auteur du *Meunier
Sans-Souci*, qui, en 1803, recompose la pièce, la réduit à quatre actes, et la fait représenter ainsi sur la scène du théâtre
Louvois. La pièce est bien accueillie mais, peu satisfait de ces
premiers aménagements, Andrieux reprend à nouveau la
structure de la comédie, la redécoupe en cinq actes, conserve
quasi intégralement le premier, transforme totalement les
quatre autres en y introduisant de nombreux changements
de son cru, et la fait entrer sous cette forme nouvelle, très
éloignée de l'originale, au répertoire de la Comédie-Française pour sept uniques représentations.

La postérité du *Menteur* semble d'ailleurs, dans ce début du
XIXe siècle, tout particulièrement intéresser le public, puisque,
outre la reprise de *La Suite*, un certain Armand Charlemagne
compose une pièce originale, *Les Descendants du Menteur*, comédie en trois actes et en vers donnée le 5 juin 1805. On y
voit dans un salon parisien deux frères s'y tromper l'un l'autre allègrement. Le plus jeune, Ferdinand, explique la filia-
tion qui le relie au personnage de Corneille :

> *Je suis des descendants de ce fameux Dorante,*
> *De faits miraculeux intrépide inventeur,*
> *Par Corneille illustré sous le nom du Menteur.*

Ses arrière-neveux ont tous à leur naissance
De leur commune étoile éprouvé l'influence :
Le sang de leur aïeul est en eux réparti,
Et de pères en fils, ils ont toujours menti.

Ce qui lui attire cette réplique de son domestique Gaspard :

Ainsi la sœur, le frère, et le père, et la fille,
Chez vous, vous mentez tous. La charmante famille !

Dorante, en tout cas, continue à se bien porter sur la scène du XIXe siècle. Certains des plus prestigieux interprètes de la Comédie-Française s'y font applaudir, au premier rang desquels le grand spécialiste des rôles de jeune premier qu'est Armand, qui le joue trente-sept fois, puis surtout Leroux, qui lui apporte une vivacité dans l'invention qu'on pense insurpassable. Pourtant, c'est un autre comédien qui apparaît comme le grand Dorante du XIXe siècle : l'interprétant quatre-vingt-quatre fois — un record ! — entre 1848 et 1887, Delaunay, avec sa fine moustache, son port gracieux, sa démarche élégante, en fait un jeune premier irrésistible, triomphant haut la main de tous les obstacles. À ses côtés, un autre comédien se spécialise dans le rôle de Cliton : Edmond Got, figure ronde, traits fins et malicieux, côté sympathique, qui en est l'interprète quatre-vingt-huit fois de 1846 à 1894, et qui passe pour le meilleur titulaire du rôle.

LE XXe SIÈCLE

Avec le XXe siècle, le temps des grands interprètes se poursuit, mais commence aussi celui des metteurs en scène. De 1914 à 1931, c'est le charmant Émile Dehelly qui, à la Comédie-Française, donne à Dorante son allure un peu alanguie, empreinte d'une certaine mollesse dans les attitudes et dans la démarche, mais pleine d'une grâce élégante et souple, ce que renforce un costume à canons, dentelles et étoffes bouffantes, tel que le croque Dufy dans un dessin qui le saisit en 1931, pour son programme d'adieu. Souvent à ses côtés, Silvain apporte au personnage de Géronte une noblesse et une générosité qui éloignent le rôle de l'interprétation bouffonne qui en était jusque-là donnée pour le tirer du côté de la grandeur tragique et l'assimiler aux pères nobles des grandes tragédies cornéliennes.

Un autre interprète du rôle-titre marque la reprise de la pièce, d'abord au Théâtre Royal des Galeries en février 1932, dans une mise en scène de Roger Beaulieu avec la troupe du T.N.P., puis la même année à la Comédie-Française : Jean Weber, alors benjamin des sociétaires, qui figure un Dorante très jeune séducteur, qu'accompagnent le Cliton rond, jovial et rigolard d'André Brunot et l'Isabelle très vive de Béatrice Bretty.

Toutefois, cette série d'interprétations, qui doivent leur particularité avant tout au jeu des comédiens, se trouve totalement renouvelée par la part de plus en plus importante prise par les metteurs en scène dans la conception du spectacle. Dès 1922, au Vieux-Colombier, Jacques Copeau monte la pièce avec une troupe de très jeunes comédiens réunis autour du Dorante de François Vibert. La fougue juvénile de la troupe surprend, mais on relève surtout le soin apporté aux décors — jardin avec arceaux, tonnelle, pots à feu pour le premier acte, architecture de voûtes et de grilles pour les suivants —, que mettent en valeur les déplacements minutieusement réglés des comédiens et un éclairage changeant tout aussi soigneusement travaillé. La scénographie, du coup, s'y remarque plus que l'interprétation. À la Comédie-Française, la première mise en scène véritablement moderne intervient en 1938. Elle est réglée par Pierre Bertin, qui connaît parfaitement la pièce pour l'avoir jouée dès 1920, au Théâtre National de l'Odéon, où il interprétait Dorante au côté de Darras dans le rôle de Cliton et de Mademoiselle Courtal dans celui de Clarice. Pierre Bertin reprend pour l'occasion le rôle du Menteur, et bénéficie d'une distribution renouvelée, où se remarque surtout l'éblouissante Clarice de Marie Bell. De nouveaux décors sont confiés à Louis Süe, qui tranchent, dans leur volonté de stylisation, avec les traditionnelles représentations d'un XVIIᵉ siècle de convention.

La même volonté de renouvellement préside aux diverses mises en scène qui se succèdent dans les années d'après-guerre. En 1950, c'est René Rocher qui monte la pièce au Théâtre Antoine, dans des décors d'André Boli. L'intérêt de la mise en scène réside ici surtout dans la volonté de faire appel à des comédiens familiers du cinéma autant que du théâtre, avec l'idée affichée de donner ainsi une sorte de modernité à l'interprétation. Toutefois, le jeu du distingué Paul Bernard paraît un peu hésitant pour figurer la vivacité de Dorante, et ce sont plutôt le Géronte très paternel de Balpétré et le Cliton plein de bon sens et d'expérience d'Henri Crémieux qui apparaissent les plus convaincants. En 1953, Denis d'Inès, doyen de la Comédie-Française, y règle une nouvelle mise en scène, où il se réserve le rôle de Cliton. À ses côtés, Bernard Dhéran incarne un Dorante racé, fin, disert, à la voix charmeuse, dont la fine moustache, les hautes cuissardes de cuir blanc, le grand chapeau à plume et la large écharpe baudrier qui lui barre la poitrine traduisent une élégance très à la mode. Il fait là ses débuts dans un rôle qu'il va durablement marquer, puisqu'il en sera soixante et onze fois l'interprète. La grâce de Marie Sabouret — Clarice — et la vivacité fine de Gisèle Casadesus — Sabine — mettent en face de lui des partenaires féminines à sa hauteur. Et les costumes, dans une sorte d'épure des lignes qui vise moins à l'exactitude historique qu'au jeu théâtral, contribuent à donner une atmosphère de gaieté enlevée à l'ensemble.

Ce sont les mêmes principes qui guident Jacques Charon, en 1956, lors de la reprise de la pièce pour le 350ᵉ anniversaire de la naissance de Corneille. À l'issue d'une semaine consacrée au dramaturge, où sont représentées six de ses tragédies, c'est *Le Menteur* qui clôture la fête. Jacques Charon privilégie pour sa mise en scène la fantaisie et le rythme. Les costumes et les décors de François Ganeau, gracieux et colorés, notamment le jardin en forme de serre avec pergola fleurie et ciel en trompe-l'œil baroque du premier acte, affichent une volonté de légèreté spirituelle, où peuvent librement se

déployer l'assurance élégante et la désinvolture affichée du
Dorante de Bernard Dhéran, de plus en plus à l'aise dans le
rôle, la coquetterie vive et piquante de la Clarice d'Yvonne
Gaudeau, la bouffonnerie un peu rustaude du Cliton de Robert Manuel, et l'élégance à la fois sourcilleuse et malicieuse
de l'Alcippe de Georges Descrières. L'impression de verve
éblouissante, de fantaisie endiablée et de franche gaieté qui
se dégage de cette mise en scène lui vaudra d'être reprise
pendant plus de dix ans, avec de nombreuses prises de rôles :
les Dorante de Jacques Sereys puis de Michel Duchaussoy —
c'est lui qui tient le rôle en 1966 dans la représentation donnée à la télévision, dans une réalisation de Jean-Paul Sassy,
où l'on retrouve Pierre Bertin en Géronte — ; mais aussi les
Cliton de René Camoin et de Michel Aumont, ou la Clarice
de Myriam Colombi.

La pièce, bénéficiant à l'extérieur du succès qu'elle obtient
sur la scène du Français, est montée encore en juillet 1959
au Théâtre en plein air des Tuileries, dans une mise en scène
originale de Georges et Pierre Peyrou : elle s'y joue, de fait,
en plein air, dans ce Jardin même des Tuileries qui en est le
décor naturel, avec les arbres qui entourent de tout côté la
scène, et une toile de fond, figurant la perspective des allées,
qui ferme le théâtre et qui offre diverses possibilités de changements à vue. Le succès de cette mise en scène toute de
grâce légère et d'heureux mouvement, où les deux metteurs
en scène tiennent eux-mêmes les rôles de Dorante et d'Alcippe, lui vaudra d'être reprise dans le même cadre l'année
suivante.

Quelques années plus tard, en 1967, la mise en scène de
Daniel Leveugle au Théâtre de l'Est Parisien bénéficie des
somptueux décors et des costumes raffinés, inspirés d'Abra-
ham Bosse, que réalise Yannis Kokkos, et d'une interprétation très enlevée, avec notamment le Dorante avantageux et
vaniteux de Guy Moigne. En province, la mise en scène de
René Lesage à la Comédie des Alpes se fait remarquer en
1970 par ses décors mobiles et par la variété des tons, entre
un Dorante tout de légèreté creuse et un Géronte presque
pathétique. La vogue du baroque inspire ainsi diverses mises

en scène, qui trouvent dans le mouvement, la parade, l'éblouissement que véhicule la comédie, matière à spectacle ondoyant et divers.

Cette visée nouvelle trouve son accomplissement dans les mises en scène les plus récentes, qui constituent sans doute à ce jour les réflexions les plus abouties sur la théâtralité de la pièce. En 1986, c'est Alain Françon qui se voit confier la mise en scène lors de la reprise à la Comédie-Française. Dans un décor d'architecture imaginaire, où Nicolas Sire s'inspire de la Cité idéale de Piero della Francesca, la scène ouverte représente une grande terrasse surplombante, avec arbres se profilant à l'arrière sur l'immensité d'un vaste ciel, puis, se refermant, figure les arcades d'un palais imposant et austère, où la lumière réglée par Joël Hourbeigt fait surgir de grandes zones d'ombre entre les hautes colonnes qui découpent verticalement la scène, faisant de l'espace scénique une sorte de lieu à la fois inquiétant et fantastique, semblable aux arcades et aux éclairages qu'on trouve dans les toiles de Chirico. Les costumes de Patrice Cauchetier — lourds velours colorés pour les femmes, grande cape rouge sur casaque moirée pour Dorante — accentuent le côté un peu vain et ostentatoire des personnages. Le metteur en scène, par la façon dont il règle les entrées et sorties de ses personnages et leurs déplacements dans le vaste espace scénique que ménage le décor, trace comme un vide qu'il remplit de l'écume des mots et des gestes, dans un jeu entre le silence et le bruit, l'être et le paraître, qui trouve toute sa force dans l'interprétation pleine de séduction de Richard Fontana : son Dorante ment avec un plaisir visible, et le comédien lui ménage une verve, un côté inventif et surprenant, une sorte de charme magique qui, répondant à la finesse d'interprétation des rôles féminins — la Lucrèce originale de Dominique Valadié, la Sabine émouvante de Christine Murillo, l'Isabelle pleine de présence de Marie-Armelle Deguy —, assure au cynisme de son menteur la reconnaissance éblouie de son public.

Après une mise en scène de Serge Lipszyc, en 1990 pour le Dix-Huit Théâtre, qui choisit avec bonheur de replacer la pièce dans son ancrage espagnol, la mise en scène que Jean-

Marie Villégier crée en 1994 en Belgique puis donne en 1995 au Théâtre de l'Athénée apparaît comme probablement la plus originale jamais proposée, et offre une lecture très neuve de l'œuvre. Le décor d'Eric Talmant figure une sorte de retable géant, qui, d'abord refermé, présente un côté sombre, plein d'un mystère vaguement inquiétant. Lorsqu'il s'ouvre, c'est sur un horizon sans limites, une étendue désertique, qui accentue le malaise et rend possibles tous les mirages. Les costumes flamboyants de Patrice Cauchetier donnent aux personnages des allures de princes et de princesses de contes, et les lumières dorées de Bruno Boyer accentuent l'effet de féerie qui enveloppe la représentation. C'est ici tout entier le théâtre qui apparaît comme le lieu du mensonge, et la diction appliquée et quasi machinale du texte fait des personnages, qu'interprète une troupe de jeunes comédiens dont aucun ne cherche à se détacher de la tonalité neutre de l'interprétation d'ensemble, les serviteurs d'un jeu où c'est l'illusion qui règle tout. Dans cette mise en scène raffinée et aiguë, le titre de la pièce semble renvoyer au mystère même du théâtre — *le menteur* par excellence —, dont Corneille apparaît, dans la droite ligne de *L'Illusion comique*, comme le redoutable et envoûtant machiniste.

Cette attention portée à l'acte dramatique et à son sens au sein même de la représentation inspire la nouvelle mise en scène que Serge Lipszyc signe, en février 1999, au Théâtre du Vésinet avec la Compagnie du Matamore. Le dispositif scénique, avec décor présentant un grand praticable incliné de forme trapézoïdale et équipé à l'italienne avec costières, trappes, châssis, implique et permet un jeu proche de la *commedia dell'arte*, comme le met en avant l'interprétation sous le masque des deux Géronte alternés de Bruno Cadillon et de Pascal Gleizes. Car la règle de l'alternance est retenue dans la distribution, chaque comédien, à l'exception du seul Henri Payet qui garde à Dorante sa permanence de menteur, jouant un personnage différent dans les deux versions que la troupe présente selon un agencement de la semaine qui retrouve les jours ordinaires (mardi, vendredi et dimanche) et les jours extraordinaires (lundi, mercredi, jeudi et samedi) des représentations du

XVIIe siècle. Cet échange des rôles renforce le plaisir pur du théâtre, tandis que les maquillages très accentués, les perruques
bouffantes et les riches costumes traduisent aussi toute l'inspiration baroque d'un spectacle dont l'aspect visuel veut signifier
que l'art du paraître et de l'illusion règne en maître, donnant à
la comédie un côté festif et débridé.

Cette importance accordée au jeu se retrouve aussi dans
une autre mise en scène récente, dont l'originalité première
est de réunir — enfin ! — pour la première fois les deux comédies. C'est en juillet 1998, au festival off d'Avignon, que
Jean-Daniel Laval monte en effet les deux pièces à la suite.
Avec la compagnie du Théâtre Pour Jouer, il propose ainsi
Les Menteurs : *Le Menteur* et *La Suite du Menteur* en alternance,
dans le même décor et avec les mêmes interprètes. La théma-
tique du mensonge s'y inscrit dans un décor de Gilles Rétoré,
figurant un plateau de tournage, avec écran de cinéma
comme toile de fond et éclairagiste réglant la lumière sur
scène, tandis qu'une troupe de comédiens procède à l'ultime
répétition de la pièce qui va être enregistrée. Le monde du
fictif et de l'inventé se trouve ainsi directement mis en scène
dans un décor qui, entre l'image du cinéma et le mouvement
de la représentation théâtrale, trace comme en pointillé la
ligne ondoyante qui sépare et relie, de façon mystérieuse, le
virtuel et la réalité. Et le Dorante brillant de Gilles Troulet
mène le jeu, lequel, se poursuivant dans les complications romanesques de *La Suite*, fait de l'ensemble des deux pièces
comme une variation sur les replis de l'imaginaire, où la jeunesse de la troupe, face à un monde menteur, affiche avec
fraîcheur et conviction ses propres rêves.

Cette interprétation, qui ramène donc en scène *La Suite* en
relation directe avec la comédie première, prouve à tout le
moins que les deux pièces, même si leur histoire théâtrale est
fort différente, sont susceptibles d'éveiller de nouvelles curio-
sités. Et, à cet égard, si c'est évidemment *Le Menteur* qui peut
se parer du plus brillant passé, *La Suite*, par le fait même
qu'elle a été longtemps négligée et qu'elle commence à
peine à être redécouverte, pourrait bien à son tour s'ouvrir
un avenir prometteur.

BIBLIOGRAPHIE

1. Éditions

Pour l'ensemble de l'œuvre de Corneille, on se reportera aux éditions de :

Marty-Laveaux : Corneille, *Œuvres complètes*, Hachette, coll. des Grands Écrivains de la France, 1862-1868, 12 vol.

Georges Couton : Corneille, *Œuvres complètes*, Gallimard, Bibliothèque de La Pléiade, 1980-1987, 3 vol.

2. Études générales sur le théâtre au XVIIe siècle

Antoine Adam, *Histoire de la littérature française au XVIIe siècle*, Domat, 1948-1956, 5 vol.

Gabriel Conesa, *La Comédie de l'âge classique (1630-1715)*, Le Seuil, 1995.

Sophie Wilma Deierkauf-Holsboer, *L'Histoire de la mise en scène dans le théâtre français à Paris de 1600 à 1673*, Nizet, 1960.

Nathalie Fournier, *L'Aparté dans le théâtre français du XVIIe siècle au XXe siècle*, Louvain-Paris, Éditions Peeters, 1991.

Michel Gilot et Jean Serroy, *La Comédie à l'âge classique*, Belin, 1997.

Roger Guichemerre, *La Comédie avant Molière (1640-1660)*, Armand Colin, 1972 — *La Comédie classique en France*, P.U.F., 1978 — *La Tragi-comédie*, P.U.F., 1981.

Pierre Larthomas, *Le Langage dramatique*, Armand Colin, 1972.

Charles MAURON, *Psychocritique du genre comique*, José Corti, 1964.

Colette SCHERER, *Comédie et société sous Louis XIII*, Nizet, 1983.

Jacques SCHERER, *La Dramaturgie classique en France*, Nizet, 1959.

3. Études générales sur le théâtre de Corneille

Actes du Colloque de Rouen (octobre 1984), éd. Alain Niderst, P.U.F., 1985.

Paul BÉNICHOU, *Morales du Grand Siècle*, Gallimard, 1948.

Maurice DESCOTES, *Les Grands Rôles du théâtre de Corneille*, P.U.F., 1962.

Bernard DORT, *Corneille dramaturge*, L'Arche, 1972.

Serge DOUBROVSKY, *Corneille et la Dialectique du héros*, Gallimard, 1963.

Georges FORESTIER, *Essai de génétique théâtrale. Corneille à l'œuvre*, Klincksieck, 1996.

Corneille. Le sens d'une dramaturgie, Sedes, 1998.

Louis HERLAND, *Corneille par lui-même*, Le Seuil, 1954.

Jean-Claude JOYE, *Amour, pouvoir et transcendance chez Pierre Corneille*, Berne, Peter Lang, 1986.

Jacques MAURENS, *La Tragédie sans tragique. Le néo-stoïcisme dans l'œuvre de P.Corneille*, Armand Colin, 1966.

Octave NADAL, *Le Sentiment de l'amour dans l'œuvre de P. Corneille*, Gallimard, 1948.

Jacques SCHERER, *Le Théâtre de Corneille*, Nizet, 1984.

Marie-Odile SWEETSER, *La Dramaturgie de Corneille*, Genève, Droz, 1977.

4. Études portant sur les comédies de Corneille

Gabriel CONESA, *Pierre Corneille et la Naissance du genre comique (1629-1636)*, Sedes, 1989.

Robert GARAPON, *Le Premier Corneille, de Mélite à L'Illusion comique*, Sedes, 1982.

Théodore A. LITMAN, *Les Comédies de Corneille*, Nizet, 1981.

Jonathan MALLISON, *The Comedies of Corneille. Experiments in the comic*, Manchester University Press, 1984.

Milorad R. MARGITIC, éd., *Corneille comique. Nine studies of Pierre*

Corneille's comedy, Paris-Seattle-Tübingen, Biblio 17, 4, 1982.
Contient une bibliographie : « Corneille comique : a biblio-
graphical guide (1633-1980) ».

Han VERHOEFF, *Les Comédies de Corneille, une psycholecture*,
Klincksieck, 1979.

5. Études portant sur *Le Menteur* et *La Suite du Menteur*

Pierre CAHNÉ, « Note sur la comédie du *Menteur* — charge
ironique de la parole du philosophe ? », in *PFSCL*, 1998,
XXV, 49.

Roxanne DEIKER-LALANDE, « Corneille's Liar : the counterfei-
tor as creative artist », in *PFSCL*, 1985, XII, 22.

Simone DOSMOND, « Les confident(e)s dans le théâtre comique de Corneille », in *PFSCL*, 1998, XXV, 48.

Noëlle GUIBERT, « *Le Menteur* mis en scène », in *Comédie-Française*, 1986, 145-146.

Michael JONES, « Five liars : French, English and Italian imita-
tions of *La Verdad sospechosa* », in *Publications of Modern
Language Association*, nov. 1984, 62.

Cynthia B. KERR, « Sous le signe de l'Europe : *Le Menteur* de
Jean-Marie Villégier », in *PFSCL*, 1998, XXV, 49.

Alain LANAVÈRE, « *Le Menteur* de Corneille. "Par un si rare
exemple apprenez à mentir" », in *L'Art du Théâtre*, P.U.F.,
1992.

François LASSERRE, « La réflexion sur le théâtre dans les comédies de Corneille », in *PFSCL*, 1986, XIII, 24.

« La Raison d'être des *a parte* dans *Le Menteur* », in *PFSCL*,
1998, XXV, 48.

John D. LYONS, « Discourse and authority in *Le Menteur* », in
Corneille comique, Paris-Seattle-Tübingen, Biblio 17, 4, 1982.

Milorad R. MARGITIC, « Humour et parodie dans les comédies
de Corneille », in *PFSCL*, 1998, XXV, 48.

Louis MARIN, « *Le Menteur* ou la variation des noms et des
corps », in *Comédie-Française*, 1986, 145-146.

Charles MAZOUER, « L'Épreuve dans les comédies de Corneille », in *PFSCL*, 1998, XXV, 48.

Emmanuel MINEL, « Du *Menteur* à sa *Suite* : de la valeur
comme vaine sociabilité à la valeur en liberté surveillée, ou

d'une théâtralité problématique à une théâtralité autono-
me », in *PFSCL*, 1998, XXV, 48.

Liliane P<small>ICCIOLA</small>, « Corneille interprète de Lope de Vega dans
La Suite du Menteur », in *Littératures Classiques*, 1990, 13.
« Six années de variations cornéliennes sur la *comedia* », in
L'Âge d'or de l'influence espagnole, éd. Charles Mazouer,
Mont-de-Marsan, Éditions InterUniversitaires, 1991.

Cecilia R<small>IZZA</small>, « Un discours sur la comédie dans *La Suite du
Menteur* », in *Création et recréation*, Mélanges Marie-Odile
Sweetser, éd. Claire Gaudiani, Tübingen, Gunter Narr Ver-
lag, 1993.

Philippe S<small>ÉNART</small>, « La Revue théâtrale : Corneille, *Le Menteur* », in *Revue des Lettres Modernes*, mai 1986.

Jean S<small>ERROY</small>, « La sincérité du Menteur », in *Travaux de Littérature*, VII, 1994.

Antoine S<small>OARE</small>, « Sur un mensonge du *Menteur* : "poudre de
sympathie" et "résurrections" tragi-comiques », in *PFSCL*,
1998, XXV, 48.

Marie-Odile S<small>WEETSER</small>, « Niveaux de la communication et de
la création dans les récits du *Menteur* » et « Note bibliogra-
phique : les comédies de l'illusion, 1964-1984 », in *PFSCL*,
1985, XII, 22.

Marie-France W<small>AGNER</small>, « L'Éblouissement de Paris : promenades urbaines et urbanité dans les comédies de Corneille »,
in *PFSCL*, 1998, XXV, 48.

Selma A. Z<small>EBOUNI</small>, « Comique, baroque, parodie et *Le Menteur*
de Corneille », in *PFSCL*, 1987, XIV, 27.

NOTE SUR LE TEXTE

Le texte du *Menteur* a été publié en 1644. Le titre complet de cette première édition est :

LE MENTEUR / Comédie. / Imprimé à Rouen, et se vend / À Paris, / Chez / Antoine de Sommaville, / en la galerie des Merciers, / à l'Écu de France. / Au / Palais / Et Augustin Courbé, en la même / galerie, à la Palme. / M. DC. XLIV. / Avec privilège du Roi.

Cette édition in-4° représente l'édition originale. Une autre édition, in-12°, parue la même année chez les mêmes éditeurs, présente peu de différence par rapport à l'originale. En revanche, Corneille revient plusieurs fois sur son texte dans les diverses éditions collectives où celui-ci figure, en 1648, 1652, 1654, 1655, 1656, 1657, 1660, 1663, 1664, 1668, 1682.

Nous reproduisons le texte de 1682, en indiquant en notes les principales variantes.

Le texte de *La Suite du Menteur* a été publié en 1645. Le titre complet de cette première édition, qui constitue l'édition originale in-4°, est :

LA SUITE / DU / MENTEUR, / Comédie. / Imprimé à Rouen, &

se vend / À Paris, / Chez / Antoine de Sommaville, / en la Galerie des Merciers, / à l'Écu de France. Au / Palais. / Et / Augustin Courbé, en la même / galerie, à la Palme. / M. DC. XLV. / Avec privilège du Roi.

Corneille a repris et corrigé son texte dans les éditions collectives ultérieures de 1648, 1652, 1654, 1655, 1656, 1660, 1663, 1664, 1668, 1682.

Nous reproduisons le texte de 1682, en indiquant en notes les principales variantes.

Le texte de 1682 (pour les deux pièces) se trouve dans *Le Théâtre de P. Corneille*, IIᵉ Partie, À Paris, chez Guillaume de Luyne, 1682.

NOTES

Nous avons principalement fait appel, pour définir le sens des mots, aux trois grands dictionnaires du XVIIᵉ siècle, désignés par les lettres suivantes :
— **A** : *Dictionnaire de l'Académie française*, 1694.
— **F** : Furetière, *Dictionnaire universel*, 1690.
— **R** : Richelet, *Dictionnaire français*, 1680.

Le Menteur

AVANT-TEXTES

Page 37.

1. Cette épître figure dans les éditions antérieures à 1660. Le destinataire, anonyme, en est probablement fictif.

Page 38.

1. Entre 1629 et 1634, Corneille débute dans la carrière dramatique par cinq comédies (*Mélite, La Veuve, La Galerie du Palais, La Suivante,* et *La Place Royale*) et une tragi-comédie (*Clitandre*). Il n'aborde vraiment la tragédie qu'en 1635 avec *Médée*.

2. *Naïf* : « Naturel » (A). Le terme désigne ici le registre commun propre à la comédie.

3. Les éditions de 1648 à 1656 portent : *une guide*. « Ce mot signifiant chose qui guide ou qui conduit, est féminin. Ainsi on dit *La guide des Pécheurs*, qui est un livre espagnol plein de piété » (R).

4. *Lope de Vega* : voir sur la source espagnole de la pièce et sur le travail d'adaptation de Corneille les indications données dans la Notice (p. 298-304).

5. *Intriques* : le mot est masculin à l'origine, et le reste sous sa forme *intrique*, tandis que sous sa forme *intrigue*, qui s'impose progressivement au cours du siècle, il tend à devenir féminin

6. Allusion aux vers d'Horace, dans *L'Épître aux Pisons* : « Peintres et poètes ont toujours eu le droit de tout oser » (Horace, *L'Art Poétique*, v. 9-10, in *Œuvres complètes*, éd. François Richard, Garnier, 1950, T. II, p. 263).

7. La guerre de Trente Ans oppose les deux pays. La saison même où est créé *Le Menteur*, 1643, les opérations importantes se succèdent : après la victoire de Condé sur les Espagnols à Rocroi en mai, les troupes françaises connaissent la défaite en Aragon en novembre.

Page 39.

1. Cette adresse au lecteur figure dans les éditions collectives de 1648 à 1655.

Page 40.

1. Le vingt-deuxième volume des *Comedias* de Lope de Vega avait été publié à Saragosse en 1630. Toutes les pièces du recueil étaient bien de Lope de Vega, à la réserve de la seule *Verdad sospechosa*, qui était de Juan Ruiz de Alarcón, né au Mexique vers 1581 et mort à Madrid en 1639.

2. Il s'agit de Constantin Huygens de Zuylichem (1596-1687), le père du célèbre astronome.

3. Allusion à la querelle ayant pour objet une tragédie latine d'Heinsius, *Herodes infanticida*, publiée en 1632, que

Guez de Balzac avait vivement critiquée dans un *Discours sur une tragédie de M. Heinsius* en 1636.

4. *Épigrammes* : le mot est alors masculin.

5. *L'impression qu'en ont faite les Elzeviers* : en 1645, à Leyde.

Page 41.

1. Cette pièce de vers en latin et sa traduction française figurèrent d'abord dans deux éditions elzéviriennes du *Menteur* en 1645 et 1647, avant d'être annexées à l'adresse au lecteur dans les éditions collectives de 1648 à 1655.

Page 43.

1. L'Examen date de l'édition de 1660.

2. Alarcón a publié deux volumes de ses comédies, en 1628 et 1634. C'est dans la préface de 1634 qu'il revendique *La Verdad sospechosa*, se plaignant que d'autres s'en soient prévalus à sa place.

3. *Constant* : bien établi, indubitable. « Rien n'est si constant que la mort » (R).

4. Sur « l'aversion naturelle » que Corneille a « toujours eue pour les *a parte* », voir les Examens de *La Veuve* et de *La Suivante*.

Page 44.

1. *Protase* : « C'est la première partie d'un poème dramatique, qui explique au peuple le sujet ou l'argument de la pièce » (F). Corneille s'explique plus précisément sur la question des unités dans *Le Menteur* dans son *Discours des Trois unités* (1660).

2. Chez Alarcón, la pièce se termine de façon assez brutale sur l'ordre donné par les deux pères au menteur, Don Garcia, d'épouser Lucrecia, qu'il n'aime pas, et la morale en est tirée par le valet Tristan :

DON BELTRAN : *Vive Dieu ! si tu n'épouses pas Lucrecia, je t'ôterai la vie.*
DON JUAN DE LUNA : *Je vous ai accordé Lucrecia, et vous l'avez acceptée ; si votre folle inconstance vous a fait si promptement changer, je laverai mon déshonneur dans votre sang.*

TRISTAN : *Vous êtes le seul coupable : si, dès l'abord, vous aviez dit la vérité, à cette heure Jacinta serait à vous, mais, puisqu'il n'est point de remède, donnez votre main à Lucrecia ; c'est aussi une charmante jeune fille.*
DON GARCIA : *Je la lui donne, puisqu'il le faut.*
TRISTAN : *Voyez combien le mensonge est funeste, et vous tous considérez que, dans la bouche accoutumée à mentir, la vérité devient suspecte.*

Page 45.

1. Les éditions de 1644 à 1656 comportent, dans la liste des acteurs, un nom supplémentaire à la suite de Géronte : AR-GANTE, gentilhomme de Poitiers, ami de Géronte. Celui-ci intervient dans la scène 1 de l'Acte V modifiée. Voir la variante de la n. 1. p. 134.

ACTE I

Page 47.

1. *J'ai fait banqueroute à* : « Se dit fig. en choses spirituelles » (F) pour renoncer à, fausser compagnie à. Il est « du style le plus simple » (R).

2. *Cavalier* : « Sign. aussi un gentilhomme qui porte l'épée et qui est habillé en homme de guerre » (F). Var. 1644-1656 :

DORANTE
... bien fait en Cavalier ?
Ma mine a-t-elle rien qui sente l'écolier ?
Qui revient comme moi des royaumes du Code
Rapporte rarement un visage à la mode.

CLITON
Cette règle, Monsieur, n'est pas faite pour vous,

3. *Bartole* : jurisconsulte italien du XIVe siècle, commentateur scolastique du droit romain, dont les œuvres avaient été imprimées au XVIe siècle en dix volumes. Il était de petite taille et de complexion fragile.

Page 48.

1. *Comme* : « De quelle manière » (A).

2. *Tablature* : « On dit fig. qu'un homme donnerait de la tablature à un autre, pour dire qu'il est plus habile que lui en cela » (A). Le mot renvoie, au sens propre, au système de « notes ou marques qu'on met sur du papier réglé pour apprendre à jouer des instruments » (F) et se dit par extension de tout ce qui sert à montrer, à enseigner.

3. *À gauche* : « On dit fig. prendre une chose à gauche, pour dire la prendre de travers, la prendre autrement qu'il ne faut » (A).

Page 49.

1. *Traitables* : « Qui a l'esprit doux et facile, qui entend volontiers raison, qui se porte à l'accommodement » (F).

2. Var. 1644-1656 :

> ... *de ces sages coquettes*
> *Qui bornent au babil leurs faveurs plus secrètes,*
> *Sans qu'il vous soit permis de jouer que des yeux,*

3. Var. 1644-1656 :

> ... *hors de mode*
> *J'en voyais là beaucoup passer pour gens d'esprit,*
> *Et faire encore état de Chimène et du Cid,*
> *Estimer de tous deux la vertu sans seconde,*
> *Qui passeraient ici pour gens de l'autre monde,*
> *Et se feraient siffler si dans un entretien*
> *Ils étaient si grossiers que d'en dire du bien.*
> *Chez les Provinciaux...*

4. *À la montre* : « Sign. aussi la revue qui se fait d'une armée, d'un régiment. On dit fig. passer à la montre, pour dire : être reçu, être admis parmi les autres quoiqu'on leur soit inférieur en dignité, en mérite » (A).

Page 50.

1. *Marchands mêlés* : « On dit fig. d'un homme qui se mêle de diverses choses et est capable de divers emplois que c'est un marchand mêlé » (A).

2. *De mise* : « D'un homme qui sait se faire valoir et par suite bien accueillir, on dit qu'il se fait de mise » (F).

3. *Autant comme* : autant que. Vaugelas le proscrit.

4. *D'un tel contretemps* : si mal à propos. « On dit prendre un contretemps pour dire : prendre mal son temps pour quelque chose » (A).

Page 51.

1. *Die* : forme archaïque du subjonctif (dise), acceptée encore par Vaugelas.

2. *Pour en mourir* : pour en mourir d'envie, pour le désirer avec ardeur.

Page 52.

1. *Heur* : « Bonne fortune » (A), bonheur.

2. *Injure* : « Tort. Manquement au droit, à la justice » (R).

Page 53.

1. La guerre de Trente Ans, qui dure depuis 1618, est alors entrée dans sa dernière phase. Elle va bientôt s'achever, en 1648, par les traités de Westphalie.

Page 54.

1. *La Gazette* : premier journal régulier, elle a été fondée en 1631 par Théophraste Renaudot.

Page 55.

1. Les opérations militaires étaient en général suspendues pendant l'hiver, permettant ainsi aux officiers de revenir à la cour Var. 1644-1656 :

DORANTE, à Cliton.
Maraud, te tairas-tu ?

À Clarice.
Avec assez d'honneur j'ai souvent combattu,
Et mon nom a fait bruit peut-être avec justice.

CLARICE
Qui vous a fait quitter un si noble exercice ?

DORANTE
Revenu l'autre hiver pour faire ici ma Cour

Page 56.

1. Comme le signale l'Examen, « le premier acte est dans les Tuileries ».

2. *La Place* : la place Royale, où l'Examen situe les quatre actes suivants. Dorante, qui arrive de Poitiers, ignore que le parler à la mode la désigne sous le simple nom de « la Place ».

Page 57.

1. Var. 1644-1656 :

> *Ah, depuis qu'une femme a le don de se taire*
> *Elle a des qualités au-dessus du vulgaire,*
> *Cette perfection est rare, et nous pouvons*
> *L'appeler un miracle au siècle où nous vivons,*
> *Puisqu'à l'ordre commun le Ciel fait violence*
> *La formant compatible avecque le silence.*
> *Moi, je n'ai point d'amour en l'état où je suis,*
> *Et quand le cœur m'en dit...*

2. *Magot* : gros singe sans queue.

Page 58.

1. *Incartades* : var. 1644-1656 : boutades. Les deux mots ont à peu près le même sens d'« affirmations paradoxales ».

2. *Action* : « Se dit aussi pour marquer la véhémence, la chaleur à dire ou à faire quelque chose. Se dit d'un geste, d'une contenance » (A).

3. *Collation* : « Il sign. aussi tout repas qu'on fait entre le dîner et le souper, ou même après le souper » (A).

Page 62.

1. *Incognito* : l'expression était alors récente, comme le signale Vaugelas : « Depuis quelque temps nous avons pris ce mot aux Italiens. »

2. *Rencontre* : « Sign. encore occasion » (A).

Page 63.

1. Var. 1644-1656 :

> *S'il eût pris notre avis, ou s'il eût craint ma haine,*
> *Il eût autant tardé qu'à la couche d'Alcmène.*

Page 64.

1. *Se passer à* : « Se contenter » (A).

Page 66.

1. Série de termes renvoyant à l'écriture et à l'enseigne-ment du droit : les *rubriques*, qui désignent à l'origine les titres imprimés à l'encre rouge dans les ouvrages de droit, renvoient aux chapitres du code ; le *Code* désigne le Code de Justinien, auquel *Accurse*, juriste italien du XIIIᵉ siècle, avait ap-porté des compléments, les *Authentiques*. Le *Digeste* est un au-tre recueil de jurisprudence établi également sur ordre de Justinien ; l'*Infortiat* en constitue la seconde partie, entre la première, le *Vieux*, et la troisième, le *Nouveau* Digeste. *Balde, Jason* et *Alciat* sont, comme Accurse, des juristes italiens des XIVᵉ, XVᵉ et XVIᵉ siècles.

2. *Paragraphe* : « Terme de jurisconsulte. C'est une section ou division qui se fait des textes de lois, ce qui s'appelle ail-leurs un *article* » (F).

3. *Lamboy, Jean de Vert, et Galas* : noms de généraux de l'Em-pereur Ferdinand III, qui avaient été vaincus et faits prison-niers par les Français entre 1636 et 1642.

4. *Les bayes qu'on leur donne* : « On dit proverbialement d'un

grand hâbleur que c'est un donneur de bayes, lorsqu'il promet beaucoup et qu'il ne tient rien » (F).

Page 67.

1. *Succès* : « Issue d'une affaire. Il se dit en bonne et mauvaise part » (F).

2. *Urgande et Mélusine* : fées célèbres des romans populaires,
notamment des *Amadis*.

Page 68.

1. *Intrigues* : voir la n. 5, p. 38.

ACTE II

Page 69.

1. Var. 1644-1656 :

> *... de se voir mariée :*
> *Aussi d'en recevoir visite et compliment,*
> *Et lui donner entrée en qualité d'amant,*
> *S'il faut qu'à vos projets la suite ne réponde,*
> *Je m'engagerais trop dans le caquet du monde.*

2. *La même justice* : la justice même.

Page 70.

1. *Écolier* : étudiant. L'école représente la faculté, les écoles
pour enfants étant plutôt dites « petites écoles ».

2. *Arrêter* : fixer, installer. Géronte s'intéresse d'autant plus
à voir Dorante marié que celui-ci est son fils unique.

Page 71.

1. Alciat, le jurisconsulte cité par Dorante à la scène 6 de
l'acte I, était aussi l'auteur de célèbres *Emblèmes*. L'un de
ceux-ci représentait la barbarie du tyran Mézence, enchaî-
nant un homme vivant à un cadavre, et le commentaire indi-
quait que cet acte inhumain symbolisait bien les mariages

forcés, où l'époux contraint devait rester lié jusqu'à la mort au conjoint à qui on l'avait attaché, comme si c'était « corps vifs joindre aux corps morts infectés ». Clarice a peut-être cette image en tête.

Page 72.

1. *Sa défaite* : le fait de s'en défaire, de le perdre. « On dit d'une belle fille qu'elle est de bonne *défaite*, qu'on lui trouvera bientôt un bon parti » (F).

2. *Propre* : « Sign. aussi convenable à quelqu'un ou à quelque chose » (A).

Page 73.

1. Var. 1644-1656 : *Nous connaîtrons Dorante avecque cette ruse.*

Page 77.

1. *Bizarre* : « Sign. fantasque, bourru, capricieux, fâcheux, importun, désagréable » (R).

Page 78.

1. *À moins* : c'est le texte de l'édition originale. La correction qui intervient à partir de 1652 — « au moins » — apparaît peu satisfaisante.

Page 80.

1. Louis XIV organisa en 1664 à Versailles la fête des « Plaisirs de l'Ile enchantée ». Voir sur ce point le rapprochement avec la Préface (p. 29).

2. Amphion, poète et musicien, bâtit les murs de Thèbes, les pierres venant se mettre en place d'elles-mêmes au son magique de sa lyre.

3. Les terrains du Pré-aux-Clercs, sur la rive gauche de la Seine, vers Saint-Germain des Prés, étaient alors l'objet de multiples constructions.

4. Le Palais Cardinal fut construit par Richelieu de 1629 à 1636. Var. 1644 :

> *... ne peut rien voir d'égal*
> *À ce que tu verras vers le Palais Royal.*

5. Var. 1644-1656 :

> *Où la chaleur de l'âge, et l'honneur te convie*
> *D'exposer à tous coups et ton sang, et ta vie,*

Page 82.

1. Les éditions précédentes portent « Mais s'il m'est impossible ? » (1644-1663) ou « Mais s'il est impossible ? » (1664-1668), qui apparaissent préférables.

Page 83.

1. *Lieu* : « Sign. aussi origine, extraction, maison, famille » (F).

Page 84.

1. *Ma montre sonna* : certaines montres de prix sonnaient les quarts, les demies et les heures.

2. *Horlogier :* forme ancienne du mot. On trouve aussi, au début du siècle : horlogeur, horologeur ou horologier. À partir de 1656, les éditions donneront horlogers.

3. *Le déclin* : le ressort qui fait abattre le chien de l'arme sur le bassinet et met le feu à la poudre.

Page 85.

1. *Aucunement* : « Se dit aussi à l'affirmative pour dire : en quelque façon » (F).

2. *Escabelle* : forme vieillie d'escabeau. L'escabelle était généralement à trois pieds.

Page 86.

1. *Bonace* : « Calme de la mer, qui se dit quand le vent est abattu, ou a cessé » (F).

2. *En tient-il* : « Être pris, être dupé, être attrapé » (R).

Page 87.

1. *Industrie* : « Adresse de faire réussir quelque chose » (F).

2. *M'en parer* : esquiver, parer le coup (terme d'escrime).

Page 89.

1. Var. 1644-1656 :

DORANTE

Autre billet.

Billet d'Alcippe à Dorante.

Une offense reçue
Me fait l'épée en main souhaiter votre vue,
Je vous attends au mail.

Alcippe.

DORANTE, *après avoir lu.*

Oui volontiers,
Je te suis.

ACTE III

Page 90.

1. *Vous faisiez* : vous agissiez. Allusion au duel qui vient d'avoir lieu entre les deux actes. Alarcón, dans sa pièce, fait combattre les deux rivaux sous l'œil des spectateurs.

2. *Heur* : bonheur (voir n. 1, p. 52).

Page 91.

1. *Vaut faite* : vaut comme si elle était faite.

Page 92.

1. *Ennui* : « Sign. aussi généralement fâcherie, chagrin, déplaisir, souci » (A).

Page 93.

1. *Coiffe* : « Morceau de taffetas rond, plissé par derrière et ourlé tout autour, dont les dames et les bourgeoises se couvraient la tête, qu'elles tournaient autour de leur visage et nouaient un peu au-dessous du menton » (R).

2. *Couleurs* : « Au pluriel, se prend quelquefois pour la livrée dont on habille les pages, cochers, laquais, etc. » (A).

3. Var. 1644-1656 :

> ... *chez elle avaient dîné.*
>
> *Comme il en voit sortir ces deux beautés masquées,*
> *Sans les avoir au nez de plus près remarquées,*
> *Voyant que le carrosse, et chevaux, et cocher*
> *Étaient ceux de Lucrèce, il fuit sans s'approcher,*
> *Et les prenant ainsi pour Lucrèce et Clarice*

Page 94.

1. *Admirez* : « Regarder avec étonnement quelque chose de surprenant ou dont on ignore les causes » (F).

2. *Machine* : appareil de théâtre, qui permettait de faire évoluer dans les airs dieux, déesses, fées... Corneille a écrit lui-même deux tragédies à machines, *Andromède* et *La Toison d'or*, et participé avec Molière à *Psyché*.

3. *Foi* : « Créance » (A), confiance, crédulité.

Page 96.

1. *Tranchent des entendus* : affectent l'air de ceux qui s'y entendent. Entendre : « Avoir connaissance et pratique d'une chose » (A).

Page 97.

1. *Fourbe* : « Tromperie » (F).

2. *Il y pipe* : « Sign. aussi fig. exceller en quelque chose » (A).

3. *Pièce* : tour, malice. « On dit fig. jouer une pièce à quelqu'un, pour dire : lui faire affront, lui causer quelque dommage » (A).

4. *Brouiller* : « Sign. fig. mettre de la confusion et du désordre » (A), « embarrasser » (R).

Page 98.

1. *De vrai* : il est vrai, à la vérité.

2. *Garde, mesures* : termes d'escrime. Sortir de garde, c'est

se découvrir, et perdre ses mesures, c'est mal calculer la distance pour porter son attaque.

Page 99.

1. *Connaître* : reconnaître.

2. *La Robe* : « Se prend aussi pour la profession des gens de judicature : les gens de robe, la noblesse de robe, famille de robe » (A).

3. *Piper* : « Au fig. il s'emploie communément pour dire : tromper » (F). C'est ici un autre sens figuré que celui du vers 877 (voir n. 2, p. 97).

4. *Martre pour renard* : expression proverbiale, signifiant répondre à une tromperie par une tromperie plus grande (la peau de martre étant plus précieuse que celle de renard).

Page 101.

1. Var. 1644-1656 :

LUCRÈCE, à Clarice.
Il continue encor à te conter sa chance.

CLARICE, à Lucrèce.
Il continue encore dans la même impudence :
Mais m'aurait-il déjà...

2. *Que j'ai vécu* : pendant lesquels j'ai vécu. La valeur de complément de temps peut expliquer que *vécu* soit écrit sans *s*.

Page 102.

1. *Pièces* : affronts, mauvais tours (voir la n. 3, p. 97).

2. *Foudre* : « Masc. et fém. » (A).

Page 103.

1. *Naïveté* : état de ce qui est naïf, c'est-à-dire, « naturel, sans fard, sans artifice » (A).

2. *N'en a vu qu'à coups d'écritoire, ou de verre* : n'a connu d'exploits que ceux qu'il a inventés en les écrivant ou en les rêvant sous l'emprise de la boisson.

Page 104.

1. *Saison* : « Sign. encore le temps propre pour faire quelque chose » (A).

Page 105.

1. *Pièce* : voir la n. 3, p. 97.
2. *Au besoin* : sous l'effet de la nécessité, dans une situation
difficile.
3. *Je fais banqueroute à* : j'échappe à (voir la n. 1, p. 47).

Page 106.

1. *M'en parer* : m'en garantir, l'esquiver (voir la n. 2, p. 87).
2. *De maison* : de grande maison, de famille noble. « Il ne
se dit guère que des races nobles et illustres » (R).

Page 107.

1. *C'est hasard s'il n'en jure* : il serait bien étonnant qu'il
n'en jure pas.
2. *Vous couchez d'imposture* : « On dit fig. qu'un homme cou-
che gros, pour dire qu'il promet ou qu'il avance des choses
extraordinaires et au-dessus de ses forces » (A). L'expression
relève du vocabulaire du jeu : coucher, c'est miser, risquer,
mettre enjeu sur table.

Page 108.

1. *Baye* : tromperie (voir la n. 4, p. 66).
2. Cliton reprend ironiquement les paroles de Dorante,
aux vers 349-350.
3. *Traverse* : « Obstacle à la réussite des affaires qu'on entreprend » (F).

Page 109.

1. *Marchand* : « Se dit aussi des bourgeois ou passagers qui
achètent » (F). Le terme désignant celui qui participe à un
marché peut renvoyer tant au vendeur qu'à l'acheteur.
2. *Chevet* : « Traversin, long oreiller sur lequel on appuie la
tête, lorsque l'on est dans le lit » (A).

ACTE IV

Page 110.

1. *Qu'il soit jour* : « On dit aussi chez les grands : est-il jour ?
pour dire : est-on levé ? » (F).

Page 111.

1. *Fassent vertu* : aient quelque effet.

Page 112.

1. *Telle quelle* : « Façon de parler dont on se sert pour marquer qu'une chose est médiocre dans son genre et plutôt
mauvaise que bonne » (A).

2. *Appel* : « Sign. aussi le défi qu'on fait à quelqu'un de se
battre en duel » (A).

Page 114.

1. *Prendre l'heure* : « Se dit aussi du temps précis d'une assignation : j'ai pris heure avec mon avocat » (F).

Page 115.

1. *Vous m'en donnez* : « En donner à garde, en donner, en
donner d'une : c'est en faire accroire » (A) à une personne,
la tromper.

2. Var. 1644-1663 : *Que quiconque en écnappe est bien aimé de
Dieu.*

3. *Poudre de Sympathie* : vulnéraire, fait de sulfate calciné,
« que l'on appliquait sur le sang sorti d'une blessure, et que
l'on prétendait agir par vertu sympathique sur la personne
blessée, quoiqu'elle fût dans un certain éloignement » (A).
Ladite poudre, qui passait pour un remède miraculeux, était
d'usage récent, ayant été utilisée pour la première fois en
1642 dans l'armée.

Page 116.

1. *Efficace* : « Vertu par laquelle une cause produit son effet » (F). On réserve plutôt « efficacité » au langage religieux, pour parler de la grâce.

2. *En moins d'un tournemain* : « En moins de temps qu'il n'en faut pour tourner la main » (A).

Page 117.

1. *Menu...* : en petits morceaux. L'expression est courante ; on la retrouvera chez Perrault dans *Le Chat Botté* : « Vous serez tous hachés menu comme chair à pâté » (*Contes*, Folio classique, p. 85)

2. *Ceux que le Ciel a joint* : le texte ne fait pas l'accord. L'usage reste encore très variable au XVIIe siècle, en ce qui concerne l'accord du participe passé avec avoir et un complément d'objet direct antéposé.

Page 118.

1. *Hasarder* : mettre en danger, faire courir un risque

Page 119.

1. *Le dessus* : « On dit aussi le dessus d'une lettre, pour dire la suscription, l'adresse » (F).

Page 123.

1. *Pluie* : « On le dit aussi comiquement, quand avec de l'argent on corrompt les valets » (F).

Page 124.

1. *Elle se rend* : se montrer, se faire, « devenir » (A).

2. *Le secret a joué* : ces mots sont prononcés bas, à Cliton, et renvoient au vers 1106. La suite s'adresse, tout haut, à Sabine.

3. *Fait litière de* : est prodigue de. « On dit que les hommes font litière de quelque chose, quand ils en font dégât et profusion, quand ils l'estiment aussi peu que de la litière » (F).

Page 125.

1. *Elle tient le loup par les oreilles* : reprise du proverbe latin, « tenere lupum auribus », qui signifie « se trouver dans l'embarras ».

Page 126.

1. *Ennui* : désespoir (voir la n. 1, p. 92).

Page 127.

1. *Poulet* : message, billet doux. « Ainsi nommés parce qu'en les pliant on y faisait deux pointes qui rappelaient les ailes d'un poulet » (F).
Var. 1644-1656 : *Elle meurt de savoir que chante le poulet.*

Page 128.

1. *Nous en a trop donné* : nous a trop trompées (voir la n 1, p. 115)

Page 129.

1. *Par rencontre* : par hasard (voir la n. 2, p. 62).
2. *Que je m'assure* : que je prenne des garanties, des précautions.

Page 131.

1. Var 1644 :

> *... aime bientôt après.*

> LUCRÈCE
> *Si je te disais donc qu'il va jusqu'à m'écrire,*
> *Que je tiens son billet, que j'ai voulu le lire ?*

> CLARICE
> *Sans crainte d'en trop dire, ou d'en trop présumer,*
> *Je dirais que déjà tu vas jusqu'à l'aimer.*

> LUCRÈCE
> *La curiosité souvent...*

2. *Vous n'en casserez... que d'une dent* : « Ne manger point de quelque chose », n'en attraper qu'un morceau, d'où, au figuré, « n'obtenir point ce qu'on prétend » (F).

Page 132.

1. *Saison* : heure (voir la n. 1, p. 104).

Page 133.

1. *À prendre sur le vert* : le sens de l'expression est ambigu. Si l'on suit Richelet (« Ceux qui ont été pris sur le vert sont ceux qui ont été pris et sont morts fort jeunes »), il faut comprendre : il est homme à saisir pendant qu'il est encore tendre. Si l'on suit Furetière (« On dit qu'un homme a été pris sur le vert, pour dire sur le fait »), on peut plutôt pencher pour : il faut le prendre en profitant de l'occasion, avant qu'il change d'avis.

ACTE V

Page 134.

1. Var. 1644-1656. La scène remplace Philiste par Argante, et commence ainsi :

GÉRONTE, ARGANTE

ARGANTE

La suite d'un procès est un fâcheux martyre.

GÉRONTE

Vu ce que je vous suis, vous n'aviez qu'à m'écrire,
Et demeurer chez vous en repos à Poitiers,
J'aurais sollicité pour vous en ces quartiers :
Le voyage est trop long, et dans l'âge où vous êtes
La santé s'intéresse aux efforts que vous faites ;
Mais puisque vous voici, je veux vous faire voir
Et si j'ai des amis, et si j'ai du pouvoir.

Faites-moi la faveur cependant de m'apprendre
Quelle est et la famille, et le bien de Pyrandre.

ARGANTE

Quel est-il ce Pyrandre ?

GÉRONTE
Un de vos citoyens...

2. *Le Digeste* : recueil de droit (voir la n. 1, p. 66).

Page 135.

1. *Cantons* : « Coin, certain endroit d'un pays ou d'une ville, séparé et différent du reste » (A).

2. *Hantise* : « Fréquentation » (R).

3. Var. 1644-1656. La scène se poursuit à partir de là de façon différente et se termine ainsi :

... de m'en faire un secret

ARGANTE

Quelque envieux sans doute avec cette Chimère
A voulu mettre mal le fils auprès du père,
Et l'histoire, et les noms, tout n'est qu'imaginé :
Pour tomber dans ce piège il était trop bien né,
Il avait trop de sens, et trop de prévoyance,
À de si faux rapports donnez moins de croyance.

GÉRONTE

C'est ce que toutefois j'ai peine à concevoir,
Celui dont je le tiens disait le bien savoir,
Et je tenais la chose assez indifférente.
Mais dans votre Poitiers quel bruit avait Dorante ?

ARGANTE

D'homme de cœur, d'esprit, adroit et résolu,
Il a passé partout pour ce qu'il a voulu.
Tout ce qu'on le blâmait (mais c'étaient tours d'école)

C'est qu'il faisait mal sûr de croire à sa parole,
Et qu'il se fiait tant sur sa dextérité
Qu'il disait peu souvent deux mots de vérité,
Mais ceux qui le blâmaient excusaient sa jeunesse,
Et comme enfin ce n'est que mauvaise finesse,
Et l'âge, et votre exemple, et vos enseignements
Lui feront bien quitter ces divertissements.
Faites qu'il s'en corrige avant que l'on le sache,
Ils pourraient à son nom imprimer quelque tache.
Adieu, je vais rêver une heure à mon procès.

GÉRONTE
Le Ciel suivant mes vœux en règle le succès.

Page 136.

1. *La pièce* : la malice (voir la n. 3, p. 97).
2. *Vous en tenez* : vous êtes trompé (voir la n. 2, p. 86).

Page 137.

1. *Le trompette* : celui qui annonce à son de trompette les avis officiels.
2. *Gentilhomme* : « Homme noble d'extraction, qui ne doit point sa noblesse ni à sa charge, ni aux lettres du Prince » (F).

Page 139.

1. *Qui* : qu'est-ce qui.

Page 140.

1. *Consentait* : « Il est quelquefois actif, et alors il n'a guère d'usage que dans la pratique : je consens la vente » (A).
2. *Désavoue* : « Ne reconnaître pas pour sien. Le père le désavoue, ne le reconnaît plus pour son fils » (F).

Page 141.

1. *Touche* : coup reçu, « action de frapper, de faire impression violente sur quelque chose » (F).

2. Var. 1644 :

> *... d'allumer dans mon âme,*
> *Et vous oyais parler d'un ton si résolu*
> *Que je craignis sur l'heure un pouvoir absolu :*
> *Ainsi donc vous croyant d'une humeur inflexible,*
> *Pour rompre cet hymen je le fis impossible,*
> *Et j'avais ignoré...*

Page 142.

1. *Me hasarder* : courir un risque (voir la n. 1, p. 118).

Page 143.

1. *Toutes tierces* : Voltaire explique, dans son *Commentaire sur Corneille* (1762), que « cette plaisanterie est tirée de l'opinion où l'on était alors que le troisième accès de fièvre décidait de la guérison ou de la mort ».

Page 146.

1. *L'affaire en est vidée* : réglée, conclue. « Vider d'affaire, d'affaires : travailler à en sortir promptement, à les terminer » (A).

2. *La bonne pièce* : « On dit d'une personne rusée, ou maligne, c'est une bonne pièce, une méchante pièce » (F). Le mot peut désigner aussi la malice, le tour joué (voir la n. 3, p. 97).

Page 147.

1. *Je l'irai dire à Rome* : formule proverbiale, indiquant l'impossibilité de la chose (du même type que : « je veux bien qu'on me pende »). Boisrobert, en 1653, dans *La Folle Gageure* (« Si quelqu'un fourbe mieux, je l'irai dire à Rome »), puis Molière, en 1670, dans *Le Bourgeois gentilhomme* (« Si l'on en peut voir un plus fou, je l'irai dire à Rome »), l'utiliseront comme dernière réplique de leur pièce.

Page 150.

1. *Cette amour* : au XVIIᵉ siècle, l'usage hésite encore entre le masculin et le féminin pour « amour » au singulier, Vaugelas précisant qu'il est toujours masculin quand on parle de l'amour de Dieu, et dans les autres cas « plutôt du féminin que du masculin » (*Remarques sur la Langue française*, 1647).

Page 151.

1. *Die* : dise ´voir la n. 1, p. 51).

Page 152.

1. Var 1644-1656 : *Votre âme du depuis ailleurs s'est engagée.*

Page 153.

1. *Vous en tenez* : vous êtes trompé (voir la n. 2, p. 86).
2. *Bonne bouche* : silence, bouche cousue. « On dit aussi avoir bonne bouche, c'est-à-dire ne rien découvrir » (**R**).

Page 154.

1. *Les jours que j'ai vécu* : reprise du vers 950 (voir la n. 2, p. 101).

Page 155.

1. *M'a fait pièce* : m'a trompé (voir la n. 3, p. 97).

Page 156.

1. *Parole* : « Proposition, offre, accommodement. Il lui a porté parole de mariage pour un tel avec sa fille » (**F**).

Page 158.

1. *Il ne pleuvra plus guère* : de pourboires. Voir le vers 1287 et la n. 1, p. 123.

La Suite du Menteur

Page 161.

1. Cette Épître figure dans l'édition originale de 1645 et dans les éditions collectives qui suivent. Elle disparaît à partir de l'édition de 1660 (voir sur ce point la Préface, pp. 22-23). Comme pour l'Épître du *Menteur*, elle s'adresse à un destinataire probablement fictif.

Page 162.

1. « En somme j'évite la critique, mais je ne mérite aucun éloge » (Horace, *L'Art poétique*, v. 267-268, éd. cit., p. 279).

2. « Il obtient tous les suffrages celui qui unit l'utile à l'agréable » (*ibid.*, v. 343, p. 283).

Page 164.

1. *La Troade, Agamemnon, Thyeste* : tragédies de Sénèque. Corneille s'était inspiré d'une autre tragédie de Sénèque en écrivant sa *Médée*.

Page 165.

1. *Tout l'intrigue* : toute l'intrigue (voir la n. 5, p. 38).
2. *Naïve* : naturelle (voir la n. 1, p. 103).
3. *Succès* : issue (voir la n. 1, p. 67).

Page 167.

1. Allusion au fait que Corneille, dans l'Examen du *Menteur*, a mentionné que contrairement à ce qu'il croyait, *La Verdad sospechosa* n'était pas de Lope de Vega, mais d'Alarcón. Pour *La Suite du Menteur*, la source est *Amar sin saber a quien*, « sans contredit » de Lope de Vega.

Page 169.

1. Var. 1645-1656 : *Amoureux de Mélisse.*
2. Var. 1645-1656 : *Servante de Mélisse.*

ACTE I

Page 170.

1. *La maison du Roi* : façon plaisante de désigner la prison, où les pensionnaires reçoivent « le pain que le Roi donne sur le fonds des amendes pour la nourriture des pauvres prisonniers » (F).

2. *Charme* : « Puissance magique par laquelle, avec l'aide des démons, les sorciers font des choses merveilleuses, au-dessus des forces ou contre l'ordre de la nature » (F).

Page 171.

1. Var. 1645-1656 :

> *... les parents conviés,*
> *Tout cet attirail prêt qu'on fait pour l'Hyménée,*
> *Les violons choisis ainsi que la journée ;*
> *Qui se fût défié que la nuit de devant*
> *Votre propre Grandeur dût fendre ainsi le vent ?*

2. *Faire gille* : s'enfuir. « Ce proverbe vient de ce que saint Gilles prince de Languedoc s'enfuit secrètement de peur d'être fait roi » (F).

3. *Un mal privilégié* : la vérole, qu'on préférait, quand on voulait la nommer, appeler le « mal de Naples ».

Page 172.

1. *Attendant le boiteux* : « On dit proverbialement en matière de nouvelles, qu'il faut attendre le boiteux pour dire qu'il faut en attendre la confirmation avant que de les croire » (F).

2. *En poste* : « Se dit de la diligence qui fait le courrier » (F). Ce moyen de transport était réputé pour être le plus rapide.

3. *S'accommode* : se règle, s'apaise. « Sign. aussi ranger, agencer, ajuster » (A).

Page 173.

1. *Prend le change* : « On dit au fig. qu'un homme a pris le change quand on lui a fait quitter quelque bonne affaire pour en poursuivre une autre qui lui est moins avantageuse » (F). Le terme fait partie du vocabulaire de la vénerie et désigne au propre le changement de piste d'une meute qui quitte une proie pour une autre.

2. *À sa seconde* : sa seconde épouse.

3. *Traitant* : « Celui qui a fait un traité avec le roi pour les fermes » (R), c'est-à-dire pour le recouvrement des impôts. « Il se dit au lieu du nom de Partisan qui est devenu odieux » (F). Dans les éditions de 1645 à 1660, Corneille avait d'abord écrit de façon plus neutre « un Sergent », c'est-à-dire un officier de justice.

4. *En diligence* : plus probablement « en hâte » que « en prenant une diligence ».

5. *Émotion* : « Trouble, sédition » (R). Il « se dit surtout d'un commencement de sédition » (F).

Page 174.

1. *Guerres d'Allemagne* : allusion au premier mensonge de Dorante dans *Le Menteur,* lorsqu'il prétendait arriver des « guerres d'Allemagne » (I,3).

Page 175.

1. *Une bonne lippée* : « Ne se dit qu'en cette phrase proverbiale, un chercheur de franches lippées, pour dire un écornifleur, un chercheur de repas qui ne lui coûtent rien » (F).

2. *Couleur* : « Prétexte. Il se prend quelquefois plus étroitement pour une raison apparente dont on se sert pour couvrir et pallier quelque mensonge ou quelque mauvaise action » (A).

Page 176.

1. *Circonstances* : détails, particularités.

2. Allusion à un autre mensonge de Dorante dans *Le Menteur*, lorsqu'il racontait l'enchaînement de circonstances qui l'avait amené à devoir se marier (II, 5).

3. *Le Proverbe* : « On dit proverbialement : jamais cheval ni mauvais homme n'amenda pour aller à Rome » (F).

Page 178.

1. *Double* : « Petite monnaie de cuivre valant deux deniers. Il sert à exagérer la pauvreté » (F).

2. *Donner dedans la vue* : éblouir, charmer par un vif éclat.

Page 179.

1. *Pistoles* : « Monnaie d'or étrangère battue en Espagne et en quelques endroits d'Italie. La pistole est maintenant de la valeur d'onze livres et du poids des louis » (F).

2. *De poids* : au juste poids, non trafiqué par les fraudeurs.

Page 183.

1. *Action* : « Se prend aussi pour cette partie de l'orateur qui comprend le mouvement du corps et des gestes » (A).

2. *Ferrer la mule* : « On dit proverbialement ferrer la mule, quand les valets ou les commissionnaires trompent sur le prix des marchandises et les comptent plus qu'ils ne les ont achetées » (F).

3. *Aux petites-maisons* : à l'asile. « À cause qu'il y a à Paris un hôpital de ce nom où on enferme les fous » (F).

Page 184.

1. Allusion au jeu de Jodelet, qui interprétait Cliton, et qui était célèbre par son appendice nasal et son ton de voix nasillard.

2. *Jolie* : « Gentil, agréable » (A). Le mot était très à la mode et, selon le père Bouhours, « se mettait à tout ». Il pouvait même être employé ironiquement ; Furetière le définit

alors ainsi : « Le joli est le cousin germain du laid. On le dit
en plusieurs choses qu'on veut mépriser. »

3. *Mon souci* : l'objet de mes soins, de mes pensées. Cf. Mal-
herbe : « Beauté, mon beau souci... »

4. *Font l'amour* : « C'est aimer d'une passion déclarée et
connue à la personne que l'on aime, à laquelle on continue
de la témoigner par les assiduités et les autres complaisances
d'un amant » (A).

5. *Je coucherai de* : je mettrai en jeu, je paierai de (voir la
n. 2, p. 107).

6. *Déconfit* : « Déconfire : ce mot est vieux et ne peut être
reçu que dans le burlesque. Il sign. Défaire, battre, tailler en
pièces » (R).

Page 186.

1. Var. 1645-1656 : *Adieu, beau nasillard.*

Page 188.

1. *Si naïvement* : avec tant de naturel, de façon si authentique (voir la n. 1, p. 103).

2. *Embonpoint* : « État où se trouve une personne qui est en
bonne santé » (R), sans idée d'obésité.

Page 189.

1. *Sous le masque* : façon traditionnelle de jouer les vieil-
lards, héritée de la farce et de la *commedia dell'arte.*

Page 190.

1. *Les courtauds de boutique* : « On appelle proverbialement
courtaud de boutique, un artisan, un homme du peuple qui
travaille en boutique : ce qui vient de ce qu'autrefois tous les
gens considérables de la ville portaient des habits longs ; il
n'y avait que le peuple et les artisans qui fussent habillés de
court : et on les appelle ainsi, à cause que leurs habits étaient
courtauds » (F).

2. *Je n'y trouve que rire* : je n'y trouve pas de quoi rire.

3. *Cela vous décrie* : cela vous apporte du décri, du discrédit,
une « perte de réputation et de crédit » (F).

Page 191.

1. *Il me connaît* : il me reconnaît.

Page 195.

1. *Une risque* : le mot était indifféremment féminin ou masculin.

2. *Quinze et bisque* : « Terme de jeu de paume, est un coup
que l'on donne gagné au joueur qui est plus faible, pour égaler la partie par cet avantage. On dit proverbialement à un
homme sur qui on se vante d'avoir de l'avantage en quelque
chose que ce soit, qu'on lui donnerait quinze et bisque » (F).

3. Toutes les éditions portent « fait » jusqu'à l'édition de
1682, où Corneille corrige par « faite », ce que rend possible
le fait qu'épitaphe est alors indifféremment du masculin ou
du féminin, mais ce qui ne coïncide pas avec la rime.

ACTE II

Page 196.

1. *Demoiselle* : « Femme ou fille d'un gentilhomme, qui est
de noble extraction » (F).

2. *Je m'y passerais bien* : je m'en contenterais bien (voir la
n. 1, p. 64).

Page 197.

1. *Fait* : « Sign. encore ce qui est propre et convenable à
quelqu'un » (A).

2. Var. 1645-1656 :

> ... *et les femmes maîtresses,*
> *Et je pense, s'il faut ne vous déguiser rien,*
> *Que si j'étais son fait, il serait bien le mien.*

3. *Conséquence* : « Sign. aussi grande importance ou considé-
ration : c'est un homme de conséquence, d'un grand mérite » (F).

4. *Mandez* : « Faire savoir, ou par lettre, ou par messager »
(A).

Page 198.

1. *Ennui* : douleur, tourment (voir la n. 1, p. 92).
2. *Passe* : dépasser, « aller au-delà, excéder » (A).

Page 199.

1. *Idée* : image idéale, type parfait.
2. *Mignarde* : « Doux, gracieux, délicat » (A), sans nuance
d'afféterie.
3. *Souscrirez* : « Signer au bas de quelque chose » (F).

Page 200.

1. *Mines* : « Se dit encore des diverses manières d'agir qui
témoignent des déguisements, des irrésolutions » (F).
2. *Grimace* : « Sign. fig. feinte, hypocrisie » (F).

Page 201.

1. Var. 1645-1656 :

MÉLISSE
...et me voir tous les jours ?
Sommes-nous en Espagne, ou bien en Italie ?

LYSE
Les amoureux, Madame, ont chacun leur folie,

2. *Superbe* : « Vain, orgueilleux » (A).

Page 202.

1. Var. 1645-1668 : *elle.*
2. *Partie* : « On le dit aussi des combats » (F).

Page 203.

1. *Épandu* : « Répandre. Le bruit de cette nouvelle s'est
épandu en moins de rien » (F).

Page 204.

1. *Déclarer* : « Manifester, faire connaître, désigner, dénoncer » (A).

2. *À noyer* : « On dit d'une méchante personne qu'elle n'est bonne qu'à noyer » (F).

3. *Apprendre une courante* : me mettre à courir. Expression figurée, jouant sur le double sens de « courante », à la fois danse et course.

Page 205.

1. *Pratique* : « Se dit aussi des menées et intelligences secrètes » (A).

2. *Régaler* : choyer, « se dit aussi de certains présents qu'on envoie à ses amis » (A).

Page 206.

1. Sans doute le jeune Horace de *L'École des femmes* (1662) a-t-il vu jouer *La Suite du Menteur*. En tout cas, il cite le vers de Corneille : « Il le faut avouer, l'Amour est un grand maître » (III,4, v. 900).

2. *Tablatures* : leçons (voir la n. 2, p. 48).

Page 207.

1. *Adresse* : finesse, artifice, ruse.

2. Allusion à diverses péripéties du *Menteur* : le mariage inventé (II,5), la fête imaginée (I,5) et, un peu plus loin, le duel avec Alcippe interrompu par Philiste (II,8 et III,1).

Page 208.

1. *Bricola* : usa de « bricole », c'est-à-dire, au jeu de paume ou de billard, de ricochet et, au figuré, d'« une tromperie qu'on fait à quelqu'un, quand on agit par voies obliques ou indirectes » (F).

Page 210.

1. *Incommodé* : « Pauvre, pas à son aise » (R).

2. *Le Proverbe* : **celui** cité dans la scène 1 de l'Acte I, aux vers 140-142 (voir **la** n. 3, p. 176).

Page 211.

1. *Cas de conscience* : Dorante est devenu expert, comme les Jésuites, en matière de casuistique.

2. *Purgeront* : « Se dit fig. en choses morales » (F) et signifie : éliminer, dissiper. Purgeront ces soins : dissiperont ces soucis.

Page 212.

1. *Sèches..., liquides* : ce sont les confitures dont il est question au vers 588 ; sèches, il s'agit de fruits secs et de pâtes de fruits, liquides, de confitures proprement dites.

2. *Badin* : « Sot, ridicule » (R). Sans doute la brutalité de l'expression s'accompagne-t-elle chez Lyse d'un brusque geste de défense contre les caresses de Cliton, ce qui explique la double valeur du « rudement » — cruellement et brutalement — que celui-ci éprouve à se voir ainsi traité.

Page 213.

1. *Passable* : convenable, acceptable.

Page 214.

1. *Il s'en va nuit* : il va faire nuit. À rapprocher de l'emploi de s'en aller avec un participe passif, qui « sert à marquer que la chose dont on parle est sur le point d'être faite. Cela s'en va fait. Le sermon s'en va dit » (A).

2. *Mignature* : « Peinture faite de simples couleurs détrempées avec de l'eau et de la gomme sans huile. Les miniatures sont d'ordinaire petites et délicates, d'où vient que quelques-uns les appellent mignatures. Les amants se font peindre en miniature » (F).

3. *Après le naturel* : « Ce tableau est peint sur le naturel ou d'après nature » (F).

4. *Feuille* : une feuille d'argent, réfléchissant la lumière, qui rehausse la taille des diamants : « Les diamants ne brillent

point à moins d'être taillés à facettes, et d'être garnis d'une lame qui puisse réfléchir une lumière » (F)

Page 215.

1. *Vous m'en donnez* : vous m'en faites accroire (voir la n. 1, p. 115).

Page 217.

1. *Tout me succède* : « Sign. réussir, bien réussir » (A).

Page 218.

1. *De deux* : c'est le second mensonge de Dorante, après celui qui l'a fait ne pas reconnaître Cléandre devant le Prévôt à la scène 4 de l'acte I.

ACTE III

Page 220.

1. *Aucunement* : en quelque façon (voir la n. 1, p. 85).

Page 221.

1. Dans l'historiette qu'il consacre à Mondory, et qui fourmille de détails sur les grands comédiens du temps, Tallemant des Réaux donne à propos de Jodelet, créateur du rôle de Cliton, une indication qui peut servir à comprendre l'allusion du valet : « Jodelet parle du nez, pour avoir été mal pansé de la vérole, et cela lui donne de la grâce » (Tallemant des Réaux, *Historiettes*, éd. A. Adam, Gallimard, Bibliothèque de La Pléiade, 1961, T. II, p. 778).

Page 222.

1. *Des vers à ma louange* : l'expression est à prendre ironiquement par antiphrase. « On dit proverbialement et ironiquement Voilà des vers à votre louange quand on montre à quelqu'un un écrit qui lui est injurieux » (F).
2. *Nous avons pris le change* : nous nous sommes éloignés de notre affaire (voir la n. 1, p. 173).

Page 226.

1. *Croît* : toutes les éditions portent fautivement « croit ».
La correction a été faite par Voltaire en 1764.

2. Allusion à la somme apportée par Lyse à la scène 2 de
l'acte I.

3. Exemple pour nous de rime normande, qui fait rimer
deux mots de même orthographe et de prononciation différente. Mais au XVIIᵉ siècle, la prononciation du r final était
recommandée par les grammairiens.

Page 227.

1. *Me défère* : me mette en accusation. « Accuser secrètement, dénoncer » (A).

2. *Tandis* : En attendant, pendant ce temps, « cependant,
lorsqu'on fait ou qu'on va faire une autre chose » (F).

Page 229.

1. *N'entreprenez sur* : n'empiétez pas sur. « Avec la préposi-
tion sur, se dit pour usurper. Il entreprend sur son voisin »
(A).

Page 230.

1. *Heur* : bonheur, chance (voir la n. 1, p. 52).

2. *Il s'en va nuit* : il va faire nuit (voir la n. 1, p. 214).

Page 232.

1. Var. 1645-1656 : *Si j'étais que de vous je voudrais hasarder,*

Page 233.

1. *Le bonhomme* : le brave paysan chez lequel, lors des cam-
pagnes militaires, les soldats viennent chercher nourriture et
logement. « Les soldats pillent le bonhomme, c'est-à-dire le
paysan » (F).

Page 235.

1. *Vous m'entendrez* : « Comprendre, avoir l'intelligence de
quelque chose » (A).

Page 236.

1. *En Bellecour* : la place Bellecour, la grande place de Lyon, dont l'aménagement est alors en cours et se verra achevé en 1713 avec l'érection d'une statue de Louis XIV.

2. Les éditions de 1645 à 1660 ajoutent aux noms des participants à la scène Mélisse et Lyse, avec cette mention : *qui s'échappent incontinent.*

Page 239.

1. *Tandis* : pendant ce temps (voir la n. 2, p. 227).

Page 240.

1. *Élection* : « Choix qu'on fait d'une personne pour être élevée à quelque dignité » (R), et par extension, en style galant, choix dicté par l'amour.

Page 241.

1. *Tombeau* : allusion à l'épitaphe, sous forme d'oraison funèbre, faite par Cliton à la scène 6 de l'acte I, v. 375-380.

ACTE IV

Page 245.

1. *Si peu* : si peu que ce soit.

Page 246.

1. L'édition de 1682 donne « d'autres peurs frivoles », ce qui rend le vers faux. « De mille peurs frivoles » est la leçon donnée par les éditions précédentes, tandis que Thomas Corneille a corrigé, en 1692, par « d'aucunes peurs frivoles ».

2. Corneille commente cette tirade dans son *Discours de l'utilité et des parties du poème dramatique*, en 1660, et souligne le succès qu'elle a connu : « L'assurance que prend Mélisse au quatrième (acte) de *La Suite du Menteur* sur les premières protestations d'amour que lui fait Dorante, qu'elle n'a vu qu'une seule fois, ne se peut autoriser que sur la facilité et la

promptitude que deux amants nés l'un pour l'autre ont à donner croyance à ce qu'ils s'entredisent ; et les douze vers qui expriment cette moralité en termes généraux ont tellement plu, que beaucoup de gens d'esprit n'ont pas dédaigné d'en charger leur mémoire. » (in *Œuvres complètes*, éd. G. Couton, Gallimard, Bibliothèque de La Pléiade, 1987, T. III, p. 121).

3. *Sylvandre* : un des héros de *L'Astrée*, type de l'amant fidèle nourri de la mystique du parfait amour, et dont l'emblème est l'aiguille aimantée, représentant l'attirance qui pousse son cœur vers les beautés de sa maîtresse.

4. *Céladon* : principal héros du roman de d'Urfé, amant fidèle et malheureux d'Astrée.

5. *Sémire* : autre personnage de *L'Astrée*, jaloux de Céladon, et qui par ses calomnies provoque la rupture entre Céladon et Astrée, avant de se racheter en sauvant les deux amants et en mourant noblement.

Page 249.

1. *Dénieras* : « Sign. aussi refuser » (A).

2. *Accortement* : avec un esprit accort, c'est-à-dire « adroit, qui sait accommoder à l'humeur des personnes avec qui il a affaire, pour réussir en ses desseins » (R).

Page 250.

1. *Revancher* : « Sign. rendre la pareille d'une injure, d'un mal qu'on a reçu. Il se dit aussi quelquefois en bien » (A) et signifie alors : payer de retour par une grâce, un bienfait.

Page 251.

1. *Prendre la maison* : accepter de venir chez nous, prendre notre maison pour résidence.

2. *Objet* : « Se dit aussi poétiquement des belles personnes qui donnent de l'amour. C'est un bel objet, un objet charmant » (F). Cléandre imagine que Dorante pourrait donner à une autre femme, comme gage de son amour, le portrait de Mélisse.

Page 252.

1. *Traitable* : accommodant (voir la n. 1, p. 49).

Page 253.

1. *En faire un bon chapitre* : chapitrer. L'expression veut dire, au sens propre, « corriger, châtier un moine, un chanoine en plein chapitre » (F).

Page 254.

1. *En faveur de* : à la faveur de.

Page 256.

1. *Oblige* : « Faire quelque faveur, civilité, courtoisie » (F).
2. *Gardera le mulet* : « Attendre longtemps » (R).

Page 260.

1. *Il compterait pour quatre* : allusion à la comptabilité que Cliton tient des mensonges de son maître, et qui pour l'instant s'est arrêtée à trois (v. 1164). Mais l'expression fait aussi un écho plaisant au compte des participants à la rixe : « Ils étaient trois contre un. »
2. *Écouler* : partir, disparaître.

Page 261.

1. *Il vous sert* : « On dit poétiquement Servir une dame pour dire rendre des soins à une femme pour qui on a de l'amour » (A).

Page 262.

1. *Me traverse* : « Empêcher de faire quelque chose en suscitant des obstacles » (A).

Page 263.

1. *Paquets* : « Se dit aussi de certaines accusations dont on charge quelqu'un » (F). Cf. Recevoir son paquet.

Page 264.

1. *Il est saison* : C'est le moment (voir la n. 1, p. 104).

Page 266.

1. *Couleur* : explication spécieuse, prétexte (voir la n. 2, p. 175).

2. *Jadis* : à la scène 5, acte III, du *Menteur*.

ACTE V

Page 270.

1. *But à but* : « On dit adverbialement but à but, pour dire d'une manière égale » (F).

Page 272.

1. *Ployer* : « Plier, ployer... On dit l'un et l'autre, mais plier est incomparablement plus doux et plus usité que ployer, qui est si vieux qu'il n'en peut plus » (R).

Page 276.

1. Var. 1645-1656 :

> *Et je me résoudrais à lui désobéir*
> *Si je pouvais aussi me résoudre à trahir.*

Page 277.

1. Var. 1645-1656 :

> *Puisque même à vous voir je vous trahis tous deux,*
> *Lui, soutenant vos feux avecque ma présence,*
> *Vous, parlant pour Philiste avecque mon silence.*

Page 280.

1. Var. 1645-1656 :

> *... l'un et l'autre contents.*

> *Je voudrais toutefois vous dire une nouvelle,*
> *Et vous en faire rire en sortant d'avec elle ;*
> *Chez un de mes amis je viens de rencontrer*
> *Certain livre nouveau que je vous veux montrer.*
> *Vous me semblez troublé !*

Page 284.

1. *Méconnaître* : « Ne pas reconnaître » (R).

Page 285.

1. *Tiers* : « Troisième » (A).

2. *Debout* : À l'exception des quelques dizaines de spectateurs du parterre, assis sur des bancs, la majorité du public de la salle du Marais assistait à la représentation debout.

3. À l'origine et jusqu'en 1656, la fin de la pièce comportait un développement supplémentaire, que Corneille a supprimé à partir de l'édition de 1660 :

PHILISTE

> *... je vous serai fidèle*
> *Cher ami, cependant, connaissez-vous ceci.*

Il lui montre *Le Menteur* imprimé.

DORANTE

> *Oui, je sais ce que c'est, vous en êtes aussi,*
> *Un peu moins que le mien votre nom s'y fait lire,*
> *Et si Cliton dit vrai, nous aurons de quoi rire.*
> *C'est une Comédie, où pour parler sans fard*
> *Philiste ainsi que moi doit avoir quelque part :*
> *Au sortir d'écolier j'eus certaine aventure*
> *Qui me met là-dedans en fort bonne posture,*
> *On la joue au Marais sous le nom du Menteur.*

CLITON

> *Gardez que celle-ci n'aille jusqu'à l'Auteur*
> *Et que pour une Suite il n'y trouve matière,*

La seconde à mon gré vaudrait bien la première.

DORANTE

Fais-en ample mémoire, et va le lui porter,
Nous prendrons du plaisir à la représenter,
Entre les gens d'honneur on fait de ces parties,
Et je tiens celle-ci pour des mieux assorties.

PHILISTE

Le sujet serait beau.

DORANTE

Vous n'en savez pas tout.

MÉLISSE

Quoi ! jouer nos amours ainsi de bout en bout ?

CLÉANDRE

La majesté des Rois que leur Cour idolâtre
Sans perdre son éclat monte sur le Théâtre,
C'est gloire et non pas honte, et pour moi j'y consens.

PHILISTE

S'il vous en faut encore des motifs plus puissants
Vous pouvez effacer avec cette seconde
Les bruits que la première a laissés dans le monde,
Et ce cœur généreux n'a que trop d'intérêt
Qu'elle fasse partout connaître ce qu'il est.

CLITON

Mais peut-on l'ajuster dans les vingt et quatre heures ?

DORANTE

Qu'importe ?

CLITON

À mon avis ce sont bien les meilleures,
Car, grâces au bon Dieu, nous nous y connaissons,

Les Poètes au parterre en font tant de leçons
Et là cette science est si bien éclaircie
Que nous savons que c'est que de Péripétie,
1935   Catastase, Épisode, unité, dénouement,
Et quand nous en parlons, nous parlons congrûment.
Donc en termes de l'art, je crains que votre histoire
Soit peu juste au Théâtre, et la preuve est notoire,
Si le sujet est rare, il est irrégulier,
1940   Car vous êtes le seul qu'on y voit marier.

DORANTE

L'auteur y peut mettre ordre avec fort peu de peine,
Cléandre en même temps épousera Climène,
Et pour Philiste, il n'a qu'à me faire une sœur
Dont il recevra l'offre avec joie et douceur,
1945   Il te pourra toi-même assortir avec Lyse.

CLITON

L'invention est juste et me semble de mise.
Ne reste plus qu'un point touchant votre cheval,
Si l'Auteur n'en rend compte elle finira mal,
Les esprits délicats y trouveront à dire,
1950   Et feront de la Pièce entre eux une Satire
Si de quoi qu'on y parle, autant gros que menu,
La fin ne leur apprend ce qu'il est devenu.

CLÉANDRE

De peur que dans la ville il me fît reconnaître
Je le laissai bientôt libre de chercher maître,
1955   Mais pour mettre la Pièce à sa perfection
L'auteur à ce défaut jouera d'invention.

DORANTE

Nous perdons trop de temps autour de sa doctrine,
Qu'à son choix comme lui tout le monde y raffine,
Allons voir comme ici l'Auteur m'a figuré,
1960   Et rire à mes dépens après avoir pleuré.

CLITON, seul.
Tout change, et de la joie on passe à la tristesse,
Aux plus grands déplaisirs succède l'allégresse,
Ceux qui sont las debout se peuvent aller seoir,
Je vous donne en passant cet avis, et bonsoir.

*

RÉSUMÉ

Le Menteur

ACTE I

Dorante, jeune étudiant tout juste arrivé de Poitiers, où il
a fait ses études de droit, brûle de connaître la vie brillante
de Paris. En se promenant aux Tuileries avec son valet Cliton,
il s'informe auprès de celui-ci des mœurs de la capitale et
cherche à faire quelque rencontre galante (sc. 1). Le hasard
fait passer par là Clarice, qui se promène avec son amie
Lucrèce. Dorante fait sa cour à la jeune fille (sc. 2), prétendant qu'il est depuis longtemps amoureux d'elle. Pour par-
faire son personnage de brillant cavalier, il fait état d'exploits
militaires qu'il aurait accomplis dans les guerres d'Allemagne. Clarice semble n'y être pas insensible. Cliton, qui
s'étonne des affirmations de son maître (sc. 3), lui apporte
quelques renseignements sur l'identité des jeunes filles. Interprétant mal ces indications, Dorante pense que c'est à
Lucrèce qu'il a adressé tous ses compliments (sc. 4). L'arrivée
d'Alcippe, un ami qu'il connaît depuis longtemps et dont il
ne sait pas qu'il est l'amant de Clarice, est l'occasion d'un
nouveau mensonge : celui-ci faisant état d'une collation donnée la veille à une dame, Dorante prétend en être l'organisa-
teur et décrit avec force détails la magnificence de la fête, ce

qui excite la jalousie d'Alcippe qui pense que c'est pour Clarice que Dorante a déployé tout ce luxe galant (sc. 5). À Cliton de plus en plus ébahi, Dorante démontre que tout ce qu'il invente n'est qu'une façon ingénieuse de pratiquer la galanterie (sc. 6).

ACTE II

Géronte, le père de Dorante, propose à Clarice de lui donner son fils pour époux. Celle-ci, avant de se décider, demande à voir le jeune homme (sc. 1). C'est qu'elle est partagée entre la curiosité de connaître ce Dorante et la liaison qu'elle a avec Alcippe, dont les atermoiements la lassent. Sa suivante Isabelle lui suggère de faire convoquer Dorante par Lucrèce, et que ce soit elle Clarice qui, sous cette fausse identité, entretienne le jeune homme, sans risque ainsi de susciter la jalousie d'Alcippe (sc. 2). L'arrivée d'Alcippe, qui reproche à Clarice de lui être infidèle en acceptant les hommages de Dorante, suscite l'incompréhension de la jeune fille (sc. 3), tandis que son soupirant, croyant être trahi, exprime son dépit (sc. 4). Géronte fait part à Dorante de son intention de le marier à Clarice. Le jeune homme, qui ne s'intéresse qu'à celle qu'il croit être Lucrèce, affirme à son père que tout mariage lui est impossible, du fait, prétend-il, qu'il a dû se marier à Poitiers. Et il raconte à son père les circonstances qui l'ont conduit à devoir épouser celle qu'il appelle Orphise, fille d'Armédon. Son père accepte ce mariage (sc. 5), tandis que Cliton découvre tout étonné que ce prétendu hymen n'est qu'une nouvelle invention de son maître (sc. 6), Sabine, la femme de chambre de Lucrèce, apporte à Dorante un billet de sa maîtresse, lui donnant rendez-vous le soir même sous sa fenêtre (sc. 7). Survient Lycas, le valet d'Alcippe, qui apporte à Dorante un autre billet l'assignant en duel. Dorante, sans connaître le sujet de la querelle, accepte de rendre raison à Alcippe (sc. 8).

ACTE III

Philiste, ami de Dorante et d'Alcippe, vient de s'interposer pour séparer les deux hommes en train de se battre. Alcippe explique à Dorante les motifs de sa jalousie, mais celui-ci le rassure en lui affirmant que la fête qu'il a organisée était destinée à une femme mariée (sc. 1). Eclairé par Philiste, qui lui révèle que Dorante a purement et simplement inventé la collation qu'il prétend avoir donnée, Alcippe s'en veut d'avoir soupçonné Clarice (sc. 2). Celle-ci, qui sait à présent que l'inconnu qui lui a fait la cour n'est autre que ce Dorante que Géronte lui a offert d'épouser, se plaint des mensonges du jeune homme et s'indigne de le savoir marié (sc. 3). Dorante, sans se douter de rien, se rend au rendez-vous fixé par le billet signé du nom de Lucrèce (sc. 4). Sous la fenêtre de la jeune fille, il fait sa cour à celle qu'il prend pour Lucrèce, lui affirme qu'il n'a inventé son mariage à Poitiers qu'afin de se réserver pour elle, lui propose de l'épouser et se dit totalement insensible à Clarice. Les jeunes filles sont passablement troublées par toutes ces affirmations embrouillées, et Clarice rompt l'entretien de façon assez brusque (sc. 5). Dorante, perplexe, ne sait trop à quoi s'en tenir (sc. 6).

ACTE IV

Dorante, qui espère pouvoir se ménager les bonnes grâces de Lucrèce en gagnant Sabine, sa femme de chambre, raconte à Cliton le duel qui l'a opposé à Alcippe, qu'il a, lui dit-il, laissé pour mort (sc. 1). Alcippe survient justement, et annonce que l'arrivée de son père devrait faciliter son union avec Clarice (sc. 2). Cliton ne peut que constater une nouvelle fois que son maître lui a menti (sc. 3). Géronte veut connaître sa belle-fille et la faire venir auprès de lui. Dorante lui affirme que le moment est mal choisi, la jeune femme, dit-il, étant enceinte et proche d'accoucher. Géronte, du coup, entend féliciter le père de sa bru, et Dorante, qui ne se souvient plus du nom qu'il a donné à son beau-père, parvient à rétablir la situation sans éveiller les soupçons de Géronte (sc. 4). Cliton juge que cette accumulation de mensonges ne peut que mal se terminer (sc. 5), mais Dorante poursuit son idée de gagner Lucrèce, en se montrant généreux auprès de Sabine, à qui il confie à son tour un billet pour sa maîtresse (sc. 6). À Cliton qui se porte garant des sentiments de son maître envers Lucrèce, Sabine confie que Lucrèce de son côté n'est pas insensible à Dorante, mais qu'elle se méfie de ses mensonges (sc. 7). Lucrèce reçoit avec plaisir le billet de Dorante, mais demande à Sabine de lui dire qu'elle l'a déchiré sans le lire (sc. 8). Clarice, qui survient, se dit prête à épouser Alcippe et prétend être satisfaite de voir Dorante se tourner vers Lucrèce, laquelle s'affirme de son côté peu convaincue par la loyauté du jeune homme (sc. 9).

ACTE V

Philiste s'étonne devant Géronte du mariage de Dorante et laisse entendre qu'il pourrait bien ne s'agir que d'une pure invention (sc. 1). Géronte, devant cette révélation, est au désespoir (sc. 2). Lorsque Dorante arrive, il lui reproche avec colère ses mensonges. Le jeune homme finit par avouer à son père que, s'il a agi comme il l'a fait, c'est parce qu'il aime Lucrèce et qu'il ne voulait pas de cette Clarice que son père lui destinait. Géronte, acceptant l'explication de son fils, se dit prêt à le voir épouser Lucrèce (sc. 3). Dorante, soulagé, n'est pourtant pas vraiment satisfait, car il n'est pas sûr, finalement, de ne pas préférer, des deux jeunes filles, non pas celle qu'il va devoir épouser mais son amie (sc. 4). Sabine, qui vient lui dire que Lucrèce a déchiré son billet, accepte les générosités de Dorante et lui laisse entendre que sa maîtresse n'est pas si indifférente qu'elle veut bien le montrer (sc. 5). Lorsque les deux jeunes filles arrivent, Dorante continue à faire sa cour à Clarice qu'il prend pour Lucrèce, au

grand dam de la vraie Lucrèce qu'il prend pour Clarice.
Jusqu'au moment où, découvrant la véritable identité de
l'une et de l'autre, il feint d'avoir mené ce double jeu pour
éprouver les deux amies. Il déclare à la vraie Lucrèce que
c'est elle qu'il aime, et il laisse Clarice à Alcippe (sc. 6). Les
pères ayant donné leur accord, Lucrèce et Clarice acceptent
finalement d'épouser respectivement Dorante et Alcippe
(sc. 7).

La Suite du Menteur

ACTE I

Cliton retrouve Dorante prisonnier à Lyon, deux ans après
que celui-ci a disparu au moment même où il s'apprêtait à
épouser Lucrèce. Dorante raconte à son valet ce qui lui est
arrivé depuis et comment, alors qu'il voulait séparer deux
hommes qui se battaient en duel, il s'est retrouvé avec l'un
des deux mortellement blessé entre les bras, ce qui a fait
croire qu'il en était l'assassin et lui a valu d'être arrêté pour
ce meurtre dont il n'est pas coupable (sc. 1). Une jeune fille,
Lyse, se présente à la prison et vient apporter à Dorante de
l'argent ainsi qu'une promesse d'évasion et un billet doux de
la part de sa maîtresse. Tandis que Cliton fait la cour à Lyse,
Dorante répond par une lettre à l'inconnue (sc. 2), avouant
à son valet qu'il brûle déjà d'amour pour elle, et que cela
n'a rien à voir avec ses anciennes aventures amoureuses, dont
Cliton lui apprend qu'on a depuis, à Paris, fait une comédie
sous le titre du *Menteur* (sc. 3). Le Prévôt amène pour une
confrontation Cléandre, qu'il soupçonne d'être impliqué
dans le duel meurtrier, mais Dorante, qui le reconnaît
comme celui qui a porté le coup fatal, choisit de le disculper
(sc. 4). Cléandre remercie Dorante (sc. 5). Celui-ci avoue à
Cliton qu'il a menti en faisant mine de ne pas reconnaître le

jeune homme, mais il met son mensonge sur le compte de la générosité et du sens de l'honneur (sc. 6).

ACTE II

Lyse dit tout le bien qu'elle pense de Dorante à sa maîtresse Mélisse, laquelle reconnaît que, si elle n'a écrit au jeune homme qu'à la demande de son frère Cléandre, pour lui apporter quelque espoir, elle se trouve attirée maintenant par ce séduisant prisonnier, qui lui apparaît plus digne d'intérêt que Philiste, son amant déclaré (sc. 1). L'arrivée de Cléandre, qui vient vanter devant sa sœur les mérites de Dorante et recommander à Mélisse de prendre soin de lui, ne fait que renforcer les sentiments de la jeune fille (sc. 2). Celle-ci confie à Lyse son portrait, avec mission de le faire voir à Dorante comme par hasard, et d'observer ses réactions pour juger de l'effet produit (sc. 3). Philiste vient visiter Dorante en prison et l'assure qu'il va user de toute son influence pour obtenir sa libération (sc. 4). Cliton se montre sceptique sur l'identité et les charmes de l'inconnue, mais Dorante ne partage pas son avis (sc. 5). Lyse survient et, obéissant à sa maîtresse, se laisse dérober par Dorante le portrait de celle-ci ; le jeune homme, découvrant la beauté de la jeune femme, refuse de le rendre (sc. 6). Il vante les charmes que découvre le portrait, mais Cliton pense que celui-ci n'est qu'un leurre, fort éloigné sans doute de l'original (sc. 7).

ACTE III

Cléandre assure Dorante de sa reconnaissance et lui offre de l'accueillir dans sa maison dès qu'il sera sorti de prison. Mais lorsque le prisonnier lui montre le portrait de la belle inconnue, il fait mine de ne pas la connaître et sort brusquement (sc. 1). La réaction et le départ brutal de Cléandre inquiètent Dorante, qui se demande si l'inconnue ne serait pas sa femme ou sa maîtresse. Cela ne le détourne pas cependant de ses sentiments, et il adresse une vibrante déclaration au portrait, sous les moqueries de Cliton (sc. 2). Mélisse entre, déguisée en servante et se faisant passer pour la sœur de Lyse. Constatant la vérité des sentiments de Dorante, elle se découvre à lui et lui donne rendez-vous chez elle, dès qu'il sera libre (sc. 3). Dorante fait passer Mélisse qui s'en va pour une simple lingère aux yeux de Philiste, alors que celui-ci vient lui annoncer son prochain élargissement, suite à l'éclaircissement des circonstances du duel (sc. 4). Cliton commente tous ces événements et reproche à son maître de continuer à mentir (sc. 5).

ACTE IV

Mélisse confie à Lyse qu'elle se sent totalement détachée de Philiste, et qu'au contraire elle aime passionnément Dorante (sc. 1). Cléandre vient reprocher à sa sœur d'avoir pris un soin un peu trop zélé du prisonnier en lui donnant son portrait (sc. 2). Étonnée des réactions de son frère, Mélisse reste ferme dans ses sentiments (sc. 3). Philiste fait sortir Dorante de prison pour qu'il puisse aller faire sa cour à sa lingère, et il lui montre la maison de Mélisse comme celle de la femme que lui-même courtise (sc. 4). Mélisse, paraissant à la fenêtre et pensant entendre Dorante, reçoit favorablement la déclaration de Philiste, mais Cliton, feignant d'être attaqué, vient interrompre leur duo et Philiste se porte à son secours (sc. 5). Dorante en profite pour remplacer Philiste et se faire reconnaître de Mélisse, qui se rend compte de sa méprise et lui confirme que c'est bien lui qu'elle aime (sc. 6). Philiste revient sans avoir pu rattraper les soi-disant assaillants de Cliton (sc. 7). Dorante s'amuse de la ruse de son valet et avoue sa gêne vis-à-vis de Philiste (sc. 8).

ACTE V

Cliton fait sa cour à Lyse, qui le fait patienter (sc. 1). Dorante arrive, décidé à partir en toute hâte (sc. 2). C'est que, comme il l'explique à Mélisse, l'amour qu'il lui porte l'oblige à fuir, sous peine de trahir Philiste (sc. 3). Celui-ci, voyant Dorante partir précipitamment et Mélisse en pleurs, est saisi d'inquiétude (sc. 4). Mélisse lui avoue alors qu'elle aime Dorante et qu'elle en est aimée, tandis que Cléandre lui explique comment Dorante s'est sacrifié pour lui. Généreux, Philiste se retire pour laisser Mélisse à Dorante, qu'il assure de la fidélité de son amitié (sc. 5).

DOSSIER

DU MÊME AUTEUR

Composition Nord Compo.
Impression Bussière
à Saint-Amand (Cher), le 19 janvier 2006.
Dépôt légal : janvier 2006.
1ᵉʳ dépôt légal dans la collection : avril 2000.
Numéro d'imprimeur : 060422/1.
ISBN 2-07-040417-X./Imprimé en France.

142866